쉼이 있는 교육

# 쉼이 있는 교육

1판 1쇄 찍은 날 2020년 6월 30일
1판 1쇄 펴낸 날 2020년 6월 30일

**펴낸이** 기독교학교교육연구소(02-6458-3456)

**글쓴이** 강영택, 김회권, 박상진, 유재봉, 함영주

**디자인** 최예리

**펴낸곳** 쉼이있는교육

    (04969) 서울특별시 광진구 아차산로78길 44 크레스코빌딩 308호
    02-6458-3456  edu4rest@daum.net
    등록번호 제2020-000015호

**인  쇄** 가나문화사(대표 정해수, 010-4350-1849)

ISBN 979-11-969691-2-7
값 10,000 원

# 쉼이 있는 교육

오늘날 한국의 교육 현실은 마치 브레이크가 고장난 자동차와 같다. 누가 더 빨리, 더 멀리 갈 수 있는지의 경쟁이 펼쳐지고 있다. 부모이든 학생이든 교사이든 엑셀레이터를 밟기에 여념이 없다. '월화수목금금금'이라는 신조어가 생길 정도로 학생들은 주말도 없이 사교육 시장에 내몰리며 공부를 한다. 공부를 열심히 해서 좋은 성적을 내어야 명문대학교에 갈 수 있고, 그래야 결혼도, 취직도 잘하고 성공하여 대접받으며 살게 된다는 확고한 신념에 기인한 것이다 이러한 교육현실 속에서는 쉼은 사치스러운 단어이며 경쟁에서 낙오하게 만드는 그 무엇으로 인식되어왔다. 많은 학생들이 일상 속에서 쉼이 무엇인지, 쉼이 왜 필요한지 알지 못하고, 제대로 쉬어보지 못한 채 최소한의 수면권, 휴식권 등 삶의 기본적인 인권조차 보장받지 못하고 살아가고 있다. 기독교학교교육연구소에서는 2014년부터 좋은교사운동과 함께 '쉼이있는교육'운동을 진행하며 이러한 교육의 현실을 알리며 이를 바로 잡으려는 자성과 비판의 목소리를 내어왔다.

쉼이있는교육은 교육의 본질을 회복하는 것을 지향한다. 하나님의 창조질서인 '안식'을 회복하여 행복한 가정을 만들고, 믿음의 다음세대를 지키며, 한국 교육의 체질을 바꾸고, 쉼의 문화를 정착시키는 것을 목적으로 한다. 쉼이있는교육은 쉼을 통해 학생들의 행복 실현을 추구하는 교육이다. 본서에서는 오늘날 경쟁 일변도의 삭막하고 척박한 교육현실 속에서 쉼이 있는 교육을 꽃피우기 위해서는 어떤 방향으로 나아가야 하는지, 실천을 위한 과제는 무엇인지를 여러 저자들이 조명하였다.

첫 번째 연구는 출애굽기 말씀을 근거로 성경 속에 나타난 '쉼'에 대해 알아보는 성서신학적 연구이다. 이 연구를 통하여 안식일 계명은 쉼을 잃어버린 현대 사회에 대해 저항하는 계명이며, 안식이야말로 하나님의 창조사역이자 구원사역임을 드러내고 있다. 두 번째 연구는 학생들의 쉼 현황과 쉼에 대한 인식, 쉼과 학업 스트레스,

삶의 만족도, 자아존중감은 어떤 관계가 있는지에 관한 연구이다. 이 연구를 통하여 학생들의 학업시간 및 여가 시간, 쉼에 대한 의식들을 파악할 수 있고, 쉼 프로그램의 개설 및 보급의 필요성을 알 수 있을 것이다. 세 번째 연구는 청소년들의 쉼의 결핍과 그에 따른 쉼의 제도화에 관한 연구이다. 이 연구를 통하여 쉼의 교육적 의미, 쉼의 경험에 따른 변화, 쉼의 제도화의 필요성을 진지하게 깨달을 수 있을 것이다. 네 번째 연구는 피로사회 속에서 쉼과 탁월성을 누리기 위한 교육의 방향에 관한 연구이다. 이 연구를 통해서 오늘날 탁월성 교육의 문제점과 재해석된 여가와 탁월성 교육의 관계, 여가를 위한 교육에 대해 알 수 있을 것이다. 다섯 번째 연구는 쉼이 없는 교육의 현실 속에서 쉼의 의미를 추구하는 교육시민운동을 살펴보는 연구이다. 이 연구를 통해서 쉼이 있는 교육을 향한 기독교 시민운동의 현황을 진단하고 과제가 무엇인지를 파악할 수 있을 것이다.

본서는 오랫동안 교육의 영역에서 학생들의 참된 '안식'의 회복과 쉼이 있는 교육을 고민해왔던 기독교학교교육연구소가 기획하고 신학, 교육 분야의 전문가들이 연구한 결과물로서, 전문적이고 학술적인 연구를 넘어서 쉼이 없는 교육 현실 속에서 쉼이 있는 교육을 이루어 가기 위한 실천적인 연구를 담고 있다. 이 책을 통해 학생들과 학부모, 교사들이 '학업'스트레스와 불안, 두려움을 떨쳐버리고, '쉼'을 올바르게 이해하며 이를 실천할 수 있기를 바라며, 나아가 실제적인 쉼의 제도화까지 모색하게 되기를 기대한다. 귀한 글을 써주신 모든 필자들과 연구와 출판을 위해 수고한 기독교학교교육연구소의 연구원들에게 감사드린다.

집필진을 대표해서
기독교학교교육연구소 소장 박상진

# 차례

# | 2장 | 한국 청소년의 쉼 실태

## | 5장 | 쉼이 있는 교육을 위한 교육시민운동

# 1장

# 쉼에 대한 성경적 의미

김회권 교수 _ 숭실대학교

## 쉼에 대한 성경적 의미
### – 하나님의 안식을 모방하라

김회권 교수 (숭실대학교)

# I. 들어가는 말

　로버트 레빈(Robert Levine)은 Geography of Time에서 유럽의 근대산업사회는 신속, 정확, 고효율 추구라는 이데올로기 아래서 시간에 지배당하는 경향이 있음을 지적한다. 인스턴트메시지, 패스트푸드, "24/7(주 7일 내내 24시간 대기)", 지연에 대한 조바심, "정시(punctuality)"에 대한 집착 등이 우리 사회의 시간 가치를 규정한다는 것이다. 우리는 시간을 얼마나 효율적으로 사용하는가에 따라 가치를 평가받는다. 현대 문화에서의 시간 가치는 착취적이고 압제적으로 보일 때가 많다. 그래서 그런지 서점의 서가는 〈시간이라는 이름의 함정(The Time Trap)〉이나 〈타임락(Timelock)〉, 〈타임 바인드(The Time Bind)〉 등의 책들이 즐비하다.[1] 압도적으로 다수의 책은 노동생산성, 시간의 효율적 사용 등에 관한 지혜와 충고로 가득 차 있다. "일"을 통한 구원 성취열기는 가족과 친구들과 함께 보낼 시간을 훔쳐가기도 한다. 결국 시간은 돈이라는 공장제 생산체제의 이데올로기이다. 시간 단위로 움직이는 공장의 기계적 규칙성에 조율된 인간노동의 기계적 통제는 인간을 시간의 노예로 만든다. 인간은 시간의 노예이며 돈으로 환

---

1) 데니스 올슨, "거룩한 시간 안식일 계명과 기독교 예배," 서언(2018년 5월 16일 숭실대 특강).

산된 시간의 노예이다. 이 글을 쓰는 필자 자신도 분초단위로 시간을 정률적으로 사용하며 시간 사용에 있어서 구두쇠 역할을 한다. 그런데 안식일 준수계명은 "시간의 돈환산 제의(cult)"에 강력한 안티테제를 내세운다.

이런 점에서 〈안식일은 저항이다〉의 저자 월터 브루거만이 주장하는 안식일의 의미는 주목할 만한 가치가 있다. 그는 이 책에서 안식이 어떤 점에서 구약성경의 가장 중심적 주제인가를 간결하고 압축적으로 보여준다.[2] 그는 안식일 계명과 안식하시는 하나님 이미지는 경제적 노동생산성 추구를 통해 자기 구원을 맛보려는 노예소유자나 지주들의 탐욕에 맞서는 항구적인 해방기표임을 역설한다. 이 책은 노동자, 농민, 노예, 일용노동자, 심지어 가축의 안식권을 보장해주시기 위해 출애굽 구원을 일으키신 하나님을 찬양한다. 안식일 계명은 자기 노동을 통해, 혹은 예종적인 지위에 처한 타자의 노동을 통해 안식과 구원을 맛보려는 파라오적 탐욕을 영구적으로 경계하고 분쇄한다. 심지어 자기의 몸값을 높이고 자신의 노동생산성을 높이기 위해 스스로를 가혹한 노동으로 몰아가는 자기 착취적인 현대인의 노동 숭배, 생산성 신화를 질책한다. 이런 점에서 안식일은 하나님의 불타는 사랑과 연민의 얼굴을 보여주지만, 인간의 죄성과 힘겹게 쟁변하시는 하나님의 겸손하신 저항을 보여준다.

일찍이 1552년에 발포된 종교개혁교회(루터교회)의 〈공동기도서〉는 매주일 예배시 죄 고백에 앞서 십계명을 낭독하도록 규정한다. 십계명은 그리스도인들이 지켜야 할 최소한의 신적 요구이며, 이 세상을 향한 하나님의 도전이다. 십계명을 지키는 행위는 파라오체제에 대한 일상적인 거부이며 하나님나라 건설을 위해 벽돌 한 장을 쌓는 행위다. 그 중에서 특히 안식일 계명은 하나님께서 "내 백성"이라 부르시는 히브리 노예들을 압제자 파라오로 하여금 즉각 풀어주라는 명령이다. 출애굽의 목적은 하나님의 산에 올라가 하나님을 예배하기 위함이었다. 파라오의 노예살이로부터 풀려남은 하나님의 거룩한 멍에를 메고 자유와 해방을 향유하기 위함이었다. 출애굽기 판본의 안식일 계명은 안식일을 거룩히 여

---

2) 월터 브루거만, 『안식일은 저항이다』, 박규태 역(서울: 복있는 사람, 2017).

겨 지키라는 명령의 근거로 '하나님의 태고적 우주적 안식향유'를 언급한다. "하나님이 일곱째 날에 안식하셨기 때문에 하나님의 백성도 일곱째 날에 안식해야 한다"(출 20:11)고 말한다. 창세기 2장 2절은 말한다. "하나님이 그가 하시던 일을 일곱째 날에 마치시니 그가 하시던 모든 일을 그치고 일곱째 날에 안식하시니라." 2장 3절은 일곱째 날이 복된 날이라고 선포된 이유를 말한다. "하나님이 그 창조하시며 만드시던 모든 일을 마치시고 그 날에 안식하셨음이니라." 이스라엘이 안식을 거룩하게 여겨 지켜야 하는 이유는 하나님의 천지창조사역을 세상에 이어가야 할 제사장 나라요 거룩한 백성이기 때문이다. 하나님의 안식을 모방하는 이스라엘은 일곱째 날에 반드시 안식하여야 한다. 그런데 안식일을 준수하라고 명령받는 청중은 땅, 농사에 종사하는 자녀, 가축, 그리고 노예들을 소유하는 부유층 농민이라는 사실이 중요하다. 이 점을 신명기 판본 안식일 계명은 한층 더 강조한다. 안식일 준수의 이차적 혜택, 아니 궁극적 혜택은 가축과 노예들, 그리고 땅에까지 확장된다. 땅도 1년에 한 번씩 쉬어야 하며 가축과 노예는 1주일에 한 번씩 쉬어야 한다는 것이다.

이 글은 쉼과 안식의 성경적 의미를 규명하기 위해 하나님의 최초안식 상황을 자세히 주목하려고 한다. 이 글의 중심 주장은 하나님의 태고적 안식일은 하나님의 창조전쟁에서의 승리를 기념하는 우주적 경축일이라는 것이다. 하나님의 안식의 핵심은 "모든 일을 마치시고…" 굳이 말하자면 모든 혼돈세력을 경계 안에 가두시고 한계지음으로써 우주적 평형과 질서(평화)를 성취하신 것을 경축하신다는 것이다. 성취완료감이 하나님의 안식향유의 결정적 조건이다. 따라서 안식일은 엿새 동안의 노동을 통한 과업성취를 수행한 자에게 주어지는 선물이 되는 셈이다. 노동윤리의 모럴해저드를 미리 경계하는 말이기도 하다.

## Ⅱ. 안식일을 절정으로 기획되어 시작된 창조사역 (창세기 1:1-2:3)

대부분의 구약학자들은 창세기 1장이 비록 현재 구약성경 전체의 서론격으로 배치되어 있기 때문에 우선시되는 본문이긴 하지만, 이 본문이 하나님의 천지창

조에 관한 유일한 근거본문은 아닐 뿐만 아니라, 심지어 그것이 구약의 창조신학
정초 본문들 중 가장 후대에 쓰인 자료라는 사실을 인정하고 있다. 하나님의 창
조사역에 대한 빈번한 증언은 오히려 예언서와 성문서에서 발견된다. 시편 74,
82, 89, 104편, 욥기 38장, 이사야 51, 27장 등이 하나님의 태고적 우주창조사역
에 대한 시적 언급들을 포함하고 있다. 이 중에서 창세기 1장 1절에서 2장 3절에
가장 근접한 본문은 시편 104편이다. 창세기 1장을 제외한 대부분의 성문서 본
문들과 이사야 창조본문들은 하나님의 천지창조가 거대한 반대세력을 제압하고
마침내 땅을 확보한 전쟁이었던 것처럼 말한다. 하나님의 우주창조 자체, 땅 자
체의 창조가 거대한 물(혼돈세력)에 대한 통제적 통치권의 작동결과라고 본다.
심지어 창세기 1장에도 이 거대한 혼돈(물)세력과의 전쟁을 희미하게 상기시키
는 명령 언어가 남아 있다. 창세기 1장에 남아 있는 창조를 위한 혼돈억제 전쟁
용어는 1장 2절의 '깊음'으로 번역된 터홈(심연), 어둠(호쉐크), 물(수면) 등 이미
중성화된 존재들에게 발설된 숱한 창조명령언어들(나뉘라, 한 곳으로 모이라, 존
재하라)(1:3-23) 등이다. 창세기 1장의 지구와 땅 창조는 이미 상대적으로 선재
하던 거대한 혼돈(물에 잠긴 땅)을 상대로 하나님이 발설하신 구획, 분할 명령을
통해 실현되었다. 창세기 1장의 3인칭 명령법 통한 창조행위는 성문서와 이사야
등에서는 2인칭 명령을 통한 창조행위로 표현되어 있다. 마치 하나님이 거의 맞
수에 가까운 거대한 반창조세력을 간신히 제압해 거대한 감옥에 유폐하는 데 성
공해 스스로 자축하는 인상을 주는 시적 표현들이 성문서와 이사야의 창조본문
들이다. 창조에 대한 이런 다양한 묘사는 일찍이 유대인 학자들의 주석들에 의
해 잘 포착되었다. 그 중에서도 유대인 성서학자 존 레벤슨(Jon D. Levenson)의
Creation and the Persistence of Evil이라는 저서[3] 는 이런 통찰을 집약적으로
제시한다. 특히 6장(7일간의 창조), 7장(우주와 소우주)과 8장(안식과 재안식)에
서 레벤슨은 하나님 천지창조의 핵심은 안식일 제정이었다고 주장한다. 안식일
준수여부에 하나님의 창조질서가 지탱되느냐 붕괴되느냐가 달려있다는 것이다.

---

3) Jon D. Levenson, Creation and the Persistence of Evil (Princeton, NJ.: Princeton University, 1988).

이 책의 중심논지는 이스라엘에게 안식일 경축과 축성은 피조물에게 주신 시간이라는 선물을 하나님께 거룩하게 봉헌함으로써 하나님의 우주창조 사역의 성취감을 공유하는 경험이라는 사실이다. 악과 불의의 억제와 감금이 바로 안식이라는 것이다. 우리 안에, 그리고 우주 안에 활동하는 반(反)창조세력을 억제하고 감금함으로써 하나님의 우주적 평온에 동참하라는 것이다. 하나님이 억제하고 감금했던 태고적 적수인 이 거대한 반창조세력인 혼돈(물에 잠겨 침수된 땅−물과 뭍이 뒤엉킨 상황)은 하나님의 창조 후에도 소멸되지 않고 억제되고 감금되어 있다. 인간은 감금된 혼돈세력(악과 불의)을 계속 감금된 상태로 묶어 두기 위해 하나님의 공동창조자가 되어 하나님의 언약결속자가 되어야 한다는 것이다.

## 1. 천지창조와 성막창조의 상응성

7장 우주와 소우주에서 하나님께 드리는 전체적인 봉헌과 하나님의 언약준수 행위가 혼돈세력의 억제와 감금행위라는 점을 강조한다. 이 요점을 부각시키는 과정에서 레벤슨은 이스라엘의 성막창조와 성전창조가 바로 하나님의 천지창조를 모방하고 있음을 자세히 논증한다. 출애굽기 40장 2, 17절의 성막 완공이 봄철의 신년 첫날에 있는 것과 같은 날에 노아 홍수의 재난으로부터 마른 땅이 나타난 것은 성전건축과 혼돈으로부터 땅을 건져내신 창조사건을 연결시키는 중요한 고리이다. 하지만 앞서 살펴본 것처럼 메소포타미아의 창조설화에 나오는 창조를 위한 옛 전투신화도 또한 우주창조와 성전 건축을 연결시켰다(에누마 엘리쉬). 솔로몬의 성전 낙성식을 보도하는 열왕기상 8장은 이 낙성식 행사가 7월에 1주간 동안 열리던 초막절 절기 동안에 이뤄졌음을 애써 말해주고 있다. 낙성식 때 솔로몬이 행한 강복기도는 모두 일곱 가지 탄원들을 포함하고 있으며 성전 자체의 완공에 모두 7년이 걸렸다. 우주창조가 7일(7단계)에 걸쳐 일어난 것처럼, 소우주인 성전 완공도 일곱이라는 숫자와 밀접하게 관련될 수밖에 없다는 것이다.

요약하면 고대 이스라엘에서 성전 창조와 7일간의 초막절 행사 준수 사이에는 분명한 연관이 있었다는 것이다.[4] 원래, 7일 창조설화 자체가 7일 동안 준수되던 고대 이스라엘의 신년 축제, 안식일 절기를 반영한다는 것이다. 결국 이집트, 메소포타미아의 창조 이야기들과 이스라엘의 더 이른 시기의 창조신학들과 창세기 1장 1절부터 2장 3절을 가장 특징적으로 구별시키는 공식적인 특질은 7일 창조다. 우리가 이제까지 검토한 어떤 문헌에서도 구약성경의 첫 서두를 지배하는 7일 창조 도식이 나타나지 않는다.[5] 그런데 창세기 1장에는 7의 배수들로 가득 찬 원리들이 숨 쉬고 있다.[6] 레벤슨은 5장 "저항 없는 창조"에서 밝혔듯이 7이라는 숫자가 지배하는 창세기 1장 1절부터 2장 3절의 창조 이야기는 원래는 고대 근동 자료와 유사한 내용으로 출발한 히브리 성서의 창조신학의 발전도상의 최후 진화본이라는 점을 강조한다. 예를 들면 레벤슨은 시편 74, 89편, 욥기 38~39장이 최초의 창조 증언이며 시편 104편이 이스라엘의 창조신앙의 둘째 발전단계를 대표한다고 보면, 마침내 창세기 1~2장이 이 창조신학의 발전도상의 가장 완숙한 발전단계를 대표한다고 본다. 레벤슨은 창세기 1장의 창조기사의 핵심인 7일 창조 도식이 고대 이스라엘의 초막절 절기가 7일간 경축되고 축성되었다는 사실에서 연원되었다고 주장한다. 제사장 자료층의 창조신학의 핵심인 7일 창조신학은 고대 이스라엘(초기 이스라엘)의 가을 봄, 및 신년 축제절기가 7일 동안 진행된 역사적 경험에서 비롯되었다는 것이다. 제사장 자료(P)는 신년 축제절기가 고대 근동의 일반 신들의 왕위 즉위 축제식과 깊은 관련성을 가지고 있다는 이유로 그것을 깎아내리고 대신 안식일 중심적 창조신학을 내세운다. 신년축제의 왕/신의 왕위 즉위식이 제사장들이 최후로 다듬은 창세기의 창조기사에서는 안식일에 일어나는 사건으로 재설정된다. 연례행사였던 세상 갱신, 우주질서 지탱 사역이 안식일, 즉 일주일에 한 번씩 일어난다는 것이다. 신년 축제를 깎아내리고 안식일의 신학적 의미를 고양하기 위하여 제사장 자료층 P는 안식일에 우주기원론적 의미를 부여한다. 하나님의 창조사역이 끝난 것을 기념하는 안식일이 하나님이 온

---

4) Levenson, 같은 책, 79.
5) 레벤슨은 창세기가 혼돈세력과의 전투를 통한 하나님의 창조를 말한다는 점에서 고대근동의 창조설화인 에누마 엘리쉬와 가나안의 바알/모트 전투신화에 영향을 받았을 가능성은 있지만 일곱째 날 안식 모티브는 100% 이스라엘의 창조신학임을 역설한다. 고대 세계의 어떤 신이나 종교도 창조질서를 유지하고 지탱하며 하나님의 통치에 순종하기 위해 일주일에 한번 씩 안식일 거룩하게 준수하라고 말하지 않는다는 것이다.
6) Levenson, 같은 책, 68쪽의 첫 두 문장.

전히 왕이 되셨음을 증명하는 것이다. 물론 앞서 언급했듯이 고대근동의 이웃문명에서도 안식일 주제와 성전 완성이 아주 밀접하게 관련된다(에누마 엘리쉬, 바알 신화). 그러나 창세기 1장에서는 성전 건축과 완성 모티브가 억제되어 있거나 사라졌다. **아니면 창세기 1장은 좀 더 넓은 의미에서 세상 전체가 하나님의 성전이라는 사상이 잠입할 여지를 남겨두었다**(사 66:1; 시 103:19-20[하늘은 나의 보좌, 땅은 나의 발등상]; 사 6:5 온 땅에 가득 찬 하나님의 영광=왕상 8:11=출 40:34-35 성전과 성막에 가득 찬 하나님의 영광).

그래서 천지창조(땅창조) 바로 뒤에 최고대권을 쥔 신을 위한 성전건축이 뒤따르는 고대근동의 창조설화들과는 달리 구약성경에서는 천지창조와 성전 건축을 우회적으로 간접적으로 연결시킨다. 출애굽기 35~40장의 성막 완성이 하나님의 천지창조를 압축적으로 재현한다. 이 단락은 성막 완성은 소우주 완성임을 강조하고 있다(왕상 8장). '성전/성막이 완성되었다'는 말은 '하나님이 안식에 들어가셨다'는 말과 동일하다. 하나님이 안식에 들어가실 수 있는 이유는 창조질서에 도전하는 적대세력을 억제하시는 데 성공했기 때문이다. 즉 반창조세력을 이겼기 때문이다. 그 결과 이스라엘은 완성된 성전에서 하나님이 거두신 이 우주적 승리를 감사해하며 안식을 느낀다. 이스라엘은 안식일 성전예배를 통하여 하나님의 우주적인 평화통치를 확증하고 재확인하게 된다. 출애굽기 38~40장을 읽어보면 성막 창조와 창세기 1장의 천지창조, 우주창조가 아주 밀접한 연관이 있음을 알게 된다.

두 단락 다 "안식일을 지키라"는 권면을 포함하고 있다(출 31:12-17; 35:1-3). 성막 창조기사도 모세에게 주신 하나님의 일곱 차례 강론들에 의하여 짜여 있다(출 25:1, 30:11, 30:17, 30:22, 30:34, 31:1, 31:12). 환언하면 하나님은 세상을 7일 동안에 창조하시고, 성막을 일곱 차례의 말씀들로 창조하신다. 각각의 절정은 안식일을 지키라는 명령에서 발견된다. **하나님이 안식에 들어가셨듯이 이스라엘도 성전/성막에 들어가 하나님의 고요한 멈춤과 쉼에 동참하라는 것이다. 출애굽기 판본의 안식일 준수계명의 핵심은 성전/성막에 몰입하는 멈춤을 강조하는 셈이다.** 이처럼 성막 창조기사는 실로 왜 안식일을 지켜야 하는지를 명시적으로 설명하면서 마무리된다. 여기서 하나님의 천지창조가 회상되는 이유는 이스라엘의 성막중심의 모든 제의활동은 하나님의 천지창조사역의 완성 후에 누리는 안식향유에의 참여를 의미하기 때문이다. 안식일은 천지를 창조하신 하나님의 창조행위 모방이다(출 31:17). 마찬가지로, 출애굽기 35~40장 실제 성막 창조기사도 숨겨진 7의 도식을 드러낸다. "야웨가 모세에게 명하신 대로"가 모두 일곱 번 나온다(출 40:19, 21, 23, 25, 27, 29, 32). 하나님이 보시기에 좋았더라는 표현이 일곱 번 나타나는 것과 상응한다(창 1:4, 11, 12, 18, 21, 25, 31). 우주/천지창조질서와 마찬가지로 성막의 세부 요소들도 완벽하게 하나님의 뜻대로 한 치의 오차 없이 창조되었다.

　요약하자면, 7일 창조 이야기의 기원-이것은 소위 제사장 가설-은 철저하게 성전이 완성된 후에 혹은 성전제의를 부각시키는 예루살렘 성전 제사장들이 주창한 창조신학이다. 성전이 완성되어 이스라엘의 제의생활의 중심에 서기 전 이스라엘은 가을과 봄에 두 차례 신년 축제를 가졌을 것으로 추정된다.[7] 이때 신년 축제일에 야웨의 왕위즉위식 제례가 있었을 가능성이 있다. 레벤슨에 따르면 특히 신년가을 축제(초막절)가 7일간 계속되었다. 이 7일간 계속된 신년축제가 7일 창조신학에 융합되었다는 것이다. 그러나 예루살렘 성전의 제사장들은 더 이상 왕이 존재하지 않던 바벨론 유배 이후의 시대에 성전중심의 야웨 등극신학을 안출했다. 그것이 바로 창조신학이다.[8] 주전 6세기 이후의 예루살렘 성전 제사장들이 주창한 창조신학 대헌장인 창세기 1장 1절부터 2장 3절은 신년축제(1년에 한 두 번씩 축성되는 신년 축제)를 폄하한다. 대신 야웨가 신년 축제일에 혼돈세력을 제압하고 왕위에 오르신 것이 아니라 6일 창조사역 후 제7일에 왕으로 등극하신다고 본다. 제사장 자료층은 신년 축제를 폄하함으로써 안식일에 우주기원론적 의미, 창조신학적 의미(야웨의 왕권 송축일)를 부여하였다. 하나님의 창조-혼돈세력을 제압하시고 안식하신 것, 즉 왕위에 오르신 것-가 완성된 것은 신년축제가 아니라 안식일이라는 것이다. 이때부터 안식일이 교회/신앙공동체의 7일 단

---

7) 레벤슨은 모빙켈 등 스칸디나비아 웁살라 학파의 의견을 존중한다. 그러나 레벤슨은 이스라엘에 두 차례나 혹은 한 차례 축성(祝聖)된 야웨 신년 왕위 즉위식을 기록한 문헌적 증거가 많지 않음을 기억하여야 한다고 지적한다.

8) 창세기 1장의 창조신학이 예루살렘 제사장들의 성전신학이며 우주관을 반영한다는 주장을 자세히 살펴보려면, Robert Coote의 In the Beginning과 John H. Walton의 Genesis 1 as Ancient Cosmology를 참조하라.

위의 예배에 의하여 더욱더 제의 생활의 중심으로 공고하게 들어서게 되었다. 신
앙공동체는 일주일에 한 번씩 하나님의 창조를 송축하고 모방한다. 안식일은 혼
돈세력을 억제하고 경계선을 넘지 못하도록 왕적인 명령을 발포하는 날이다. 이
제 야웨의 왕권의 갱신, 재확증을 통하여 혼돈세력을 제압하는 행위가 일 년에 한
두 번씩 행해지지 않고 일주일에 한 번씩 행해지는 행사(weekly event)가 된 것이
다. 결국 창세기 1장 1절부터 2장 3절은 고대 신년 야웨 왕위등극 제의를 안식일
에 일어난 행사로 바꾸어 놓은 셈이다.

이처럼 6장 "7일간의 창조"에서 레벤슨은 고대 이스라엘의 가장 중심 절기 중
하나인 초막절과 유월절이 강력한 우주창조신학적 특질들을 갖고 있다고 논증하
였다.[9] 조셉 블렌킨솝 등은 우주창조와 성전창조 사이에 있는 상응관계들을 발
견하고 있다.

<표 1-1> 우주창조와 성전창조 사이의 상응관계

| 우주창조 | | 성전창조 | |
|---|---|---|---|
| 창 1:31 | 창조 완성 후 만족하는 하나님 | 출 39:13, 43 | 성막 완성 후 만족하는 모세 |
| 창 2:1 | 천지창조 사역완료 | 출 39:32 | 모든 창조사역 완료 |
| 창 2:2 | 모든 일마치고 안식한 하나님 | 출 30:33b-34 | 성막 완성 후 하나님 현존 성막 채움. |
| 창 2:3 | 하나님 7일 강복 | 출 39:43 | 모세의 축복 |
| 창 2:3 | 일곱째 날의 성별 | 출 40:9~11 | 성막 제의 도구들의 성별 |

이 비교는 성막을 하나의 세계, 즉 질서정연하고 인간 공동체를 지지하고 후원
하는 그리고 하나님께 복종하는 환경으로 묘사하는 데 초점을 둔다. 성전/성막은

---

9) Levenson, 82쪽 첫 단락. 그 두 절기들은 한 때 신년 축제절기들로 봉사한 적이 있었으며 7일 동안 치러진 이
   두 절기들의 준수는 제사장 자료(P자료)의 7일 창조 도식의 전역사(pre-history)와 관련될 지도 모른다고 주
   장하였다. 이제 우리는 이 두 절기들이 둘 다 성전 낙성식과 성전 갱신의식행사들과 밀접한 관련이 있음을 발
   견한다. 초막절의 경우 이 관련성이 적어도 주전 6세기 경까지 지속되었던 것으로 보인다.

하나님의 다스림이 가시적으로 나타나며, 도전받지 않고, 그의 성결하심은 경험 되어지고, 위협당하지 않고, 피조물에 스며드는 세계인 것이다. 시편 78편 69절 은 이 요점을 선명하게 가리킨다. "그는 하늘처럼, 그리고 그가 영원히 세워 올린 땅처럼 그의 성소를 지으셨도다."

　성전이 세상일 뿐만 아니라 세상이 또한 성전으로 묘사된다(사 66:1-2; 시 50:12; 사 65:17-18; 시 134:1-3). 성전은 소우주요 세상은 대성전인 셈이다. 소우주로서 성전은 이상화된 세계. 하나님이 원래 의도하신 세계의 표상물이 다. 하나님이 세상의 창조자임을 강력하게 증거하는 증거자요, 승리하신 하나님 의 왕궁이요 궁전이다. 성전의 경내에서 창조를 바라보는 것은 더럽혀지고 잔존 한 악에 오염된 현실 세상으로부터 동떨어진 하나의 이상 사회를, 이상적 세계를 소환하는 행위인 셈이다. 그것은 하나님의 창조적인 노력들이 결실을 맺어 생겨 난 이상적인 세계인 것이다. 이 하나님의 창조자체를 위대하게 송축하는 방식이 바로 안식일 준수인 것이다.

## 2. 안식과 재창조

　7장 우주와 소우주에서 창세기 1장 1절부터 2장 3절의 우주창조론의 특징이 일 곱이라는 숫자에 의하여 구조화된 창조이야기라는 사실을 확정지은 레벤슨은 8 장 안식과 재창조에서 인간이 하나님의 창조사역 후 누린 안식에 동참하는 제의 적 중개물인 안식일 준수계명을 한층 더 심층적으로 고찰한다. 구약성서에서는 두 가지 동기로 안식일 준수를 명령하는 하나님이 소개된다. 신명기 5장 안식일 계명은 안식일 계명 준수가 하나님의 창조행위와 관련성을 갖지 않은 채 나온다. 너희들도 한때 이방의 노예들이었음을 기억하고 다른 노예들을 잘 대우해 주어 라, 혹은 그들을 안식하게 하라 정도의 의미다. 이에 비하여 출애굽기 20장 안식 일 계명은 하나님의 창조행위와 관련된다. 전자는 인도주의적, 인간중심적, 합리 적, 실용주의적인 안식일 준수 동기를 말한다. 후자는 고도로 하나님 중심적이고, 제의적이고, 아마도, 하나님의 행동 모방적인(주술적인 의미) 차원을 강조한다.
　이 두 차원 사이에는 놀라운 공통점이 있다. 하나님의 세상 창조는, 인간 피조물에게 안식의 땅을 제공하는 신적 자비심으로 가득 찬 행동이기 때문이다. 세상을 창조하는 행위는 하나님의 인도적인 자비행위라는 것이다. 모세 와인펠트에 의하면, 정의와 공평의 창조자가 바로 하나님이시고 그것의 특별한 과시행위가 바로 창조행위라는 것이다. 시편 33편 4-7절을 보라.

4 여호와의 말씀은 정직하며 그가 행하시는 일은 다 진실하시도다
5 그는 공의와 정의를 사랑하심이여 세상에는 여호와의 인자하심이 충만하도다
6 여호와의 말씀으로 하늘이 지음이 되었으며 그만상을 그의 입 기운으로 이루었도다
7 그가 바닷물을 모아 무더기 같이 쌓으시며 깊은 물을 곳간에 두시도다

혼돈의 원시바다물과의 전투 후 창조사건과 하나님의 정의와 공평을 연결시키는 보다 더 명백한 하나의 예시본문은 시편 89편 10-15절이다.

10 주께서 라합(애굽)을 죽임 당한 자 같이 깨뜨리시고 주의 원수를 주의 능력의 팔로 흩으셨나이다
11 하늘이 주의 것이요 땅도 주의 것이라 세계와 그 중에 충만한 것을 주께서 건설하셨나이다
12 남북을 주께서 창조하셨으니 다볼과 헤르몬이 주의 이름으로 말미암아 즐거워하나이다
13 주의 팔에 능력이 있사오며 주의 손은 강하고 주의 오른손은 높이 들리우셨나이다
14 공의와 정의가 주의 보좌의 기초라 인자함과 진실함이 주 앞에 있나이다
15 즐겁게 소리칠 줄 아는 백성은 복이 있나니 여호와여 그들이 주의 얼굴 빛 안에서 다니리로다

여기서 보면 창조는 하나의 해방행위요 구원행위인 것이다. 성난 파도, 혼돈의 들끓는 원시바다물에 대한 억제와 그것들로부터 비천한 자들을 건져준 사건이 바로 창조사건인 것이다. 마른 땅의 창조사건이다. 하나님의 세상 창조는 정치적 해방행위요 영적 구원행위라는 것이다. 창조질서 자체가 하나님의 계속적인 자애와 사랑을 해석하는 표어가 되듯이, 안식일이 보통 인간의 일상사에서 경

험되어져야 할 하나님의 인도적이고 자애로운 태도의 정기적이고 계속적인 구체화행위라는 것이다.

창세기 1장 1절, 2장 3절은 창조를 하나님의 안식에서 절정에 이르는 하나의 발전적 사건으로 제시하고 있다.[10] 그런데 이 안식은 하나의 노예상태로부터의 속량을 의미하는 행동이요(노예들에게 안식을 제시하는 것-아트라하시스의 창조설화 원용) 사회 개혁적 행동을 의미한다. 또한 안식은 아무런 도전자나 적대자의 방해를 받지 않고 거룩한 쉼에 들어가신 하나님의 고상하고 거룩한 안식에 인간이 참여하는 행동을 의미하는 것이다. 하나님이 대적세력을 무찌르고 이 세상을 창조하신 그 사건을 함께 기리고 즐거워하는 것이다. 하나님의 세상 창조와 창조주의 도전받지 않은 왕위등극, 그리고 창조물에 대한 유순하고 복종적인 관리자, 청지기로서의 인간 사명 위임을 매주일 단위로 송축하고 기리는 절기, 그것이 바로 안식일인 것이다. 만일 창세기 1장 1절부터 2장 3절이 왕권을 그대로 사람 일반에게 분산시켜 사명을 주었다면, 그것은 신년의 의미(왕의 즉위식)를 민주화시켜 절기상의 특별의미를 희석화시켜 버렸다. 창세기 이 단락(창 1:1-2:3; 참조. 창 2:6-7, 16-17)은 왕에게 집중적 관리, 위임, 다스림, 통치 사명을 사람 일반에게 확산, 확장시켰던 것이다. 왕에게 지나치게 집중된 신년 왕위 즉위식 제의를 축소시키는 결과를 가져왔다. 왕이 없어도 유대인들은 안식일을 준수함으로써 재창조의 사명을 위임받을 수 있었던 것이다.

이상에서 살펴본 것처럼 제사장 창조신학인 창세기 1장 1절부터 2장 3절까지의 창조 이야기는 악의 소멸이나 추방에 관한 이야기가 아니라, 그것의 억제에 관한 이야기다.[11] 그것은 분리와 경계설정을 통하여 억제된다. 하나님의 새로운 우주질서 안에서 그것들은 억제된다. 그러나 현실적으로 그것들은 선한 창조질서를 뒤흔들고 도전해 온다. 그래서 하나님은(고대 이스라엘은) 성전을 지어 악을 어둠을 혼돈 세력을 규칙적으로 일상생활을 통하여 억제하려고 한다. 성전은 악의 도전이 무력화되는 곳이요 하나님의 다스림이 완전하게 가시화되는 곳이다.

---

10) Levenson, 같은 책, 119쪽 마지막 단락.
11) 레벤슨, 같은 책, 127-130.

제의에 참여함으로써 인간은 하나님의 악 억제, 혼돈 무질서 억제 활동에 참여한다. 하나님의 창조활동에 참여하여 그것을 모방하는 것이다. 제의를 통하여 인간은 악과 대처할 수 있다(1967년 제4차 중동전: 이집트와 이스라엘의 공중전-안식일을 지키는 것과 이집트 공습을 대비하여 안식일을 어기는 것). 제의의 목적은 창조질서를 세우고 유지하는 데 있기 때문이다. 제의는 인간을 고상하게 하고, 하나님의 다스림을 실현하는 도구가 된다. 하나님의 명령에 대한 복종을 통하여 하나님의 선한 세상이 창조되고 유지된다. 하나님의 창조에 대항하는 혼돈세력을 중성화시키고 억제하는 가장 지속적이고 효과적인 제의가 시간의 성화, 즉 안식일 경축이다. 출애굽 구원목적 자체도 하나님 백성의 안식향유이다. 이 안식향유는 하나님의 태고적 안식향유에의 동참을 의미한다.

## III. 출애굽 구원의 목적도 하나님의 안식참여를 위함이다

출애굽기 3장 1절부터 13절은 출애굽 구원자체가 하나님의 안식에 이스라엘을 초청하기 위함임을 부각시킨다. 천지창조를 다 마치신 주님은 안식하셨다. 하나님 명령을 듣고 순종하는 모든 만물들의 살아있는 모습을 보고 심히 기뻐하신 하나님은 안식에 들어가셨다(창 2:4). 하나님의 안식은 하나님나라의 굳건한 정립과 그 운영을 보신 하나님의 만족감의 표현이다. 하나님에게 안식이란 하나님 당신이 온 정성을 다 쏟아 만들어놓으신 우주와 이 땅을 보신 후 당신의 창조세계에 대한 자기승인이며 자기만족 피력이다. 안식은 하나님에게 하나님 자신의 노동과 수고의 열매를 보고 즐기는 자기만족적인 시간이다. 하나님의 안식에서 얻을 수 있는 최고의 진리는 모든 수고로운 노동 뒤에는 반드시 안식이 있어야 한다는 것이다. 노동은 자기 소진이다. 자기 망각적 소진, 자기 파괴적이고 자기 소멸적인 소진이다. 비인간화를 초래하는 가혹한 자기 부정이다. 타락 이전의 노동은 결핍을 채우려는 노동이 아니라 하나님이 주신 선물을 누리고 관리하는 노동이었다. 그러나 창세기 3장 15절 이하에 나오는 아담의 노동은 결핍을 채우는 노동이며 자기를 구원하기 위한 노동이며 자기생명을 감각시키고 희생시키는 생계

노예 노동이었다. 물론 이 말이 하나님께서도 자기소진을 너무 하셔서 피곤케 되었기 때문에 안식하셨다는 말은 아니다. 하나님의 안식은 피조물에게 노동과 안식의 리듬을 가르쳐주시기 위한 교육적 효과를 가진 안식이기도 하다. 하나님의 안식은 피곤케 된 하나님 스스로를 쉬게 하기 위한 것이 아니라 하나님의 자기만족임과 동시에 피조물 인간에게 노동 너머에 안식축제가 있다는 것을 가르쳐주기 위한 안식이기도 하다는 것이었다.

하지만 범죄한 아담에게 일어난 가장 큰 비극은 안식박탈이었다. 축제와 감사로써의 노동은 이제 저주가 되었다. 아담은 먹고 살아가기 위해 자기 몸 된 밭을 갈아야 하는 비참한 소작인이 되어 버렸다. 죄를 범한 아담은 가시와 엉겅퀴가 나오는 땅을 갈구어야 했다. 이마에 땀이 흘러내릴 만큼 죽도록 일하다가 다시 흙으로 되돌아가야 하는 허무한 노동이었다. 이것이 바로 창세기 2장 17절이 경고한 바로 그 죽음이다. 아담은 하나님 계명을 범한 후에 죽음을 경험한다. 죽음은 자기 파괴적 가혹노동, 생계노동으로 내몰리는 상황이다. 인간의 죽음은 가혹한 생계노동으로 가해진 고통의 총결산이다.

이처럼 죄범한 아담은 죽음을 경험한다. 가혹한 생계노동으로 자신의 몸과 정신을 학대하는 삶 그것이 바로 죽음이다. 죽음은 안식박탈이다. 아담은 하나님과 멀어져 원수가 된 이래 자기가 스스로 생계를 책임져야 하는 허무한 죽음을 살아내어야 했다. 지금 우리가 하는 모든 노동은 자기생명을 보듬고 죽음의 허무와 싸우는 본질적으로 고통스럽고 허무한 죽음으로 가는 노동이다(롬 8:20-23). 범죄한 인류가 아담의 저주 어린 노동을 가장 집단적으로 경험하는 현장 이집트 고센 땅 히브리 노예들의 토목공사 강제노동이었다. 히브리 노예들은 아담 인류의 원형적 죽음을 경험한다. 창세기 3장에서 아담에게 선고된 죽음의 노동을 강요당하고 있다. 짚도 주어지지 않고 벽돌을 생산하여야 하고 그 벽돌로 왕을 위한 성과 대창고를 지어야 했고 안식을 달라고 요구하면 매질을 당해야 했다. 아브라함의 후손, 곧 하나님 자녀들은 파라오의 강제노역으로 죽음을 살아내고 있었다. 부르짖었다. 이때 모세가 등장해 출애굽이 착상된다.

출애굽기 3장이 보여주는 바 모세를 통한 하나님의 구원은 안식이다. 안식의 절정은 하나님의 산 시내산에 올라가 예배를 드리고 형제자매적 언약으로 재창

조되는 것이다. 안식은 서로가 서로에 대하여 원수, 냉담, 무관심상태로 지내다
가 하나님 안에서 한 백성, 자녀공동체로 거듭 태어나는 것이다. 하나님은 당신
의 자녀들이 죄와 죽음의 채찍질 아래 고된 노동으로 죽어가는 현실을 하나님의
권능으로 부수시고 해방을 선사하신다. 하나님의 산 시내산으로 올려 하나님 백
성으로 거듭 태어나게 하신다. 하나님의 멍에를 메고 하나님의 율법을 지키는 삶
으로 초청해주신다. 구약의 모든 율법은 자유를 주시는 하나님의 복음초청이다
(약 1:25). 안식일을 기념하여 지키라는 하나님의 계명은 안식을 누리지 못하는
노예들에게 복음초청이다. 안식을 앗아가는 모든 억압자들과 체제를 무장해제시
키는 위대한 복음 선언이다(출 20:8-11 안식일을 기억하여 거룩하게 지키라[8
절]; 신 5:12-15[안식일을 지켜 거룩하게 하라[12절]). 하나님이 주시는 경제적
육체적인 안식까지 포함하는 총체적인 안식이다. 영적 정신적 심리적 안식을 넘
는 전존재적인 안식이다.12)

　이 안식을 가로막는 첫째 원수는 우리 안에 거하며 우리에게 허무한 욕망을 섬
기도록 부추기는 죄악의 권세, 파라오의 권세이다. 그 다음으로는 우리 밖에서 사
회, 경제, 종교 등의 사회구조적 권세이다. 이들은 우리를 비인간화할 정도로 막
강하게 지배하는 자들이다. 이들로부터 하나님은 우리를 안식하게 하신다. 하나
님이 주시는 안식의 절정은 하나님 산에 올라 하나님을 예배하는 삶, 하나님의 안
식향유에 몰입적으로 참여하는 것이다. 하나님이 주신 자유하게 하는 율법의 멍
에를 지고 형제자매를 사랑하는 일에 투신된 삶이다. 형제자매적 친교가 바로 안
식이다. 어거스틴이 말하듯이 우리가 하나님의 품에 안길 때까지 안식은 없다. 악
인에게는 평강이 없다. 죄를 이기고, 죄악된 이 세상의 무자비, 냉담, 무한 경쟁적
소비주의, 쾌락주의 삶의 방식을 거부할 결단에 이르기까지는 우리에게 안식이
없다. 하나님의 안식은 우리에게 주어진 선물이지만 또한 우리가 지켜서 수호하
고 향유해야 할 과업이자 계명이다. 하나님의 안식일은 복음이지만 계명이며 계
명이자 복음 초청이다.

---

12) 물론 히브리서 4장은 이 완성된 안식에의 참여는 종말의 시점까지 유보되어 있다고 말한다.

## Ⅳ. 연약한 이웃을 해방하는 절기로써의 안식일 축성

　신명기 5장 12절부터 16절은 이스라엘의 안식일 준수의무의 원천적인 배경으로써 이집트 노예살이에 대한 회고를 담고 있다. 이 본문은 이스라엘의 본질이 가혹한 노예노동에서 해방된 자유민들임을 강조한다. 잘 알다시피 이집트의 가혹한 강제노역현장에서 죽어가는 히브리 노예들은 처음에 파라오에게 3일간의 휴가를 요청했다가 거절당했다. 히브리 노예들은 3일간 하나님의 산에 가서 희생제사를 드릴 말미를 달라고 재차 요청했다(출 5:1-3 내 백성이 광야에서 절기를 지킬 것이다). 이 상황에서 파라오가 거절하고 더욱 히브리 노예들을 박해하자 야웨 하나님은 마침내 강한 손과 펴신 팔로 이집트에게 열 가지 재앙을 연쇄적으로 쏟아부었다(출 7-12장). 이집트의 강제노동 체제가 완전히 망하고 나서야 하나님의 절대주권적인 강권으로 히브리 노예들은 해방되었다. 하나님은 당신의 백성들이 하나님을 예배드릴 수 없을 만큼 가혹한 강제노역에 시달리는 상황을 항상 전복하시고 혁파하신다. 하나님의 자녀들을 강제노역현장에서 해방시켜 주시기를 원하신다. 하나님에 의해 해방된 이스라엘은 다른 동포들을 가혹한 강제노역에서 서로를 해방시켜 줄 의무가 있다.

　신명기의 안식일 계명은, 출애굽기 20장의 안식일 계명(천지를 창조하신 하나님의 안식을 모방하는 안식일 준수)과는 달리, 이스라엘이 한때 이집트의 노예였던 점을 잘 기억해 다른 노예들을 가혹하게 다루지 말 것을 명령한다(15절). 따라서 이스라엘 백성은 어느 누구도 다른 사람들을 강제노역현장으로 불러 하나님을 예배할 여유도 없을 만큼 강제 노역시키지 못했다. 종과 노예들마저도 일주일에 한번 반드시 하나님을 향해 안식하여야 한다. 신명기 5장 14절 마지막 소절은 이 안식일 준수 계명의 마지막 수혜자는 남 노예와 여 노예임을 분명하게 말한다. "… 네 남 노예와 여 노예가 너처럼 안식하도록 하기 위함이다." 안식 준수 계명이 지켜지면 사회최약자층들도 안식에 동참할 수 있지만 그렇지 않으면 사회최약자층인 노예들이 안식을 박탈당한다는 것이다.

　우리는 링컨의 노예해방선언으로 노예제도가 폐지되었다고 생각한다. 그러나 노예제도는 폐지되지 않았다. 외견상의 노예제도는 폐지되었을지는 몰라도 사실상의 노예들이 굉장히 많이 있다. 노예는 자기의 의사에 반하여 생계유지 때문에 자기 몸을 파는 자들이다. 많은 정신적, 감정적, 육체적 소진노예들이 이 사회의 최저기층을 이루고 있다. 안식일 준수계명은 우리 그리스도인들은 이런 노예제 사회를 거룩하게 변화시키라는 명령이기도 하다. 왜 안식일을 지켜야 하는가? 안식일이 그냥 쉬는 날이기만 하는가?

단순히 쉬는 날은 아니다. 하나님을 위하여, 하나님을 향하여, 하나님 때문에, 하나님과 더불어 쉬는 날이다. 이런 안식일(욤 하샤바트)은 권고된 날이 아니라 명령된 날이다. 반드시 지켜야 할 계명이다. 자기 착취적 증후군에 빠진 과도한 노동구원주의에 빠진 사람들은 스스로를 가혹하게 채찍질한다. 과잉긍정의 시대에 과도한 성취를 위해 자기를 착취하여 마침내 우울증으로 전락하는 현대인은 자학적 파라오들이며 이들이 모세와 하나님의 대적이다.[13] 물론 이런 사람의 자기 착취 배후에는 파라오 같은 세상이 있고 세상의 지배자들이 작동한다.

안식일은 하나님의 형상, 예배적 존재로서의 자아 회복과 살아야 할 소망 고취의 시간이다. 심각한 가혹 노동은 자아 고갈을 초래한다. 자아 고갈은 자기 존엄성 손상이며 개성을 박탈하는 자기 징벌이다. 안식일은 이런 자아 고갈에 대해서도 경고한다. 하나님 앞에 반드시 쉬어야 하고 하나님을 향해 쉬어야 한다. 하나님께 예배드리고 감사하면서 생계이익 노동의 가혹한 요구로부터 자신을 멀찍이 떨어져 두어야 한다.

안식일은 우리에게 생명을 주시고 이 세상에 보내신 하나님과 더불어 사는 방법을 터득하기 위한 배움의 시간이다. 노동으로 비인간화된 우리 모습을 하나님의 형상으로 회복하는 시간이다. 노동을 통한 자기 구원이 아니라 하나님에 대한 예배와 순종으로 선사되는 구원을 누리라는 것이다. 안식일은 우리가 잉여노동을 통해 잉여이익을 창출하는 데 바쳐서는 안 된다. 안식일은 하나님 말씀의 쟁기와 쓰레질에 의해 우리 마음 밭이 갈아엎어져 하나님 말씀대로 살 수 있는 영적

---

13) 현병철, 『피로사회』, (파주: 문학과 지성사, 2012). 이 책은 자기 규제가 사라진 상황에서 저마다 노동극대화를 위해 자기를 착취해 내적으로 붕괴되는 과정을 예리하게 지적한다. 안식을 박탈하는 세계공장체제적 산업사회에 적응하는 인간은 자신을 소진시키면서까지 '구원'을 맛보려고 한다.

감수성을 새롭게 하는 시간이다. 안식일 준수의 핵심은 하나님께 드리는 예배, 감사, 나눔, 베풂이다. 안식일은 결국 하나님을 찬양하고 예배함으로 인간다움을 회복하고 이웃과 함께 사는 능력을 증대시키는 시간이다.

이처럼 이스라엘(하나님 백성)은 하나님을 위한, 하나님의 시간으로 안식일을 따로 성별해 두어야 한다. 안식일은 사용(私用)하는 시간이 아니라 하나님께 바치며 하나님과 공유하는 시간이며 동시에 누리는 시간이다. 하나님형상을 회복하기 위한 하나님께 바쳐진 안식일을 통해 우리는 노동 구원론이 아니라 하나님 구원론으로 되돌아가야 한다.

특히 주목할 것은 이 안식일 계명을 듣는 청중도 2인칭 남성 단수라는 사실이다. 노예들과 가축들과 땅을 이미 많이 가진 지주들이나 부농들을 염두에 둔 계명이라는 뜻이다. 많은 땅과 가축을 가진 지주들은 노동생산성을 끌어올리기 위해 7일 내내 일을 시키고 싶은 마음이 있었을 것이다. 그러나 하나님은 노동생산성을 우상시하는 인간의 자기노동구원에 강한 제동을 거신다. 하나님은 안식일을 따로 구별해 하나님께 바치도록 명령했다. 근로기준법보다 더 자애로운 법이 안식일 법인 것이다. 하루 낮 시간 노동은 8시간이므로 일주일에 모두 48시간 정도 일하도록 요구한다. 그런데 요즘은 토요일 휴무제까지 시행되는 바람에 노동윤리가 느슨해지고 환락과 쾌락주의가 기승을 부릴 기미가 보인다. 건전한 노동윤리가 부서지고 모든 가혹한 노동과 3D업종은 제3세계의 극빈국가의 노동자들에게 전가되는 집단적 노예고용 상황에 의해 해소되고 있다.

신명기 5장 13절은 안식일 준수강조가 노동윤리 해이를 조장할 수 없음을 분명하게 밝힌다. 하나님의 선물인 안식을 누리려면 6일 동안에 맡겨진 일을 다 완수하여야 함을 강조하고 있기 때문이다. 건전한 노동윤리와 안식일 향유는 같이 간다. 일을 게으르게 하는 사람들은 자신의 안식을 스스로 파괴하는 자이다. 토요일을 탕진한 사람은 7일 안식일 주일예배를 드릴 수가 없다. 6일 내내 탕진한 학생은 공부 핑계로 7일을 예배일로 바치지 못한다. 따라서 안식일을 향유하려면 6일 동안 자기 일을 완수하여야 한다는 사실 또한 중요하다. 안식일 계명이 휴가지상주의가 아니라는 것이다. 안식일 계명은 6일간의 근실한 노동과 7일의 안식 리듬을 잘 준수하는 것을 명령한 셈이다. 안식일 향유는 건전하고 책임적인 노동윤리와 짝을 이룬다.

## V. 안식일 준수가 명령 된 까닭은 인간의 자기 착취적, 이웃 착취적 죄성을 억제하기 위함이다

안식일 준수 계명은 사실상 인간의 본성을 아는 창조주 하나님이 인간의 평화로운 사회생활, 공동체생활을 위해 주신 숙고와 성찰의 선물이다. 예수님 당시의 종교지도자들은 613개의 율법 조항으로 이스라엘 백성을 율법적인 기준으로 볼 때 의롭게 만들려고 애썼다. 그래서 이스라엘 백성은 무거운 율법준수의 짐을 메고 신음하고 있다. 수고하고 무거운 짐은 하나님의 진노를 피하고 하나님을 만족시키기 위해 온갖 종류의 율법 세칙들을 지키기 위해 애쓰는 상황을 말한다. 하나님이 자신에게 진노하고 있다고 생각하는 사람들은 자신에게 가혹할 정도로 율법준수를 요구한다. 이런 자학적 자기 고문적 율법준수 강박에 시달리는 사람들이 바로 수고하고 무거운 짐 진 자들이다. 이들은 하나님을 구만리 장천의 먼 하늘에 계시는 무서운 심판자로 생각하고 하나님의 진노를 피하는 데 진력했다.

그러나 예수님은 아버지 하나님의 독생자였다. 아버지의 품속에 계셨던 독생자였다. 아버지 하나님은 도덕적 가학변태심리의 소유자가 아니라 인간의 연약성을 알고 동정하시며 율법대로 살려고 발버둥치지만 실패하는 인간을 되살려주시는 재활복구의 하나님, 갱생과 부활의 하나님임을 밝히 드러내셨다. 자학적 경건 체득에 모든 것을 걸고 자기를 괴롭히던 모든 경건한 이스라엘 사람들에게 예수님은 율법을 주신 하나님이 얼마나 자비롭고 사랑이 많으시며 율법준수에 실패한 인간들을 얼마나 완벽하게 동정하시는 하나님인가를 밝히 드러내셨다(요 1:18).

예수님이 드러내신 하나님은 은혜와 진리의 하나님이었다. 의무를 충족시키지 못하는 인간에게 회초리를 가하는 가학적인 가부장이 아니라 인간의 죄성을 아시고 죄를 이기도록 하나님 당신에 대한 사랑을 회복시켜 주시는 은혜로운 아버지 하나님이셨다. 율법준수는 율법을 주신 아버지 하나님을 아는 자들에게는 자유이지만 율법을 주신 하나님 아버지를 모르는 자들에게는 율법은 억압적 올가미와 쇠

사슬로 느껴졌다. 예수님은 613개의 율법 세칙조항들을 두 조항으로 요약했다(마 22:34-40; 눅 10:25-20; 막 12:28-34). 신명기 6장 4-5절과 레위기 19장 18절을 인용하시며 613개 조항 계명을 하나님 전심 사랑 계명과 이웃을 네 몸처럼 사랑하라는 계명으로 요약했다. 이 두 으뜸 계명을 사랑의 이중 계명이라고 부른다. 로마서 13장 10절은 이웃사랑은 율법의 완성이라고 했다. 하나님 전심 사랑이 없이 이웃사랑을 하는 경우 이웃을 지배하게 될 위험성이 있다. 하나님 전심 사랑에 추동되고 파생된 이웃사랑만이 이웃을 자유케 하는 사랑이다. 하나님을 경외하고 두려워하고 삼간 채 이웃을 사랑하면 이웃사랑은 이웃 해방적인 사랑이 된다.

바로 이런 이유 때문에 예수님이 주시는 명에(가르침)는 쉽고 가볍다. 억압적이지 않고 해방적이다. 하나님의 사랑에 감화감동된 사람들에게 율법은 쉽고 가벼운 요구이다. 예수님은 도저히 불가능한 과업을 주고 못 이루면 벌주는 가학적 엄격주의자가 아니었다. 마음이 온유하고 겸손하기 때문에 동정적이고 연대적인 스승이었다. 그래서 그의 가르침 또한 쉽고 가볍다. 실로 예수님은 이사야 57장 15절이 말하는 바 거룩하신 하나님 아버지의 마음을 가졌다. 지존 무상하여 높고 거룩한 데 거하시지만 또한 아버지 하나님은 마음이 비천한 자들과 함께하며 영혼의 의기소침을 겪는 자들을 소생시키시는 아버지 하나님이다. 예수님은 온유하고 마음이 낮은 교사이시다. '프라우스 에이미 카이 타페이노스 테 카르디아.' 온유하다는 말은 인성의 유순함만을 가리키지 않는다. 마음이 비천한 자들을 이해하고 공감한다는 뜻이다. 이렇게 번역할 수 있는 이유는 뒤따라 나오는 댓구어인 '타페이노스 테 카르디아' 때문이다. 타페이노스는 '억눌려서 비천케 된'이라는 의미가 있다. 율법에 억눌려 살아가는 자들의 비천함을 공감하는 의미의 타페이노스이다. 예수님의 언어와 사역이 갖는 힘은 진실성이 100% 담보된 공감과 연대, 체휼이다. 이 세상의 목사들이나 사제들이 아름다운 말들은 만들 수 있으나 100% 진실이 담보된 공감과 연대는 조작할 수 없다. 예수님은 하나님과 사람 앞에 100% 진실과 순전으로 살았다. 예수님은 율법을 지키지 못하고 방황하고 황폐한 사람들의 자기 대적 실패감을 100% 공감했다. 탕자의 자책감, 간음하다 붙잡힌 여인의 수치심, 소문난 탕녀의 자기 해체적 커밍아웃(눅 7장), 생명수를 찾아 다섯 남자를 전전한 사마리아 수가성 여인의 갈증, 그리고 악명 높은 여리고 세리장 삭개오의 마음속에 타오르는 갱생 열망을 100% 알고 공감하고 체휼했다. 예수님은 마음이 온유하고 겸손해 비천한 자리로 굴러떨어진 자들을 100% 영접하실 수 있었다. 이런 예수님을 만난 모든 사람들은 자신들의 잘못 살아온 인생을 풀고 맡길 열망이 일어난다. 기독교회는 단죄와 정의의 무한요구만 주장하는 곳이 아니다. 교회는 만신창이가 된 인간이 되돌아와 갱생희망을 붙잡는 곳이다.

## VI. 안식을 박탈당한 〈멋진 신세계〉의 감마/델타/엡실론 계급을 위한 복음, 안식

"34층의 나지막한 회색빌딩의 중앙 현관 위에는 '런던 중앙인공부화소. 조건반사 양육소'라는 간판이 붙어있다." 올더스 헉슬리(A. Huxley)의 1932년 작 〈멋진 신세계〉(Brave New World)라는 디스토피아 소설의 첫 부분이다. 9년간의 세계대전을 통해 하나의 세계국가로 재건된 미래사회는 철저하게 계급사회이지만 공유, 안정, 균등 등의 이데올로기를 나름대로 구현하는 지상낙원의 외양을 갖추고 있다. 이 미래국가에는 인공 수정과 부화를 통해 인간이 태어나며 각 영역의 구성원들은 처음부터 계급 구분이 확실하게 태어나고 조건반사 실험을 통해 직능별 구성원으로 양육된다. 알파 계급은 고급지식, 상층관료들로 양육되고, 베타 계급은 중간관리자 계급으로, 그리고 감마/델타/엡실론 계급은 하층 육체노동자들로 양육된다. 미래의 세계국가는 자동분업과 컨베이어벨트 시스템을 개발해 자동차 대량생산시대를 연 헨리 포드의 생산성 신화와 프로이트의 정신분석학적 인간학에 의해 크게 영향을 받는다. 문학적 희화화와 과장이 작동하지만 포드와 프로이트는 인간이 욕망통제를 통해 개조 가능하다고 본 점에서 동일체다.

따라서 이 세계국가의 연도는 포드/프로이트가 기준이 된다. 소설은 포드 기원 632년에 일어나는 사건을 다룬다. 런던인공부화소는 냉장 보관된 정자와 난자들을 수정해 부화시설 안에서 계급별 맞춤형 인간들을 출생시킨다. "우리는 또한 계급을 미리 정하고 조건반사적 습성을 훈련시킵니다."[14] 낮은 계급 인간들을 생산할 때는 산소 공급을 줄여 뇌세포 성장을 억제한다. 정상아에게 공급되는 산소공

급량의 70%만 공급하면 난쟁이가 되고 지적 능력은 심각히 퇴화된다. 이 소설에서 가장 충격적인 장면이 델타 계급 영아들이 책과 꽃을 영원히 증오하도록 만드는 조건반사훈련이다.[15] 8개월 된 영아들이 책을 집어 들 때는 엄청난 폭음이 터지고, 꽃을 만질 때는 전기 쇼크를 경험하도록 조건반사훈련을 한다. 200번 정도이 실험을 하고 나면 아이들은 영원히 책을 싫어하게 되고 꽃의 아름다움을 향유할 능력을 박탈당한다. 세계국가의 총통은 하층계급 인간들이 독서로 시간을 낭비하거나 꽃의 아름다움을 음미하다가 자기 안에 있는 영혼의 실재를 깨닫는 사고가 일어나면 세계의 안정이 크게 손상될 것을 두려워한다. 인간이 자기 안에 자유가 있으며, 책을 읽고 더 나은 세계를 꿈꾸는 능력이 있다는 것을 깨닫고, 꽃을보고 아름답다고 느낄수록 통치하기가 힘들기 때문이다. 이 세계국가의 금서들은 성경, 시집, 그리고 셰익스피어의 비극(오셀로)이다. 인공적 세뇌과정을 통해서 미래국가의 총통은 인간의 자유와 존엄을 증언하는 모든 기억들을 도말해 버린다. 그래서 리어 왕 이야기, 예수의 수난 이야기, 파스칼 등은 역사에 존재한 적이 없었던 것으로 조작된다. 웨스트민스터 사원은 카바레로 바뀌었고 '소마'라는 정신안정제가 비타민처럼 상용되며 모든 인간들은 "지금 우리는 행복하다"는 자기 암시적 조작에 단련되어 우울증이나 슬픔, 고통과 분노 등의 감수성이 거의 퇴화되어 버린다. 이 절망적이고 폐쇄적이며 자기 충족적 세계국가에 반체제 인사가 등장하는데, 그는 셰익스피어를 몰래 읽는 존(John)이라는 혼혈인이다. 그는 런던인공부화소 소장과 미국 인디언 여인 사이에서 태어난 인물로 런던인공부화소 공장체제 밖에서 태어나, 양육된 야성적인 인간 심혼을 가진 존재다. 그는 물질 환경과 독립된 "영혼"이라는 실체에 집중하는 존재다. 그는 소마를 상용하며 조건반사에 단련된 인간성으로 살아가는, 촉감영화와 향기음악을 통해 작위적인 행복감에 젖어 사는 총통국가의 멋진 신세계를 조롱하고 도발한다. 존은 정신적 안정감과 행복감을 느끼게 하는 소마 복용을 거절할 뿐만 아니라 소마를 주며 안정과 행복감을 강요하는 총통에게 말한다. "하지만 저는 안락을 원치 않습니다.

---

14) 올더스 헉슬리(A. Huxley), 『멋진 신세계(Brave New World)』, 이덕형 역(서울: 문예출판사, 2011), 20.
15) 헉슬리, 같은 책, 28-33.

저는 신을 원합니다. 시와 진정한 위험과 자유와 선을 원합니다."16) 존은 총통에
게 고문을 받으면서도 공장제 대량생산 체제로 자동차를 만든 헨리 포드와 인간
의 심리와 욕망, 의지와 정신역동을 심층・심리적으로 연구하여 인간을 치료하
려고 했던 프로이트를 신으로 떠받들고 그리스도를 대신하여 달력 기준(포드력
632년 상황)으로 삼는 이 문명사회가 지워버린 문학과 종교, 인간의 자유와 애통
지각의 능력을 옹호한다. 총통체제가 제공하는 즐거움과 안락함 대신, 그는 정신
의 모험과 물질적 안정, 공유와 행복감, 세계 너머에 존재하는 자유와 하나님을
그리워한다. 그는 감히 불행해질 권리를 주장한다. 그에게 영감을 주는 책은 성경
과 셰익스피어의 비극들이다.

　이 디스토피아 소설은 실로 다양한 철학적, 인문학적 함의를 갖고 있지만 그중
에 가장 심각한 도전은 꽃의 아름다움을 음미하고 책을 읽고 사고함으로써, 그리
고 자기언어를 회복함으로써 존재감을 찾을 수 있다는 인문학 옹호적인 함의다.
익살스럽게 비유하자면 꽃의 아름다움과 책을 읽는 즐거움을 느끼지 못하는 사
람들은 생후 8개월 영아 때 산소의 70%만 공급받은 델타/엡실론 계급 하층 육체
노동자로 태어난 사람들로 오해받기 쉽다. 육체노동자가 하층이라는 말이 아니
라 자신의 주체적 사유와 도덕적 판단도 하지 못하는 도구적인 직업인들은 다 하
층 육체노동자라는 말이다. 그들은 창조될 때 산소의 70%만 공급받았기에 자기
생각 없이 지시대로 육체를 사용해 노동한다는 점에서 하층 육체노동자인 셈이
다. 신참검사도 검사 동일체의 원리와 기소독점주의 등에 편승해 부패한 고위 검
찰 공무원 상사의 지시를 아무 생각 없이 육체적으로 따라 수행하면 그는 하층 육
체노동자다. 북한의 주체사상 중 수령론, 뇌수 이론 등을 보면 수령이 북한이라는
사회 유기체적 집단의 뇌를 대표하고 북한 인민은 수령의 지시를 무조건 믿고 따
르도록 강요당한다. 이 경우 북한 주민 전체가 하층 육체노동자다. 자신의 도덕적
판단, 철학적 사유, 그리고 옳고 그름에 대한 심사숙고를 거치지 않은 상부 명령
수행에 동원된 모든 자들은 하층 육체노동자다. 요즘 데카르트적 코기토(사유하

16) 위의 책, 303쪽.

는 자아)를 갖고 주체적으로 옳고 그름을 판단하는 고도의 정신노동자가 지극히
드물다. 심지어 한국의 정신노동자, 소위 지식인들과 엘리트들 대부분 이런 점에
서 총통국가의 델타 계급보다 더 비참하고 가련한 육체노동자다. 우리나라의 엘
리트들이 심층 욕망 리비도가 시키는 대로 시궁창 같은 윤리적 슬럼지대에서 뒹
굴며 젊은 날을 보내고 있다. 총통의 위세에 눌려 옳고 그름을 판단을 빼앗긴 채
호구지책에 목매고 사는 사람들, 그들은 미래국가의 총통의 먹잇감들이다. 총통
은 우리를 온순하게 만들어 자신의 의지를 우리에게 부드럽게 강요하고 우리의
주체성을 박탈한다. 총통은 우리가 영혼을 가진 소리치는 자유의 혼이 되기보다
는 총통지시를 수행하는 기계(AI)가 되기를 원한다.

## Ⅶ. 나가는 말

  출애굽기 20장이나 신명기 5장 모두에서 나오는 안식일 준수 계명은 하층
민/을(乙)의 위치에 있는 노동자들의 노동시간을 무한히 확장해 생산성을 극대
화하려는 현대정신과 정면으로 대항하는 계명이다. 동시에 안식일은 재물과 축
적한 부로 인하여 괴로워하는 부자들도 구원하고 해방한다. 안식일 계명은 자신
과 노예를 혹사하는 탐욕적인 지주와 그에 의해 혹사당하는 노예 둘 다를 구원하
고 해방한다. 앞서 말했듯이 안식일 계명은 심지어 동물들에게도 휴식을 안겨주
는 날이다. 아브라함 요수아 헤셸의 〈안식〉 인용구절을 보라. "유대교는 시간의
성화를 목표로 삼는 시간의 종교다… 성경은 시간의 다양한 특성을 감지한다. 똑
같은 두 개의 시간은 없다… 유대교는 우리에게 시간 속의 거룩함, 신성한 사건들
에게 애착심을 가지라고, 한 해의 장엄한 흐름에서 솟구치는 성스러운 순간들을
성화하는 법을 배우라고 말한다. 매주 맞이하는 안식일이야말로 우리의 대사원
이다. 우리의 지성소는 로마사람들과 독일인들이 태워 없애지 못한 성역, 배교라
는 것이 쉽게 말살하지 못한 성이다. 그 성역은 다름 아닌 속죄일이다."[17]

---

17) 아브라함 요수아 헤셸, 『안식』, 김순현 역(서울: 복있는 사람, 2014).

하나님은 죄를 범하고 안식을 빼앗긴 아담과 인류에게 예수 그리스도를 보내주셨다. 아브라함부터 예수 그리스도가 오시기까지의 모든 역사는 크게 보면 예수 그리스도를 보내시기 위한 하나님의 구원역사의 서곡이었다. 아브라함부터 예수님까지의 모든 역사가 모든 예수 그리스도의 죄와 죽음으로부터의 구원역사이다. 하나님은 당신의 자녀인 히브리 노예들이 파라오의 채찍 아래 죽어가는 현장에 모세를 보내주셔서 구원하셨다. 이 모세가 바로 그리스도 예수의 그림자이다. 모세와 모든 사사, 예언자들은 종말에 오실 그리스도 예수의 그림자들이다. 모세를 통한 히브리 노예 구원은 모세의 종말론적인 실체인 예수 그리스도를 통한 구원의 그림자요 예표이다. 아브라함부터 모세를 거쳐 세례요한에 이르기까지 구약의 모든 예언자들은 종말에 오실 예수 그리스도를 가리키는 파편적 예표자들이다. 따라서 예언자를 보내주신 하나님은 그리스도 예수를 보내주실 바로 그 하나님이시다. 모세의 글부터 그리스도 예수 이야기로 가득 차 있다는 예수님의 주장은 이런 점에서 진실이다(눅 24:27-44).

초기 그리스도인들은 안식의 핵심이 죄와 죄악 된 체제를 분쇄하고 마침내 죽음까지 정복한 우주적 전쟁드라마(특히 요한계시록)로 표현된 총체적인 해방임을 한층 더 진지하게 자각했다. 그들은 안식일이 예수님의 부활을 통해서 영원히 변화되었다고 믿는다. 예수님은 제8일에 일어나셔서 우리를 위해 새 창조가 되셨고 부활로써 새 안식의 시간을 주셨다. 기독교의 안식일은 죄와 죽음의 권세를 분쇄하고 우리를 하나님께 감미롭게 소속되도록 풀어주신 노예해방 기념일이다. 그들은 안식일을 부활의 승리경축일로 치환해 재생시킴으로 창세기의 안식을 회복했다. 그들은 안식일을 주님의 죽음세력에 대한 승리일로 경축함으로써 기독교의 시간이 세상의 시간과 얼마나 다르며 교회력이 세상의 연도와 얼마나 다르다는 것을 확연히 드러냈다. 그리스도인들이 준수하는 교회력은 대림절과 성탄절로 시작되어 사순절과 부활절로 이어져 오순절과 교회의 탄생에서 절정을 이룬다. 그 시간이 그리스도인의 삶의 동기를 구성한다. 이날은 그리스도인들이 가장 급진적이며 현대 문화에 대항해 자신들의 정체성을 확연히 드러내는 날이다. 우리나라 공교육은 안식 없는 경주마 양성과정으로 경사되어 있으며 국가가 독점하는 교육이데올로기는 성서적 기독교 신학적 관점에서 비판될 여지가 있다.

참고문헌

현병철.『피로사회』. 파주: 문학과 지성사, 2012.

Brueggemann, Walter. *Sabbath as Resistance: Saying No to the Culture of Now*. 박규태 역.『안식일은 저항이다』. 서울: 복있는 사람, 2017.

Heschel, Abraham J. *The Sabbath*. 김순현 역.『안식』. 서울: 복있는 사람, 2014.

Huxley, Aldous. *Brave New World*. 이덕형 역.『멋진 신세계』. 서울: 문예출판사, 2011.

Levenson Jon D. *Creation and the Persistence of Evil.* Princeton, N.J.: Princeton University, 1988.

데니스 올슨. "거룩한 시간 안식일 계명과 기독교 예배." 서언. 2018년 5월 16일 숭실대 특강.

# 2장

# 한국 청소년의 쉼 실태

함영주 교수 _ 총신대학교

# 한국 청소년의 쉼 실태

함영주 교수(총신대학교)

## Ⅰ. 들어가는 말

한국은 세계 어느 나라보다 교육열이 강한 나라이다. 오늘날 한국의 부모들은 자녀에 대한 부모의 과도한 교육적 열정으로 인해 자녀 교육에 막대한 재정과 에너지를 쏟아붓고 있다. 그 결과 공교육은 붕괴 직전에 이르렀고 학원가와 사교육 시장은 여전히 불야성을 이루는 전 세계적으로 매우 독특한 교육문화를 형성하게 되었다. 본래 교육열은 "부모들이 보여주는 자녀교육지원의 이면에 자리한 동기 내지는 에너지"로 정의한다(이종각, 2013, 124). 이러한 열정을 긍정적인 측면에서 보면 자녀를 둔 부모가 자녀의 안녕과 행복을 위해 마땅히 쏟아붓는 열정으로 해석할 수 있다. 그리고 실제로 이 교육열로 인해 한국 사회가 발전하게 된 요인도 존재한다. 그러나 이 교육열은 부정적인 영향도 많이 끼쳤음을 부인할 수 없다. 이종각(2013, 141-142)은 교육열의 '3층 구조모형'을 제시하면서 현상적으로 드러나는 교육열의 현상은 현재의 교육제도가 투과되어 발생한 것으로써 이는 인간이 가진 본성적 욕구라는 원형판에서 출발한다고 보았다. 그는 원형판이란 인간이 가진 교육에 대한 보편적 열망으로 "자녀 성취 욕구," "종족 보존 욕구," "더 나은 삶에 대

---

1) 본 논문은 성경과 신학 94권(2020)에 게재한 "크리스천 청소년의 쉼 현황과 학업 스트레스, 삶의 만족도, 자아존중감의 상관성 연구" 논문을 수정 보완한 것임

한 추구 욕망"등이 여기에 속한다고 보았다. 이러한 욕망들이 "교육제도, 평가제도, 입시제도, 취업방식과 승진제도, 계층의식, 숭문사상, 가족의식, 부모-자녀 관계의식" 등의 매개 투과판을 거치게 되면서 결국 "치맛바람, 과도한 경쟁, 입시지옥, 사교육 현상, 조기유학 붐, 해외유학 붐, 기러기 가족, 학력세탁" 등의 현상 표층판에 반영된다고 보았다(2013, 141-142). 결국 인간이 가진 보편적 열망들, 혹은 욕구들을 채우는 수단으로 교육이 사용되었고 사회적 인식과 기대라는 투과망을 거치면서 병리적 열정 등으로 표현되어 교육열은 오늘날 한국 사회에서 부정적 표현으로 굳어지고 있는 실정에 이르게 되었다. 그래서 강창동(2008, 15)은 교육열 현상을 '편집증적' 증상으로까지 진단한다. 그는 신분 상승에 대한 욕망이 교육적 욕망과 결합되면서 결국 그것이 편집증적 교육열로 나타났다고 표현하고 있다. 이러한 언급은 교육열이 인간의 성취 욕구와 결합하여 부정적인 방향으로 발전되었음을 보여주는 실례라 하겠다.

　　물론 교육열이 한국 사회에 가져다준 긍정적 기여점도 무시할 수 없다. 교육열은 우리나라 학생들의 학업성취도를 높여주는 데 일조하였고 교육을 통한 성공과 성취의 가능성을 열어주기도 하였다. OECD가 발간하는 국제학업성취도 평가 PISA(Programme for International Student Assessment) 결과를 살펴보면 2015년 우리나라 만 15세 학생들의 읽기 능력은 OECD 35개국 중에 3~8위, 수학은 1~4위, 과학은 5~8위를 기록하여 OECD 평균보다 전 영역에서 높은 수준의 성취도를 보였다(교육부, 2016, 2). 이와 같은 수치는 2012년에 비해 다소 하락한 수치이기는 하지만 여전히 학업성취도는 전 세계 국가들 가운데 상위에 기록되어 있음을 알려주는 지표이다. 한국 사회의 교육열이 높은 교육성취도를 가져온 것으로 해석할 수 있다. 그러나 안타깝게도 국제적으로 높은 학업성취도에 비해 학생들의 삶의 만족도는 매우 낮은 수치를 보이는 등 반비례 현상을 보이고 있음도 부인할 수 없는 현실이다. 2017년 한국 어린이 청소년 행복지수 국제비교 자료를 살펴보면 우리나라 아동 청소년들의 주관적 행복지수는 OECD 전체 국가 중에 거의 최하위를 기록하였다(염유식, 2017, 11). 이뿐만 아니라 주관적 건강도, 삶의 만족도, 소속감, 외로움 등에 있어서 OECD 평균보다 낮게 측정되었다(염유식, 2017, 13). 학업성취도는 높아도 전반적인 행복과 삶의 만족도가 낮은 결과 가출 충동 및 자살 충동 위험은 초등학생에서 중학생으로 갈수록, 그리고 고등학생으로 갈수록 훨씬 더 높은 비율을 보였다. 이는 대학입시와 성적이 함몰된 우리나라 청소년들의 삶의 질에 대한 실태를 그대로 보여주는 결과라 할 수 있다.

이러한 현실에서 오늘날 한국 청소년들에게 가장 필요한 것은 '진정한 쉼'이라 할 수 있다. 대학입시와 성적으로 매몰된 인간성을 회복하고 공동체적 가치를 회복하는 길은 '건강한 쉼'에서부터 시작된다고 볼 수 있다. 쉼은 성경에서 본질적으로 다루고 있는 가치이다. 구약성경 창세기 1~2장에 기록된 하나님의 창조 기록은 인간 역사의 시작과 그 사명을 보여준다. 하나님은 6일 동안 이 세상을 창조하시고 하나님의 모양과 형상을 닮은 인간에게 '생육하고 번성하며 땅을 다스리고 정복하라'는 문화명령을 부여하셨다. 이는 인간에게 주어진 '일', 즉 '사명'이라 하겠다. 그런데 그 사명의 완성은 결국 안식이라는 '쉼'을 통해 이루어진다. 하나님은 안식의 참된 실체인 쉼을 통해 하나님과 친밀한 관계를 지속하게 하셨고 하나님께서 부여하신 문화명령을 지속적으로 수행할 힘을 불어 넣어주셨다. 즉 하나님은 천지창조의 완성으로 안식일을 제정하셨고 그 실체로서 '쉼'을 누리신 것이다. 이러한 구약적 의미의 쉼의 개념은 예수 그리스도의 죽음과 부활을 통해 영원한 안식, 그리고 쉼의 의미를 재구조화하셨다. 예수님은 '안식 후 첫 날'(주일) 부활하셔서 그를 믿고 따르는 자들에게 영원한 안식이란 죄와 사망으로부터의 구원이며 영적인 삶과 사명을 감당하기 위한 '새로운 출발'임을 보여주셨다. 그래서 그를 믿는 자들에게 쉼은 하나님께서 주신 문화명령과 지상명령을 수행하기 위한 선행적 행위이며 '시작점'임을 알게 하셨다. 이제 그리스도인에게 쉼은 사명 감당의 출발점이 된 것이다. 영원한 안식의 첫 의미를 일깨워준 예수님의 부활사건은 '일하고 쉰다'는 개념에서 '쉼으로부터 시작하여 일한다'는 개념으로 바뀌게 된 본질적 사건이라 하겠다.

이처럼 쉼은 인간에게 매우 중요한 의미를 지닌다. 안식과 쉼을 통해 하나님께서 각자에게 부여하신 사명을 확인하고 자신의 삶의 영역에서 최선을 다해 그 사명을 감당하게 되는 것이다. 그런 의미에서 청소년들에게 쉼은 자신들에게 주어진 사명, 즉 학업을 성실하게 수행하기 위한 필수조건이며 본질적인 행위이다. 그런데 안타깝게도 한국 사회에서 청소년들은 진정한 쉼을 누리지 못하고 있다. 2015 통계청의 사교육 통계에 의하면 일반고 학생의 51%, 특목고 학생의 68%가 학원에 다니고 있으며, 특히 학원에 다니는 학생들 중 중학생의 49%, 일반고 학생 71%, 자사고 학생의 75%가 쉼을 누려야 할 주일에도 학원에 다니는 것으로 조사되었으며 전체 학생을 놓고 볼 때 중학생의 33%, 일반고 학생의 36%, 특목고 자사고 학생의 51%가 주일에도 학원을 다니는 것으로 조사되었다(김진우, 2017, 9). 이 자료에 따르면 고등학생들의 75%가 주일에 충분한 휴식을 취하고 있다고 응답하였으나 이는 쉼에 대한 '주관적 인식'일 뿐 실제로는 "어른들의 잔소리(그만 놀고 공부해라)에 세뇌당해 자기착취의 상태"에 이른 것일 뿐이라고 진단하고 있다(김진우, 2017, 15). 그래서 주일에 학원을 다니는 중학생의 39.6%, 고등학생의 41.3%가 주말에 휴식이 불충분하다고 응답한 반면, 주일에 학원을 다니지 않는 경우 중학생의 11.7%와 고등학생 16.2%만이 주말에 휴식이 불충분하다고 응답하였다(김진우, 2017, 16). 이는 주일에도 쉼이 없는 한국의 청소년 실태를 명확히 보여주는 통계 결과라 할 수 있다.

한국 사회에서 청소년들에게 쉼이 없는 이러한 현실은 학업 스트레스로 이어지고 결국 삶의 만족도에 부정적인 영향을 미칠 가능성이 매우 크다. 김남정, 임영식(2012, 232-235)은 청소년의 스트레스가 삶의 만족도에 부정적 영향을 미친다고 발표하면서 청소년 활동이 삶의 만족도에 매개효과를 보이기 때문에 청소년 활동들을 많이 만들어서 보급해야 할 필요성이 있음을 시사하였다. 유영아(2017, 40-43)는 청소년의 학업 스트레스가 삶의 만족도와 부적 상관관계를 보였고 자아탄력성이 매개효과를 보였음을 밝혀내었다. 이는 청소년의 삶의 만족도를 높여주기 위해서는 자아탄력성, 즉 스트레스에 잘 대처하고 긍정적으로 사건을 바라보아 회복이 빠르도록 도와주는 활동들이 제시되어야 함을 보여주는 결과라 할 수 있다. 위의 연구들은 학업 스트레스가 청소년의 삶의 만족도에 어떤 영향을 미치는지를 명확히 보여주는 결과들이라 하겠다.

또한 학업 스트레스는 청소년의 정신건강에도 부정적 영향을 미친다. 윤신예, 채규만(2016, 13-18)은 청소년의 학업 스트레스가 정신건강에 부정적 영향을 미치는 것으로 조사하였고 자기격려의 부분매개 효과를 확인하였다. 김서현, 김예솔, 임혜림(2013, 354-355)은 청소년의 학업 스트레스가 증가할수록 우울지수가 높아지며 반면 자기주도성은 우울감을 감소시킨다는 연구결과를 발표하였다. 김재엽, 이동은, 정윤경(2013, 114-116)은 청소년들의 74.1%가 학업 스트레스를 받고 있으며 학업 스트레스는 우울감에 영향을 미친다. 반면에 자원봉사 활동은 우울감을 감소시킨다고 보았다. 김현순(2014, 424)은 청소년의 학업 스트레스가 우울에 영향을 미치는데 자아존중감이 매개효과를 보인다고 보고하고 있다. 김정현, 김성벽, 정인경(2014, 249-256)은 청소년의 학업 스트레스가 학교생활 적응에 부정적 영향을 미치며 문제지향과 사회적 지지 추구의 방식으로 스트레스에 대처하는 경우 학교생활 적응에 매개효과를 보이는 것으로 보고하고 있다. 위의 연구결과들은 학업 스트레스가 청소년의 정신건강과 삶의 양식에 부정적 영향을 미치고 있음을 보여주는 연구들이라 하겠다.

이와 같은 선행연구의 결과들을 토대로 본 연구에서는 2018년 현재 학교유형별 청소년 학생들의 쉼 실태를 조사하고 기독교교육적 제언을 하는 것을 목적으로 하였다.

## II. 연구방법

### 1. 연구대상자

본 연구는 학교유형별 청소년의 쉼 실태를 조사하는 것을 목표로 하였다. 본 연구에 참여한 학생들은 수도권에 위치한 중고등학교에 다니는 학생 1049명을 대상으로 하였다. 특히 학교유형별 쉼 실태를 살펴보기 위해 결측값을 제외하고 기독교대안학교 재학생 187명, 기독교사립학교 295명, 국공립학교 493명, 기타 특목고 62명이 본 연구에 참여하였다. 성별로 보면 결측값을 제외하고 남자 465명, 여자 572명이었다. 학년별로 살펴보면 결측값을 제외하고 중학생 505명, 고등학생 533명이 참여하였다. 한편 종교별 참여대상을 살펴보면 기독교 431명, 불교 49명, 천주교 64명, 종교가 없는 학생이 474명이 참여하였다.

<표 2-1> 인구통계학적 분석

| 변수 | 구분 | 빈도(N) | 유효비율(%) |
|---|---|---|---|
| 성별 | 남 | 465 | 44.8 |
| | 여 | 572 | 55.2 |
| 학년 | 중학생 | 505 | 48.7 |
| | 고등학생 | 533 | 51.3 |
| 학교 | 기독교대안 | 187 | 18 |
| | 기독교사립 | 295 | 28.4 |
| | 국공립 | 493 | 47.5 |
| | 특목고 | 62 | 6 |
| 종교 | 기독교 | 431 | 41.9 |
| | 불교 | 49 | 4.8 |
| | 천주교 | 64 | 6.2 |
| | 없음 | 474 | 46.1 |

## 2. 연구문제

본 연구는 청소년들의 쉼 실태에 대한 양적연구이다. 따라서 본 연구에서는 다음과 같은 세 개의 연구문제를 설정하였다.

첫째, 학년 및 학교유형별 쉼 현황은 어떠한가? (교차분석)

둘째, 그리스도인의 쉼에 대한 인식은 어떠한가? (교차분석)

셋째, 쉼의 현황에 따른 학업 스트레스, 삶의 만족도, 자아존중감의 관계성은 어떠한가? (t-test, ANOVA, 상관관계분석)

## 3. 연구설문지

본 연구를 통해 청소년의 쉼 실태를 조사하기 위하여 연구자가 44문항의 설문지를 작성하였다. 본 설문지에는 평균 학습 시간, 평균 사교육 시간, 평균 여가 시간, 사교육에 대한 인식, 쉼에 대한 인식 등이 공통문항으로 제시되었다. 또한 기독학생의 쉼에 대한 실태 및 인식도를 조사하기 위하여 교회 활동 참여도, 쉼에 대한 인식, 교회 생활 만족도 등을 추가하였다. 본 설문지는 빈도와 비율을 주로 측정하는 문항들로 구성되었다.

　한편 청소년의 쉼에 대한 변수들과 학업 스트레스, 삶의 만족도, 자아존중감 등의 상관성 및 영향력을 살펴보기 위하여 세 개의 척도를 선별적으로 사용하였다. 첫 번째 사용한 척도는 한미연(1995)과 양승연(2004)이 사용한 스트레스 척도로써 본래 본 척도는 가정환경 영역, 친구영역, 학업 영역, 교사 및 학교영역으로 구분된 총 27문항의 측정도구이다. 그러나 본 연구에서는 학업 영역과 관련된 6개의 문항을 선별적으로 사용하였다. 유영아(2017, 23)의 논문에서 사용된 학업 스트레스 척도의 신뢰도 cronbach a 값은 0.87이었으며 본 연구에서는 0.760을 보였다. 두 번째 사용한 척도는 삶의 만족도 척도로써 김신영 외(2006)와 황진현(2017)의 논문에서 사용된 척도이다. '나는 사는 게 즐겁다,' '나는 걱정거리가 별로 없다,' '나는 내 삶이 행복하다고 생각한다'와 같은 문항으로 구성되었다. 황진현(2017)의 논문에서의 신뢰도는 0.805를 보였으며 본 연구에서는 0.782를 나타내었다. 세 번째 사용한 척도는 자아존중감 척도로써 로젠버그(1965), 최희철, 김병석(2009)이 사용한 3문항짜리 척도이다. 본 척도는 '나는 나 자신이 좋은 성품을 가진 사람이라고 생각한다,' '나는 나 자신이 능력이 있는 사람이라고 생각한다,' '나는 나 자신이 가치 있는 사람이라고 생각한다'와 같은 문항으로 구성되어 있다. 김현순(2014)의 연구에서 본 척도의 신뢰도는 0.830이었으며 본 연구에서는 0.815를 보였다.

# Ⅲ. 연구결과

## 1. 학년 및 학교유형별 쉼 실태분석

### 1. 학교유형별 학교 수업 외 하루 평균 학습 시간(사교육 포함)

| | | | 하루 평균 학습 시간 | | | | | | | |
|---|---|---|---|---|---|---|---|---|---|---|
| | | | 안한다 | 1시간 미만 | 1시간 이상 ~ 2시간 미만 | 2시간 이상 ~ 3시간 미만 | 3시간 이상 ~ 4시간 미만 | 4시간 이상 ~ 5시간 미만 | 5시간 이상 | 전체 |
| 학교유형 | 기독교 대안 | 빈도 | 25 | 51 | 38 | 33 | 25 | 5 | 9 | 186 |
| | | 학교 유형 중 % | 13.4% | 27.4% | 20.4% | 17.7% | 13.4% | 2.7% | 4.8% | 100% |
| | 기독교 사립 | 빈도 | 21 | 23 | 45 | 62 | 60 | 37 | 46 | 294 |
| | | 학교 유형 중 % | 7.1% | 7.8% | 15.3% | 21.1% | 20.4% | 12.6% | 15.6% | 100% |
| | 공립 | 빈도 | 47 | 35 | 78 | 110 | 102 | 60 | 59 | 491 |
| | | 학교 유형 중 % | 9.6% | 7.1% | 15.9% | 22.4% | 20.8% | 12.2% | 12.0% | 100% |
| | 기타 | 빈도 | 4 | 2 | 3 | 5 | 10 | 11 | 27 | 62 |
| | | 학교 유형 중 % | 6.5% | 3.2% | 4.8% | 8.1% | 16.1% | 17.7% | 43.5% | 100% |
| 전체 | | 빈도 | 97 | 111 | 164 | 210 | 197 | 113 | 141 | 1033 |
| | | 학교 유형 중 % | 9.4% | 10.7% | 15.9% | 20.3% | 19.1% | 10.9% | 13.6% | 100% |

$x^2 = 151.751(p=.000)$

〈표 2-2〉 학교유형별 하루 평균 학습 시간

## 2. 학년별 학교 수업 외 하루 평균 학습 시간

| | | | 하루 평균 학습 시간 | | | | | | | |
|---|---|---|---|---|---|---|---|---|---|---|
| | | | 안한다 | 1시간 미만 | 1시간 이상 ~ 2시간 미만 | 2시간 이상 ~ 3시간 미만 | 3시간 이상 ~ 4시간 미만 | 4시간 이상 ~ 5시간 미만 | 5시간 이상 | 전체 |
| 학년 | 중학생 | 빈도 | 56 | 80 | 93 | 115 | 80 | 40 | 41 | 505 |
| | | 학년 중 % | 11.1% | 15.8% | 18.4% | 22.8% | 15.8% | 7.9% | 8.1% | 100% |
| | 고등학생 | 빈도 | 41 | 31 | 71 | 96 | 117 | 73 | 100 | 529 |
| | | 학년 중 % | 7.8% | 5.9% | 13.4% | 18.1% | 22.1% | 13.8% | 18.9% | 100% |
| 전체 | | 빈도 | 97 | 111 | 164 | 211 | 197 | 113 | 141 | 1034 |
| | | 학년 중 % | 9.4% | 10.7% | 15.9% | 20.4% | 19.1% | 10.9% | 13.6% | 100% |

$x^2$ =69.367(p=.000)

〈표 2-3〉 학년별 하루 평균 학습 시간

## 3. 학교유형별 하루 평균 사교육 받는 시간

| | | | 하루 평균 사교육 받는 시간 | | | | | | | |
|---|---|---|---|---|---|---|---|---|---|---|
| | | | 안한다 | 1시간 미만 | 1시간 이상 ~ 2시간 미만 | 2시간 이상 ~ 3시간 미만 | 3시간 이상 ~ 4시간 미만 | 4시간 이상 ~ 5시간 미만 | 5시간 이상 | 전체 |
| 학교유형 | 기독교 대안 | 빈도 | 125 | 23 | 21 | 12 | 3 | 2 | 1 | 187 |
| | | 학교유형 중 % | 66.8% | 12.3% | 11.2% | 6.4% | 1.6% | 1.1% | .5% | 100% |
| | 기독교 사립 | 빈도 | 56 | 13 | 40 | 84 | 57 | 28 | 15 | 293 |
| | | 학교유형 중 % | 19.1% | 4.4% | 13.7% | 28.7% | 19.5% | 9.6% | 5.1% | 100% |
| | 공립 | 빈도 | 106 | 30 | 73 | 139 | 83 | 40 | 17 | 488 |
| | | 학교유형 중 % | 21.7% | 6.1% | 15.0% | 28.5% | 17.0% | 8.2% | 3.5% | 100% |
| | 기타 | 빈도 | 14 | 1 | 14 | 13 | 15 | 5 | 0 | 62 |
| | | 학교유형 중 % | 22.6% | 1.6% | 22.6% | 21.0% | 24.2% | 8.1% | .0% | 100% |
| 전체 | | 빈도 | 301 | 67 | 148 | 248 | 158 | 75 | 33 | 1030 |
| | | 학교유형 중 % | 29.2% | 6.5% | 14.4% | 24.1% | 15.3% | 7.3% | 3.2% | 100% |

$x^2$ =213.009(p=.000)

〈표 2-4〉 학교유형별 하루 평균 사교육 받는 시간

## 4. 학교유형별 토요일 평균 학습 시간(사교육 시간 포함)

| | | | 토요일 평균 학습 시간 | | | | | | | |
|---|---|---|---|---|---|---|---|---|---|---|
| | | | 안한다 | 1시간 미만 | 1시간 이상 ~ 2시간 미만 | 2시간 이상 ~ 3시간 미만 | 3시간 이상 ~ 4시간 미만 | 4시간 이상 ~ 5시간 미만 | 5시간 이상 | 전체 |
| 학교유형 | 기독교 대안 | 빈도 | 64 | 43 | 28 | 27 | 15 | 5 | 4 | 186 |
| | | 학교유형 중 % | 34.4 % | 23.1 % | 15.1 % | 14.5 % | 8.1 % | 2.7 % | 2.2 % | 100 % |
| | 기독교 사립 | 빈도 | 61 | 29 | 36 | 40 | 41 | 31 | 52 | 290 |
| | | 학교유형 중 % | 21.0 % | 10.0 % | 12.4 % | 13.8 % | 14.1 % | 10.7 % | 17.9 % | 100 % |
| | 공립 | 빈도 | 134 | 57 | 78 | 68 | 51 | 36 | 67 | 491 |
| | | 학교유형 중 % | 27.3 % | 11.6 % | 15.9 % | 13.8 % | 10.4 % | 7.3 % | 13.6 % | 100 % |
| | 기타 | 빈도 | 5 | 1 | 2 | 4 | 8 | 9 | 33 | 62 |
| | | 학교유형 중 % | 8.1 % | 1.6 % | 3.2 % | 6.5 % | 12.9 % | 14.5 % | 53.2 % | 100 % |
| 전체 | | 빈도 | 264 | 130 | 144 | 139 | 115 | 81 | 156 | 1029 |
| | | 학교유형 중 % | 25.7 % | 12.6 % | 14.0 % | 13.5 % | 11.2 % | 7.9 % | 15.2 % | 100 % |

$x^2$ =149.143(p=.000)

〈표 2-5〉 학교유형별 토요일 평균 학습 시간

## 5. 학년별 토요일 평균 학습 시간

| | | | 토요일 평균 학습 시간 | | | | | | | |
|---|---|---|---|---|---|---|---|---|---|---|
| | | | 안한다 | 1시간 미만 | 1시간 이상 ~ 2시간 미만 | 2시간 이상 ~ 3시간 미만 | 3시간 이상 ~ 4시간 미만 | 4시간 이상 ~ 5시간 미만 | 5시간 이상 | 전체 |
| 학년 | 중학생 | 빈도 | 183 | 98 | 84 | 63 | 35 | 21 | 15 | 499 |
| | | 학년 중 % | 36.7 % | 19.6 % | 16.8 % | 12.6 % | 7.0 % | 4.2 % | 3.0 % | 100 % |
| | 고등 학생 | 빈도 | 82 | 32 | 60 | 76 | 80 | 60 | 141 | 531 |
| | | 학년 중 % | 15.4 % | 6.0 % | 11.3 % | 14.3 % | 15.1 % | 11.3 % | 26.6 % | 100 % |
| 전체 | | 빈도 | 265 | 130 | 144 | 139 | 115 | 81 | 156 | 1030 |
| | | 학년 중 % | 25.7 % | 12.6 % | 14.0 % | 13.5 % | 11.2 % | 7.9 % | 15.1 % | 100 % |

$x^2$ =214.587(p=.000)

〈표 2-6〉 학년별 토요일 평균 학습 시간

## 6. 학교유형별 토요일 평균 사교육 시간

| | | | 토요일 평균 사교육 시간 | | | | | | | |
|---|---|---|---|---|---|---|---|---|---|---|
| | | | 안한다 | 1시간 미만 | 1시간 이상 ~ 2시간 미만 | 2시간 이상 ~ 3시간 미만 | 3시간 이상 ~ 4시간 미만 | 4시간 이상 ~ 5시간 미만 | 5시간 이상 | 전체 |
| 학교유형 | 기독교 대안 | 빈도 | 146 | 9 | 16 | 10 | 3 | 1 | 0 | 185 |
| | | 학교유형 중 % | 78.9% | 4.9% | 8.6% | 5.4% | 1.6% | .5% | .0% | 100% |
| | 기독교 사립 | 빈도 | 114 | 14 | 43 | 49 | 31 | 21 | 22 | 294 |
| | | 학교유형 중 % | 38.8% | 4.8% | 14.6% | 16.7% | 10.5% | 7.1% | 7.5% | 100% |
| | 공립 | 빈도 | 223 | 18 | 73 | 70 | 44 | 29 | 34 | 491 |
| | | 학교유형 중 % | 45.4% | 3.7% | 14.9% | 14.3% | 9.0% | 5.9% | 6.9% | 100% |
| | 기타 | 빈도 | 20 | 1 | 6 | 8 | 12 | 5 | 9 | 61 |
| | | 학교유형 중 % | 32.8% | 1.6% | 9.8% | 13.1% | 19.7% | 8.2% | 14.8% | 100% |
| 전체 | | 빈도 | 503 | 42 | 138 | 137 | 90 | 56 | 65 | 1031 |
| | | 학교유형 중 % | 48.8% | 4.1% | 13.4% | 13.3% | 8.7% | 5.4% | 6.3% | 100% |

$x^2=113.396(p=.000)$

〈표 2-7〉 학교유형별 토요일 평균 사교육 시간

## 7. 학년별 토요일 평균 사교육 시간

| | | | 토요일 평균 사교육 시간 | | | | | | | |
|---|---|---|---|---|---|---|---|---|---|---|
| | | | 안한다 | 1시간 미만 | 1시간 이상 ~ 2시간 미만 | 2시간 이상 ~ 3시간 미만 | 3시간 이상 ~ 4시간 미만 | 4시간 이상 ~ 5시간 미만 | 5시간 이상 | 전체 |
| 학년 | 중학생 | 빈도 | 319 | 26 | 61 | 59 | 19 | 12 | 5 | 501 |
| | | 학년 중 % | 63.7% | 5.2% | 12.2% | 11.8% | 3.8% | 2.4% | 1.0% | 100% |
| | 고등학생 | 빈도 | 185 | 16 | 77 | 78 | 71 | 44 | 60 | 531 |
| | | 학년 중 % | 34.8% | 3.0% | 14.5% | 14.7% | 13.4% | 8.3% | 11.3% | 100% |
| 전체 | | 빈도 | 504 | 42 | 138 | 137 | 90 | 56 | 65 | 1032 |
| | | 학년 중 % | 48.8% | 4.1% | 13.4% | 13.3% | 8.7% | 5.4% | 6.3% | 100% |

$\chi^2=136.610(p=.000)$

〈표 2-8〉 학년별 토요일 평균 사교육 시간

## 8. 학교유형별 주일 평균 학습 시간(사교육 시간 포함)

| | | | 주일 평균 학습 시간 | | | | | | | |
|---|---|---|---|---|---|---|---|---|---|---|
| | | | 안한다 | 1시간 미만 | 1시간 이상 ~ 2시간 미만 | 2시간 이상 ~ 3시간 미만 | 3시간 이상 ~ 4시간 미만 | 4시간 이상 ~ 5시간 미만 | 5시간 이상 | 전체 |
| 학교유형 | 기독교 대안 | 빈도 | 91 | 49 | 18 | 12 | 10 | 5 | 2 | 187 |
| | | 학교유형 중 % | 48.7% | 26.2% | 9.6% | 6.4% | 5.3% | 2.7% | 1.1% | 100% |
| | 기독교 사립 | 빈도 | 103 | 34 | 32 | 33 | 22 | 29 | 39 | 292 |
| | | 학교유형 중 % | 35.3% | 11.6% | 11.0% | 11.3% | 7.5% | 9.9% | 13.4% | 100% |
| | 공립 | 빈도 | 182 | 62 | 68 | 53 | 39 | 30 | 54 | 488 |
| | | 학교유형 중 % | 37.3% | 12.7% | 13.9% | 10.9% | 8.0% | 6.1% | 11.1% | 100% |
| | 기타 | 빈도 | 6 | 2 | 2 | 3 | 3 | 13 | 33 | 62 |
| | | 학교유형 중 % | 9.7% | 3.2% | 3.2% | 4.8% | 4.8% | 21.0% | 53.2% | 100% |
| 전체 | | 빈도 | 382 | 147 | 120 | 101 | 74 | 77 | 128 | 1029 |
| | | 학교유형 중 % | 37.1% | 14.3% | 11.7% | 9.8% | 7.2% | 7.5% | 12.4% | 100% |

$x^2$ =186.917(p=.000)

〈표 2-9〉 학교유형별 주일 평균 학습 시간

## 9. 학년별 주일 평균 학습 시간

| | | | 주일 평균 학습 시간 | | | | | | | |
|---|---|---|---|---|---|---|---|---|---|---|
| | | | 안한다 | 1시간 미만 | 1시간 이상 ~ 2시간 미만 | 2시간 이상 ~ 3시간 미만 | 3시간 이상 ~4 시간 미만 | 4시간 이상 ~ 5시간 미만 | 5시간 이상 | 전체 |
| 학년 | 중학생 | 빈도 | 262 | 109 | 55 | 34 | 21 | 9 | 12 | 502 |
| | | 학년 중 % | 52.2% | 21.7% | 11.0% | 6.8% | 4.2% | 1.8% | 2.4% | 100% |
| | 고등 학생 | 빈도 | 121 | 38 | 65 | 67 | 53 | 68 | 116 | 528 |
| | | 학년 중 % | 22.9% | 7.2% | 12.3% | 12.7% | 10.0% | 12.9% | 22.0% | 100% |
| 전체 | | 빈도 | 383 | 147 | 120 | 101 | 74 | 77 | 128 | 1030 |
| | | 학년 중 % | 37.2% | 14.3% | 11.7% | 9.8% | 7.2% | 7.5% | 12.4% | 100% |

$x^2$ =240.859(p=.000)

〈표 2-10〉 학년별 주일 평균 학습 시간

## 10. 학교유형별 주일 평균 사교육 시간

| | | | 주일 평균 사교육 시간 | | | | | | | |
|---|---|---|---|---|---|---|---|---|---|---|
| | | | 안한다 | 1시간 미만 | 1시간 이상 ~ 2시간 미만 | 2시간 이상 ~ 3시간 미만 | 3시간 이상 ~ 4시간 미만 | 4시간 이상 ~ 5시간 미만 | 5시간 이상 | 전체 |
| 학교유형 | 기독교 대안 | 빈도 | 160 | 12 | 6 | 3 | 3 | 3 | 0 | 187 |
| | | 학교유형 중 % | 85.6 % | 6.4 % | 3.2 % | 1.6 % | 1.6 % | 1.6 % | .0 % | 100 % |
| | 기독교 사립 | 빈도 | 180 | 13 | 20 | 27 | 14 | 23 | 16 | 293 |
| | | 학교유형 중 % | 61.4 % | 4.4 % | 6.8 % | 9.2 % | 4.8 % | 7.8 % | 5.5 % | 100 % |
| | 공립 | 빈도 | 304 | 19 | 54 | 42 | 27 | 23 | 24 | 493 |
| | | 학교유형 중 % | 61.7 % | 3.9 % | 11.0 % | 8.5 % | 5.5 % | 4.7 % | 4.9 % | 100 % |
| | 기타 | 빈도 | 26 | 0 | 5 | 7 | 9 | 6 | 9 | 62 |
| | | 학교유형 중 % | 41.9 % | .0 % | 8.1 % | 11.3 % | 14.5 % | 9.7 % | 14.5 % | 100 % |
| 전체 | | 빈도 | 670 | 44 | 85 | 79 | 53 | 55 | 49 | 1035 |
| | | 학교유형 중 % | 64.7 % | 4.3 % | 8.2 % | 7.6 % | 5.1 % | 5.3 % | 4.7 % | 100 % |

$x^2$ =94.106(p=.000)

〈표 2-11〉 학교유형별 주일 평균 사교육 시간

## 11. 학년별 주일 평균 사교육 시간

| | | | 주일 평균 사교육 시간 | | | | | | | |
|---|---|---|---|---|---|---|---|---|---|---|
| | | | 안한다 | 1시간 미만 | 1시간 이상 ~ 2시간 미만 | 2시간 이상 ~ 3시간 미만 | 3시간 이상 ~ 4시간 미만 | 4시간 이상 ~ 5시간 미만 | 5시간 이상 | 전체 |
| 학년 | 중학생 | 빈도 | 414 | 30 | 24 | 15 | 10 | 7 | 4 | 504 |
| | | 학년 중 % | 82.1 % | 6.0 % | 4.8 % | 3.0 % | 2.0 % | 1.4 % | .8 % | 100 % |
| | 고등 학생 | 빈도 | 257 | 14 | 61 | 64 | 43 | 48 | 45 | 532 |
| | | 학년 중 % | 48.3 % | 2.6 % | 11.5 % | 12.0 % | 8.1 % | 9.0 % | 8.5 % | 100 % |
| 전체 | | 빈도 | 671 | 44 | 85 | 79 | 53 | 55 | 49 | 1036 |
| | | 학년 중 % | 64.8 % | 4.2 % | 8.2 % | 7.6 % | 5.1 % | 5.3 % | 4.7 % | 100 % |

$x^2$ =173.838(p=.000)

〈표 2-12〉 학년별 주일 평균 사교육 시간

## 12. 학교유형별 시험기간 평균 학습 시간(사교육 시간 포함)

| | | | 시험기간 학습 시간 | | | | | | | |
|---|---|---|---|---|---|---|---|---|---|---|
| | | | 안한다 | 1시간 미만 | 1시간 이상 ~ 2시간 미만 | 2시간 이상 ~ 3시간 미만 | 3시간 이상 ~ 4시간 미만 | 4시간 이상 ~ 5시간 미만 | 5시간 이상 | 전체 |
| 학교유형 | 기독교 대안 | 빈도 | 21 | 22 | 26 | 35 | 32 | 19 | 31 | 186 |
| | | 학교유형 중 % | 11.3 % | 11.8 % | 14.0 % | 18.8 % | 17.2 % | 10.2 % | 16.7 % | 100 % |
| | 기독교 사립 | 빈도 | 11 | 9 | 26 | 33 | 43 | 56 | 114 | 292 |
| | | 학교유형 중 % | 3.8 % | 3.1 % | 8.9 % | 11.3 % | 14.7 % | 19.2 % | 39.0 % | 100 % |
| | 공립 | 빈도 | 20 | 13 | 42 | 80 | 93 | 77 | 163 | 488 |
| | | 학교유형 중 % | 4.1 % | 2.7 % | 8.6 % | 16.4 % | 19.1 % | 15.8 % | 33.4 % | 100 % |
| | 기타 | 빈도 | 3 | 1 | 4 | 3 | 6 | 8 | 37 | 62 |
| | | 학교유형 중 % | 4.8 % | 1.6 % | 6.5 % | 4.8 % | 9.7 % | 12.9 % | 59.7 % | 100 % |
| 전체 | | 빈도 | 55 | 45 | 98 | 151 | 174 | 160 | 345 | 1028 |
| | | 학교유형 중 % | 5.4 % | 4.4 % | 9.5 % | 14.7 % | 16.9 % | 15.6 % | 33.6 % | 100 % |

$x^2$ =99.970(p=.000)

〈표 2-13〉 학교유형별 시험기간 평균 학습 시간

## 13. 학년별 시험기간 학습 시간

| | | | 시험기간 학습 시간 | | | | | | | |
|---|---|---|---|---|---|---|---|---|---|---|
| | | | 안한다 | 1시간 미만 | 1시간 이상 ~ 2시간 미만 | 2시간 이상 ~ 3시간 미만 | 3시간 이상 ~ 4시간 미만 | 4시간 이상 ~ 5시간 미만 | 5시간 이상 | 전체 |
| 학년 | 중학생 | 빈도 | 37 | 38 | 56 | 93 | 80 | 65 | 131 | 500 |
| | | 학년 중 % | 7.4 % | 7.6 % | 11.2 % | 18.6 % | 16.0 % | 13.0 % | 26.2 % | 100 % |
| | 고등 학생 | 빈도 | 18 | 7 | 42 | 58 | 95 | 95 | 214 | 529 |
| | | 학년 중 % | 3.4 % | 1.3 % | 7.9 % | 11.0 % | 18.0 % | 18.0 % | 40.5 % | 100 % |
| 전체 | | 빈도 | 55 | 45 | 98 | 151 | 175 | 160 | 345 | 1029 |
| | | 학년 중 % | 5.3 % | 4.4 % | 9.5 % | 14.7 % | 17.0 % | 15.5 % | 33.5 % | 100 % |

$x^2$ =64.144(p=.000)

〈표 2-14〉 학년별 시험기간 학습 시간

## 14. 학교유형별 시험기간 사교육 시간

| | | | 시험기간 사교육 시간 | | | | | | | |
|---|---|---|---|---|---|---|---|---|---|---|
| | | | 안한다 | 1시간 미만 | 1시간 이상 ~ 2시간 미만 | 2시간 이상 ~ 3시간 미만 | 3시간 이상 ~ 4시간 미만 | 4시간 이상 ~ 시간 미만 | 5시간 이상 | 전체 |
| 학교유형 | 기독교 대안 | 빈도 | 119 | 19 | 19 | 12 | 7 | 6 | 2 | 185 |
| | | 학교유형 중 % | 64.3% | 10.3% | 10.3% | 6.5% | 3.8% | 3.2% | 1.1% | 100% |
| | 기독교 사립 | 빈도 | 54 | 18 | 31 | 50 | 51 | 34 | 50 | 288 |
| | | 학교유형 중 % | 18.8% | 6.3% | 10.8% | 17.4% | 17.7% | 11.8% | 17.4% | 100% |
| | 공립 | 빈도 | 93 | 23 | 55 | 79 | 101 | 57 | 80 | 488 |
| | | 학교유형 중 % | 19.1% | 4.7% | 11.3% | 16.2% | 20.7% | 11.7% | 16.4% | 100% |
| | 기타 | 빈도 | 13 | 2 | 14 | 8 | 7 | 9 | 8 | 61 |
| | | 학교유형 중 % | 21.3% | 3.3% | 23.0% | 13.1% | 11.5% | 14.8% | 13.1% | 100% |
| 전체 | | 빈도 | 279 | 62 | 119 | 149 | 166 | 106 | 140 | 1022 |
| | | 학교유형 중 % | 27.3% | 6.1% | 11.6% | 14.6% | 16.2% | 10.4% | 13.7% | 100% |

$x^2$ =207.148(p=.000)

〈표 2-15〉 학교유형별 시험기간 사교육 시간

## 15. 학교유형별 하루 평균 개인 여가 시간

| | | | 하루 평균 여가 시간 | | | | | | | |
|---|---|---|---|---|---|---|---|---|---|---|
| | | | 안한다 | 1시간 미만 | 1시간 이상 ~ 2시간 미만 | 2시간 이상 ~ 3시간 미만 | 3시간 이상 ~ 4시간 미만 | 4시간 이상 ~ 5시간 미만 | 5시간 이상 | 전체 |
| 학교유형 | 기독교 대안 | 빈도 | 4 | 12 | 33 | 44 | 26 | 19 | 47 | 185 |
| | | 학교유형 중 % | 2.2% | 6.5% | 17.8% | 23.8% | 14.1% | 10.3% | 25.4% | 100% |
| | 기독교 사립 | 빈도 | 1 | 27 | 88 | 64 | 46 | 19 | 46 | 291 |
| | | 학교유형 중 % | .3% | 9.3% | 30.2% | 22.0% | 15.8% | 6.5% | 15.8% | 100% |
| | 공립 | 빈도 | 8 | 58 | 135 | 112 | 64 | 44 | 70 | 491 |
| | | 학교유형 중 % | 1.6% | 11.8% | 27.5% | 22.8% | 13.0% | 9.0% | 14.3% | 100% |
| | 기타 | 빈도 | 2 | 12 | 24 | 13 | 5 | 3 | 3 | 62 |
| | | 학교유형 중 % | 3.2% | 19.4% | 38.7% | 21.0% | 8.1% | 4.8% | 4.8% | 100% |
| 전체 | | 빈도 | 15 | 109 | 280 | 233 | 141 | 85 | 166 | 1029 |
| | | 학교유형 중 % | 1.5% | 10.6% | 27.2% | 22.6% | 13.7% | 8.3% | 16.1% | 100% |

$x^2$ =44.904(p=.000)

〈표 2-16〉 학교유형별 하루 평균 개인 여가 시간

## 16. 학교유형별 하루 평균 개인여가 희망시간

| | | | 하루 평균 여가 희망시간 | | | | | | |
|---|---|---|---|---|---|---|---|---|---|
| | | | 안한다 | 1시간 미만 | 1시간 이상 ~ 2시간 미만 | 2시간 이상 ~ 3시간 미만 | 3시간 이상 ~ 4시간 미만 | 4시간 이상 ~ 5시간 미만 | 5시간 이상 | 전체 |
| 학교유형 | 기독교 대안 | 빈도 | 0 | 9 | 22 | 40 | 41 | 16 | 59 | 187 |
| | | 학교유형 중 % | .0 % | 4.8 % | 11.8 % | 21.4 % | 21.9 % | 8.6 % | 31.6 % | 100 % |
| | 기독교 사립 | 빈도 | 1 | 7 | 53 | 84 | 60 | 33 | 54 | 292 |
| | | 학교유형 중 % | .3 % | 2.4 % | 18.2 % | 28.8 % | 20.5 % | 11.3 % | 18.5 % | 100 % |
| | 공립 | 빈도 | 2 | 7 | 56 | 142 | 113 | 60 | 110 | 490 |
| | | 학교유형 중 % | .4 % | 1.4 % | 11.4 % | 29.0 % | 23.1 % | 12.2 % | 22.4 % | 100 % |
| | 기타 | 빈도 | 0 | 5 | 13 | 23 | 6 | 3 | 12 | 62 |
| | | 학교유형 중 % | .0 % | 8.1 % | 21.0 % | 37.1 % | 9.7 % | 4.8 % | 19.4 % | 100 % |
| 전체 | | 빈도 | 3 | 28 | 144 | 289 | 220 | 112 | 235 | 1031 |
| | | 학교유형 중 % | .3 % | 2.7 % | 14.0 % | 28.0 % | 21.3 % | 10.9 % | 22.8 % | 100 % |

$x^2$ =45.015(p=.000)
〈표 2-17〉 학교유형별 하루 평균 여가 희망시간

## 17. 학교유형별 하루 평균 수면 시간

| | | | 하루 평균 수면 시간 | | | | | | |
|---|---|---|---|---|---|---|---|---|---|
| | | | 4시간 미만 | 4시간 이상 ~ 5시간 미만 | 5시간 이상 ~ 6시간 미만 | 6시간 이상 ~ 7시간 미만 | 7시간 이상 ~ 8시간 미만 | 8시간 이상 | 전체 |
| 학교유형 | 기독교 대안 | 빈도 | 3 | 6 | 20 | 54 | 61 | 43 | 187 |
| | | 학교유형 중 % | 1.6 % | 3.2 % | 10.7 % | 28.9 % | 32.6 % | 23.0 % | 100 % |
| | 기독교 사립 | 빈도 | 8 | 33 | 85 | 88 | 57 | 22 | 294 |
| | | 학교유형 중 % | 2.7 % | 11.2 % | 28.9 % | 29.9 % | 19.4 % | 7.5 % | 100 % |
| | 공립 | 빈도 | 14 | 86 | 133 | 114 | 91 | 52 | 491 |
| | | 학교유형 중 % | 2.9 % | 17.5 % | 27.1 % | 23.2 % | 18.5 % | 10.6 % | 100 % |
| | 기타 | 빈도 | 4 | 12 | 27 | 10 | 5 | 4 | 62 |
| | | 학교유형 중 % | 6.5 % | 19.4 % | 43.5 % | 16.1 % | 8.1 % | 6.5 % | 100 % |
| 전체 | | 빈도 | 29 | 137 | 265 | 266 | 214 | 121 | 1034 |
| | | 학교유형 중 % | 2.8 % | 13.2 % | 25.6 % | 25.7 % | 20.7 % | 11.7 % | 100 % |

$x^2$ =108.819(p=.000)
〈표 2-18〉 학교유형별 하루 평균 수면 시간

## 18. 학년별 하루 평균 수면 시간

| | | | 하루 평균 수면 시간 | | | | | | |
|---|---|---|---|---|---|---|---|---|---|
| | | | 4시간 미만 | 4시간 이상 ~ 5시간 미만 | 5시간 이상 ~ 6시간 미만 | 6시간 이상 ~ 7시간 미만 | 7시간 이상 ~ 8시간 미만 | 8시간 이상 | 전체 |
| 학년 | 중학생 | 빈도 | 9 | 31 | 69 | 145 | 152 | 97 | 505 |
| | | 학년 중 % | 1.8 % | 6.1 % | 13.7 % | 28.7 % | 30.1 % | 19.2 % | 100 % |
| | 고등학생 | 빈도 | 20 | 106 | 197 | 121 | 62 | 24 | 530 |
| | | 학년 중 % | 3.8 % | 20.0 % | 37.2 % | 22.8 % | 11.7 % | 4.5 % | 100 % |
| 전체 | | 빈도 | 29 | 137 | 266 | 266 | 214 | 121 | 1035 |
| | | 학년 중 % | 2.8 % | 13.2 % | 25.7 % | 25.7 % | 20.7 % | 11.7 % | 100 % |

$x^2$ =192.390(p=.000)

〈표 2-19〉학년별 하루 평균 수면 시간

## 19. 정규수업 외 사교육 개수 (N=1042)

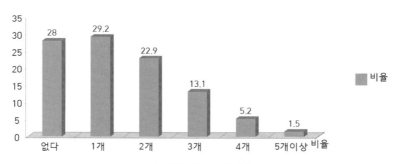

〈그림 2-1〉사교육 개수

## 20. 한 달 평균 사교육비

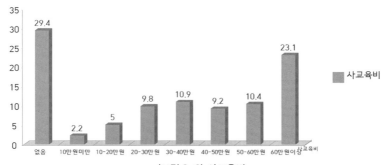

〈그림 2-2〉사교육비

## 21. 학교유형별 사교육비

| | | | | 사교육비 | | | | | | | |
|---|---|---|---|---|---|---|---|---|---|---|---|
| | | | 없음 | 10<br>만원<br>미만 | 10<br>만원<br>~<br>20<br>만원<br>미만 | 20<br>만원<br>~<br>30<br>만원<br>미만 | 30<br>만원<br>~<br>40<br>만원<br>미만 | 40<br>만원<br>~<br>50<br>만원<br>미만 | 50<br>만원<br>~<br>60<br>만원<br>미만 | 60<br>만원<br>이상 | 전체 |
| 학<br>교<br>유<br>형 | 기독교<br>대안 | 빈도 | 125 | 8 | 9 | 12 | 5 | 3 | 5 | 8 | 175 |
| | | 학교유형<br>중 % | 71.4<br>% | 4.6<br>% | 5.1<br>% | 6.9<br>% | 2.9<br>% | 1.7<br>% | 2.9<br>% | 4.6<br>% | 100<br>% |
| | 기독교<br>사립 | 빈도 | 59 | 7 | 15 | 23 | 35 | 37 | 38 | 77 | 291 |
| | | 학교유형<br>중 % | 20.3<br>% | 2.4<br>% | 5.2<br>% | 7.9<br>% | 12.0<br>% | 12.7<br>% | 13.1<br>% | 26.5<br>% | 100<br>% |
| | 공립 | 빈도 | 105 | 8 | 25 | 56 | 68 | 48 | 55 | 120 | 485 |
| | | 학교유형<br>중 % | 21.6<br>% | 1.6<br>% | 5.2<br>% | 11.5<br>% | 14.0<br>% | 9.9<br>% | 11.3<br>% | 24.7<br>% | 100<br>% |
| | 기타 | 빈도 | 10 | 0 | 0 | 5 | 4 | 4 | 8 | 31 | 62 |
| | | 학교유형<br>중 % | 16.1<br>% | .0<br>% | .0<br>% | 8.1<br>% | 6.5<br>% | 6.5<br>% | 12.9<br>% | 50.0<br>% | 100<br>% |
| 전체 | | 빈도 | 299 | 23 | 49 | 96 | 112 | 92 | 106 | 236 | 1013 |
| | | 학교유형<br>중 % | 29.5<br>% | 2.3<br>% | 4.8<br>% | 9.5<br>% | 11.1<br>% | 9.1<br>% | 10.5<br>% | 23.3<br>% | 100<br>% |

$x^2$ =231.089(p=.000)

〈표 2-20〉 학교유형별 사교육비

## 22. 사교육을 받는 이유(N=1049)

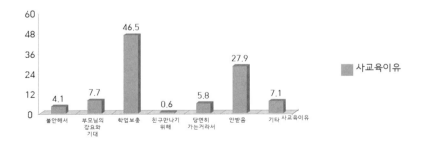

〈그림 2-3〉 사교육 받는 이유

### 23. 학교유형별 사교육 받는 이유

| | | | 사교육 받는 이유 | | | | | | |
|---|---|---|---|---|---|---|---|---|---|
| | | | 불안 | 부모님<br>강요기대 | 학업<br>보충 | 친구 | 당연히<br>가야해서 | 기타 | 안받음 | 전체 |
| 학교유형 | 기독교<br>대안 | 빈도 | 2 | 6 | 26 | 0 | 8 | 21 | 124 | 187 |
| | | 학교<br>유형<br>중 % | 1.1<br>% | 3.2<br>% | 13.9<br>% | .0<br>% | 4.3<br>% | 11.2<br>% | 66.3<br>% | 100<br>% |
| | 기독교<br>사립 | 빈도 | 12 | 28 | 157 | 5 | 19 | 14 | 55 | 290 |
| | | 학교<br>유형<br>중 % | 4.1<br>% | 9.7<br>% | 54.1<br>% | 1.7<br>% | 6.6<br>% | 4.8<br>% | 19.0<br>% | 100<br>% |
| | 공립 | 빈도 | 26 | 45 | 256 | 1 | 27 | 36 | 101 | 492 |
| | | 학교<br>유형<br>중 % | 5.3<br>% | 9.1<br>% | 52.0<br>% | .2<br>% | 5.5<br>% | 7.3<br>% | 20.5<br>% | 100<br>% |
| | 기타 | 빈도 | 3 | 1 | 40 | 0 | 4 | 3 | 10 | 61 |
| | | 학교<br>유형<br>중 % | 4.9<br>% | 1.6<br>% | 65.6<br>% | .0<br>% | 6.6<br>% | 4.9<br>% | 16.4<br>% | 100<br>% |
| 전체 | | 빈도 | 43 | 80 | 479 | 6 | 58 | 74 | 290 | 1030 |
| | | 학교<br>유형<br>중 % | 4.2<br>% | 7.8<br>% | 46.5<br>% | .6<br>% | 5.6<br>% | 7.2<br>% | 28.2<br>% | 100<br>% |

$x^2$ =206.517(p=.000)

〈표 2-21〉학교유형별 사교육 받는 이유

### 24. 학원휴일휴무일제 의견(N=1049)

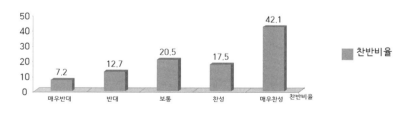

〈그림 2-4〉학원휴일휴무제 의견

## 25. 학교유형별 학원휴일휴무일제 의견

| | | | 학원휴일휴무일제 의견 | | | | | |
| --- | --- | --- | --- | --- | --- | --- | --- | --- |
| | | | 매우 반대 | 반대 | 보통 | 찬성 | 매우 찬성 | 전체 |
| 학교유형 | 기독교 대안 | 빈도 | 4 | 20 | 46 | 35 | 78 | 183 |
| | | 학교유형 중 % | 2.2 % | 10.9 % | 25.1 % | 19.1 % | 42.6 % | 100.0 % |
| | 기독교 사립 | 빈도 | 29 | 28 | 61 | 46 | 130 | 294 |
| | | 학교유형 중 % | 9.9 % | 9.5 % | 20.7 % | 15.6 % | 44.2 % | 100.0 % |
| | 공립 | 빈도 | 31 | 64 | 91 | 91 | 214 | 491 |
| | | 학교유형 중 % | 6.3 % | 13.0 % | 18.5 % | 18.5 % | 43.6 % | 100.0 % |
| | 기타 | 빈도 | 10 | 19 | 13 | 8 | 12 | 62 |
| | | 학교유형 중 % | 16.1 % | 30.6 % | 21.0 % | 12.9 % | 19.4 % | 100.0 % |
| 전체 | | 빈도 | 74 | 131 | 211 | 180 | | |
| | | 학교유형 중 % | 7.2 % | 12.7 % | 20.5 % | 17.5 % | | |

$x^2 =48.210(p=.000)$

〈표 2-22〉 학교유형별 학원휴일휴무제 의견

## 26. 진정한 의미의 쉼이란 무엇인가(N=1049)

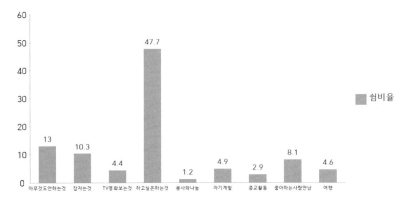

〈그림 2-5〉 진정한 쉼의 의미

## 27. 학교유형별 참된 쉼 인식

| | | | 참된 쉼 | | | | | | | | | |
|---|---|---|---|---|---|---|---|---|---|---|---|---|
| | | | 아무것도안하는것 | 잠 | TV영화 | 하고싶은일 | 봉사와나눔 | 자기계발 | 종교활동 | 좋아하는사람만남 | 여행 | 기타 | 전체 |
| 학교유형 | 기독교대안 | 빈도 | 15 | 11 | 10 | 89 | 3 | 8 | 15 | 19 | 6 | 11 | 187 |
| | | 학교유형중 % | 8.0% | 5.9% | 5.3% | 47.6% | 1.6% | 4.3% | 8.0% | 10.2% | 3.2% | 5.9% | 100% |
| | 기독교사립 | 빈도 | 41 | 25 | 9 | 151 | 5 | 16 | 2 | 24 | 12 | 8 | 293 |
| | | 학교유형중 % | 14.0% | 8.5% | 3.1% | 51.5% | 1.7% | 5.5% | .7% | 8.2% | 4.1% | 2.7% | 100% |
| | 공립 | 빈도 | 72 | 66 | 26 | 219 | 4 | 24 | 11 | 35 | 26 | 10 | 493 |
| | | 학교유형중 % | 14.6% | 13.4% | 5.3% | 44.4% | .8% | 4.9% | 2.2% | 7.1% | 5.3% | 2.0% | 100% |
| | 기타 | 빈도 | 7 | 5 | 1 | 33 | 0 | 3 | 2 | 6 | 2 | 3 | 62 |
| | | 학교유형중 % | 11.3% | 8.1% | 1.6% | 53.2% | .0% | 4.8% | 3.2% | 9.7% | 3.2% | 4.8% | 100% |
| 전체 | | 빈도 | 135 | 107 | 46 | 492 | 12 | 51 | 30 | 84 | 46 | 32 | 1035 |
| | | 학교유형중 % | 13.0% | 10.3% | 4.4% | 47.5% | 1.2% | 4.9% | 2.9% | 8.1% | 4.4% | 3.1% | 100% |

〈표 2-23〉 학교유형별 참된 쉼 인식

## 28. 학교생활 피로도(순위에 따른 복수응답 가능)

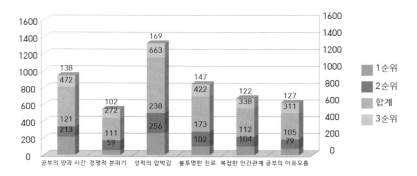

〈그림 2-6〉 학교생활 피로도

## 29. 학교유형별 피로도 1순위

| | | | 피로도 1순위 | | | | | | | |
|---|---|---|---|---|---|---|---|---|---|---|
| | | | 공부의 양과 시간 | 경쟁적인 분위기 | 성적 압박감 | 불투명한 진로 | 복잡한 인간관계 | 공부 이유 모름 | 기타 | 전체 |
| 학교 유형 | 기독교 대안 | 빈도 | 16 | 7 | 24 | 21 | 38 | 7 | 56 | 169 |
| | | 학교 유형 중 % | 9.5% | 4.1% | 14.2% | 12.4% | 22.5% | 4.1% | 33.1% | 100% |
| | 기독교 사립 | 빈도 | 58 | 22 | 71 | 28 | 21 | 24 | 44 | 268 |
| | | 학교 유형 중 % | 21.6% | 8.2% | 26.5% | 10.4% | 7.8% | 9.0% | 16.4% | 100% |
| | 공립 | 빈도 | 120 | 26 | 144 | 44 | 42 | 37 | 62 | 475 |
| | | 학교 유형 중 % | 25.3% | 5.5% | 30.3% | 9.3% | 8.8% | 7.8% | 13.1% | 100% |
| | 기타 | 빈도 | 17 | 4 | 14 | 9 | 2 | 10 | 5 | 61 |
| | | 학교 유형 중 % | 27.9% | 6.6% | 23.0% | 14.8% | 3.3% | 16.4% | 8.2% | 100% |
| 전체 | | 빈도 | 211 | 59 | 253 | 102 | 103 | 78 | 167 | 973 |
| | | 학교 유형 중 % | 21.7% | 6.1% | 26.0% | 10.5% | 10.6% | 8.0% | 17.2% | 100% |

$x^2$ =104.445(p=.000)    〈표 2-24〉 학교유형별 피로도 1순위

## 30. 여가 시간에 주로 하는 일 (순위별 중복응답, N=1049)

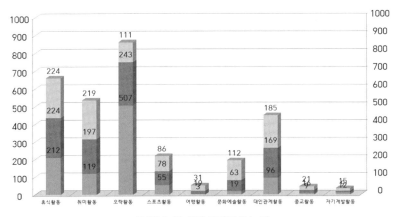

〈그림 2-7〉 여가 시간에 하는 일

### 31. 학교유형별 여가 시간에 주로 하는 일 1순위

| | | | 여가 시간에 하는 일 1순위 | | | | | | | | | |
|---|---|---|---|---|---|---|---|---|---|---|---|---|
| | | | 휴식<br>활동 | 취미<br>활동 | 오락<br>활동 | 스포츠<br>활동 | 여행<br>활동 | 문화<br>예술<br>활동 | 대인<br>관계<br>활동 | 종교<br>활동 | 자기<br>계발<br>활동 | 기타 | 전체 |
| 학교유형 | 기독교<br>대안 | 빈도 | 28 | 26 | 71 | 23 | 2 | 5 | 22 | 4 | 3 | 3 | 187 |
| | | 학교유형<br>중 % | 15.0<br>% | 13.9<br>% | 38.0<br>% | 12.3<br>% | 1.1<br>% | 2.7<br>% | 11.8<br>% | 2.1<br>% | 1.6<br>% | 1.6<br>% | 100<br>% |
| | 기독교<br>사립 | 빈도 | 60 | 34 | 157 | 7 | 0 | 3 | 27 | 1 | 1 | 4 | 294 |
| | | 학교유형<br>중 % | 20.4<br>% | 11.6<br>% | 53.4<br>% | 2.4<br>% | .0<br>% | 1.0<br>% | 9.2<br>% | .3<br>% | .3<br>% | 1.4<br>% | 100<br>% |
| | 공립 | 빈도 | 114 | 54 | 231 | 24 | 1 | 9 | 44 | 4 | 6 | 6 | 493 |
| | | 학교유형<br>중 % | 23.1<br>% | 11.0<br>% | 46.9<br>% | 4.9<br>% | .2<br>% | 1.8<br>% | 8.9<br>% | .8<br>% | 1.2<br>% | 1.2<br>% | 100<br>% |
| | 기타 | 빈도 | 10 | 4 | 43 | 0 | 0 | 2 | 2 | 0 | 1 | 0 | 62 |
| | | 학교유형<br>중 % | 16.1<br>% | 6.5<br>% | 69.4<br>% | .0<br>% | .0<br>% | 3.2<br>% | 3.2<br>% | .0<br>% | 1.6<br>% | .0<br>% | 100<br>% |
| 전체 | | 빈도 | 212 | 118 | 502 | 54 | 3 | 19 | 95 | 9 | 11 | 13 | 1036 |
| | | 학교유형<br>중 % | 20.5<br>% | 11.4<br>% | 48.5<br>% | 5.2<br>% | .3<br>% | 1.8<br>% | 9.2<br>% | .9<br>% | 1.1<br>% | 1.3<br>% | 100<br>% |

$x^2$ =64.482(p=.000)

〈표 2-25〉 학교유형별 여가 시간에 하는 일 1순위

### 32. 여가 시간에 가장 하고 싶은 일(순위별 중복응답, N=1049)

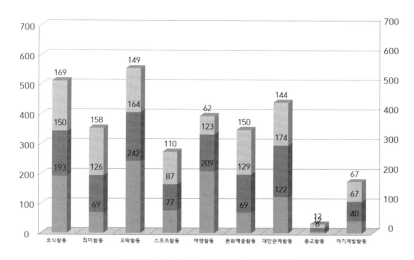

〈그림 2-8〉 여가 시간에 가장 하고 싶은 일

## 33. 학교유형별 하고 싶은 일 1순위

| | | | 하고 싶은 일 1순위 | | | | | | | | | |
|---|---|---|---|---|---|---|---|---|---|---|---|---|
| | | | 휴식활동 | 취미활동 | 오락활동 | 스포츠활동 | 여행활동 | 문화예술활동 | 대인관계활동 | 종교활동 | 자기계발활동 | 기타 | 전체 |
| 학교유형 | 기독교대안 | 빈도 | 17 | 17 | 42 | 17 | 35 | 12 | 26 | 4 | 11 | 3 | 184 |
| | | 학교유형 중 % | 9.2% | 9.2% | 22.8% | 9.2% | 19.0% | 6.5% | 14.1% | 2.2% | 6.0% | 1.6% | 100% |
| | 기독교사립 | 빈도 | 49 | 22 | 82 | 20 | 54 | 17 | 42 | 0 | 4 | 4 | 294 |
| | | 학교유형 중 % | 16.7% | 7.5% | 27.9% | 6.8% | 18.4% | 5.8% | 14.3% | .0% | 1.4% | 1.4% | 100% |
| | 공립 | 빈도 | 117 | 27 | 102 | 36 | 110 | 32 | 44 | 2 | 17 | 3 | 490 |
| | | 학교유형 중 % | 23.9% | 5.5% | 20.8% | 7.3% | 22.4% | 6.5% | 9.0% | .4% | 3.5% | .6% | 100% |
| | 기타 | 빈도 | 8 | 2 | 14 | 4 | 10 | 8 | 9 | 0 | 6 | 1 | 62 |
| | | 학교유형 중 % | 12.9% | 3.2% | 22.6% | 6.5% | 16.1% | 12.9% | 14.5% | .0% | 9.7% | 1.6% | 100% |
| 전체 | | 빈도 | 191 | 68 | 240 | 77 | 209 | 69 | 121 | 6 | 38 | 11 | 1030 |
| | | 학교유형 중 % | 18.5% | 6.6% | 23.3% | 7.5% | 20.3% | 6.7% | 11.7% | .6% | 3.7% | 1.1% | 100% |

$x^2$=64.658(p=.000)

〈표 2-26〉 학교유형별 하고 싶은 일

## 2. 기독 청소년의 쉼 실태

### 1. 주일 교회에서 보내는 시간(N=409)

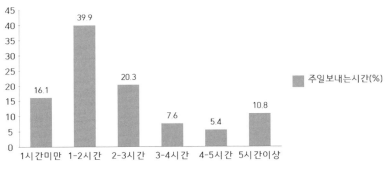

〈그림 2-9〉 주일 교회에서 보내는 시간

## 2. 주일 교회 활동 참여 유형(두 개 선택, N=396)

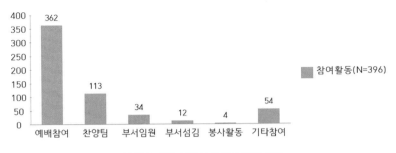

〈그림 2-10〉 주일 교회 활동 참여 유형

## 3. 주일 신앙 활동을 쉼이라고 생각하는지 여부

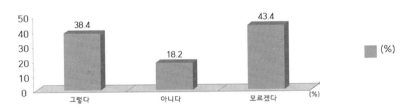

〈그림 2-11〉 주일 신앙 활동을 쉼이라 생각하는지 여부

## 4. 현재 교회 생활 만족도

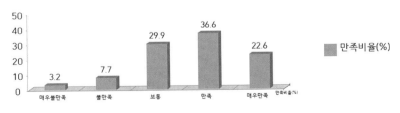

〈그림 2-12〉 교회 생활 만족도

## 5. 쉼을 위해 교회가 제공해야 할 것들(두 개 선택, N=403)

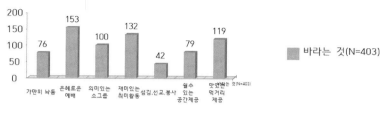

〈그림 2-13〉 쉼을 위해 교회가 제공해야 할 것들

## 3. 쉼의 현황에 따른 학업 스트레스, 삶의 만족도, 자아존중감의 관계성

### 1. 학업 스트레스, 삶의 만족도, 자아존중감의 평균점수 및 표준편차

|  | N | 평균 | 표준편차 |
|---|---|---|---|
| 학업 스트레스 | 1028 | 3.2009 | .75462 |
| 삶의 만족도 | 1042 | 3.2134 | .89185 |
| 자아존중감 | 1040 | 3.6215 | .84532 |

〈표 2-27〉 학업 스트레스, 삶의 만족도, 자아존중감의 평균 점수 및 표준편차

### 2. 성별에 따른 변수들의 집단 간 차이

|  |  | Levene의 등분산 검정 |  | 평균의 동일성에 대한 t-검정 |  |  |  |  |
|---|---|---|---|---|---|---|---|---|
|  |  | F | 유의확률 | t | 자유도 | 유의확률 (양쪽) | 평균차 |  |
| 학업 스트레스 | 등분산이 가정됨 | 3.048 | .081 | -3.384 | 1015 | .001 | -.15977 | 남자 〈 여자 |
|  | 등분산이 가정되지 않음 |  |  | -3.357 | 941.108 | .001 | -.15977 |  |
| 삶의 만족도 | 등분산이 가정됨 | .002 | .966 | 5.604 | 1029 | .000 | .30768 | 남자 〉 여자 |
|  | 등분산이 가정되지 않음 |  |  | 5.614 | 993.996 | .000 | .30768 |  |
| 자아 존중감 | 등분산이 가정됨 | .578 | .447 | 2.900 | 1027 | .004 | .15298 | 남자 〉 여자 |
|  | 등분산이 가정되지 않음 |  |  | 2.909 | 996.712 | .004 | .15298 |  |

〈표 2-28〉 성별의 따른 변수들의 집단 간 차이

### 3. 학년에 따른 변수들의 집단 간 차이

| | | Levene의 등분산 검정 | | 평균의 동일성에 대한 t-검정 | | | | |
|---|---|---|---|---|---|---|---|---|
| | | F | 유의확률 | t | 자유도 | 유의확률(양쪽) | 평균차 | |
| 학업 스트레스 | 등분산이 가정됨 | 6.203 | .013 | -8.326 | 1016 | .000 | -.38145 | 중학생 < 고등학생 |
| | 등분산이 가정되지 않음 | | | -8.286 | 978.007 | .000 | -.38145 | |
| 삶의 만족도 | 등분산이 가정됨 | 2.927 | .087 | 5.207 | 1030 | .000 | .28481 | 중학생 > 고등학생 |
| | 등분산이 가정되지 않음 | | | 5.198 | 1016.498 | .000 | .28481 | |
| 자아 존중감 | 등분산이 가정됨 | .511 | .475 | 1.605 | 1028 | .109 | .08449 | 중학생 > 고등학생 |
| | 등분산이 가정되지 않음 | | | 1.607 | 1027.368 | .108 | .08449 | |

〈표 2-29〉 학년에 따른 변수들의 집단 간 차이

### 4. 학교유형별 변수들의 집단 간 차이

| 분산분석 | | | | | | | |
|---|---|---|---|---|---|---|---|
| | | 제곱합 | df | 평균제곱 | 거짓 | 유의확률 | |
| 학업 스트레스 | 집단-간 | 25.281 | 3 | 8.427 | 15.422 | .000 | 기독교대안 < 국공립, 사립, 기타 |
| | 집단-내 | 553.525 | 1013 | .546 | | | |
| | 합계 | 578.805 | 1016 | | | | |
| 삶의 만족도 | 집단-간 | 9.135 | 3 | 3.045 | 3.880 | .009 | 기독교대안 > 기타 |
| | 집단-내 | 806.056 | 1027 | .785 | | | |
| | 합계 | 815.191 | 1030 | | | | |
| 자아 존중감 | 집단-간 | 3.992 | 3 | 1.331 | 1.868 | .133 | |
| | 집단-내 | 730.191 | 1025 | .712 | | | |
| | 합계 | 734.184 | 1028 | | | | |

〈표 2-30〉 학교유형별 변수들의 집단 간 차이

## 5. 종교에 따른 변수들의 집단 간 차이

| 분산분석 | | | | | | | |
|---|---|---|---|---|---|---|---|
| | | 제곱합 | df | 평균 제곱 | 거짓 | 유의 확률 | |
| 학업 스트레스 | 집단-간 | 17.982 | 4 | 4.495 | 8.113 | .000 | 기독교 〈 천주교, 없음 |
| | 집단-내 | 555.801 | 1003 | .554 | | | |
| | 합계 | 573.783 | 1007 | | | | |
| 삶의 만족도 | 집단-간 | 8.474 | 4 | 2.118 | 2.688 | .030 | --- |
| | 집단-내 | 801.467 | 1017 | .788 | | | |
| | 합계 | 809.941 | 1021 | | | | |
| 자아 존중감 | 집단-간 | 1.699 | 4 | .425 | .594 | .667 | |
| | 집단-내 | 725.518 | 1015 | .715 | | | |
| | 합계 | 727.217 | 1019 | | | | |

〈표 2-31〉 종교에 따른 변수들의 집단 간 차이

## 6. 기타 학업 변수들에 따른 학업 스트레스의 집단 간 차이

| 독립변수 | 종속변수: 학업스트레스 |
|---|---|
| 사교육 받는 숫자 | 없 다 〈 1개, 2개, 3개, 4개 |
| 하루 평균 학습 시간 | 안한다 〈 2-3시간, 3-4시간, 4-5시간, 5시간 이상 |
| 하루 평균 사교육 시간 | 안한다 〈 1-2시간, 2-3시간, 3-4시간, 4-5시간, 5시간 이상 |
| 토요일 평균 학습 시간 | 안한다 〈 2-3시간, 3-4시간, 4-5시간, 5 시간 이상 |
| 토요일 평균 사교육 시간 | 안한다 〈 1-2시간, 2-3시간, 3-4시간, 4-5시간, 5시간 이상 |
| 주일 평균 학습 시간 | 안한다 〈 2-3시간, 3-4시간, 4-5시간, 5시간 이상 |
| 주일 평균 사교육 시간 | 안한다 〈 1-2시간, 2-3시간, 3-4시간, 4-5시간, 5시간 이상 |
| 시험기간 학습 시간 | 안한다 〈 2-3시간, 3-4시간, 4-5시간, 5시간 이상 |

〈표 2-32〉 기타 학업 변수들에 따른 학업 스트레스 집단 간 차이

## 7. 변수 간 상관관계

|  |  | 학업스트레스 | 삶의만족도 | 자아존중감 |
|---|---|---|---|---|
| 학업<br>스트레스 | Pearson 상관계수 | 1 |  |  |
|  | 유의확률 (양쪽) |  |  |  |
|  | N | 1028 |  |  |
| 삶의<br>만족도 | Pearson 상관계수 | -.410** | 1 |  |
|  | 유의확률 (양쪽) | .000 |  |  |
|  | N | 1025 | 1042 |  |
| 자아<br>존중감 | Pearson 상관계수 | -.212** | .585** | 1 |
|  | 유의확률 (양쪽) | .000 | .000 |  |
|  | N | 1023 | 1037 | 1040 |

**. 상관계수는 0.01 수준(양쪽)에서 유의합니다.

〈표 2-33〉 변수 간 상관관계

# Ⅳ. 연구결과 요약

## 1. 하루 평균 학습 시간 : 특목고 〉기독교사립학교, 공립학교, 기독교대안학교

학생들의 수업 외 하루 평균 학습 시간이 기독교대안학교는 1시간 미만으로 응답한 비율이 27.4%인 반면에 특목고 학생의 경우 5시간 이상이 43.5%로 집계되었으며, 중학생은 2~3시간이 22.8%로 가장 많은 반면 고등학교는 3-4시간과 5시간 이상이라고 가장 많이 응답하였다. 토요일 평균 학습 시간과 관련하여 기독교대안학교의 경우 안한다 34.4%, 1시간 미만 23.1%로 집계된 반면 기독교사립학교와 공립학교는 안한다고 응답한 경우가 21%와 27.3%를 보였고 특목고는 토요일에도 53.2%가 5시간 이상 공부하는 것으로 나타났다. 주일의 경우 기독교대안학교, 기독교사립학교, 공립학교는 학습을 안 한다고 응답한 비율이 각각 48.7%, 35.3%, 37.3%로 가장 많이 응답한 반면 특목고의 경우 주일에도 5시간 이상 학습하는 비율이 53.2%와 4~5시간 21%로 집계되어 매우 높은 주일 학습 비율을 보였다. 특목고의 학습 시간이 다른 학교에 비해 매우 높았다.


## 2. 하루 평균 사교육 시간: 특목고 〉 기독교사립학교, 공립학교, 기독교대안학교

　하루 평균 사교육 시간과 관련하여 기독교대안학교의 경우 66.8%가 안한다고 응답한 반면 기독교사립학교나 공립학교는 2~3시간이라고 가장 많이 응답하였고 특목고는 3~4시간으로 응답하였다. 주일 사교육의 경우 역시 기독교대안학교, 기독교사립학교, 공립학교, 특목고 모두 사교육을 안 한다고 응답하였으나 특목고의 경우 14.5%가 주일에도 5시간 이상 사교육을 받는 것으로 나타났다. 사교육비 지출과 관련하여 기독교대안학교는 71.4%가 없음으로 응답한 반면 기독교사립학교 26.5%, 공립학교 24.7%, 특목고 50%가 60만원 이상 지출하는 것으로 집계되었다. 사교육을 받는 이유와 관련하여 46.5%가 학업보충을 하기 위해서라고 응답하였다. 평균 사교육 시간에 있어서도 특목고가 가장 높았다.


## 3. 시험 기간 학습 시간: 평소보다 훨씬 더 많은 학습

　시험 기간 평균 학습 시간으로 기독교대안학교는 18.8%가 2~3시간으로 가장 많이 응답하였으나 기독교사립학교, 공립학교, 특목고의 경우 5시간 이상이 각각 39%, 33.4%, 59.7%로 매우 높게 나타났다. 시험 기간 사교육 시간으로 기독교대안학교의 경우 64.3%가 안 한다고 응답한 반면 공립학교는 20.7%, 특목고의 경우 23%가 1~2시간으로 응답하였다. 이는 시험 기간의 경우 주말에도 많은 시간 학습하고 있음을 보여준다.


## 4. 하루 평균 여가 시간: 1-2시간 정도, 기독교대안학교 5시간 이상, 오락활동 위주

　하루 평균 여가 시간과 관련하여 기독교사립학교, 공립학교, 그리고 특목고 학생의 경우 1~2시간으로 응답한 비율이 각각 30.2%, 27.5%, 38.7%로 가장 많았던 반면 기독교대안학교의 경우 5시간 이상이 25.4%, 2~3시간이 23.8%로 높았다. 기독교대안학교가 훨씬 많은 시간을 하루 여가 시간으로 갖는 것으로 조사되었다. 한편 하루 여가 희망 시간으로 기독교사립학교, 공립학교, 특목고 모두 현재 자신들이 보내고 있는 여가 시간에서 1시간 정도만 더 추가되면 좋을 것 같다고 응답하였다. 현재 학생들의 여가 시간 활용과 관련하여 '오락활동 〉 휴식활동 〉 취미활동 〉 대인관계활동'으로 응답하였고 앞으로 희망하는 여가 시간은 '오락활동 〉 휴식활동 〉 대인관계활동 〉 여행활동'으로 집계되었다. 학생들은 오락이나 휴식활동은 계속 유지하고 싶어 하고 추가적으로 대인관계 활동이나 여행활동과 관계 중심적, 혹은 개인성찰적 활동을 하고 싶어 하는 것으로 나타났다.

### 5. 하루 평균 수면 시간: 공부와 성적의 압박으로 인한 수면 시간의 감소

하루 평균 수면 시간과 관련하여 기독교대안학교는 7~8시간으로 가장 많은 응답을 한 반면 기독교사립학교의 경우 6~7시간 29.9%로 가장 많은 응답을 하였고 특목고의 경우 43.5%가 5~6시간 미만으로 응답하여 학업량이 많은 학교일수록 수면 시간이 적었음을 알 수 있다. 학년별로 살펴보면 중학생의 경우 7~8시간이 30.1%로 가장 많았고 고등학생의 경우 이보다 2시간 적은 5~6시간이 37.2%로 조사되었다.

### 6. 학원휴일휴무제에 대한 의식: 학생들의 의견을 반영한 학원휴일휴무제의 보편적 실시

학원휴일휴무제도와 관련하여 59.6%는 찬성 및 매우 찬성의 의견을 보였고 19.9%만이 반대 혹은 매우 반대의 의견을 보여 대체적으로 찬성하는 것으로 집계되었다. 그러나 기독교대안학교, 기독교사립학교, 공립학교의 경우 매우 찬성의 비율이 가장 높았으나 특목고의 경우 반대의 의견이 30.6%로 가장 높았다.

## 7. 학생들이 생각하는 진정한 쉼: 관계성과 의미를 찾을 수 있는
   쉼 프로그램 제시의 필요성

학생들은 진정한 쉼을 '하고 싶은 것을 하는 것'이라고 47.7%가 응답하였다. 그래서 여가 시간에 주로 하는 일이 오락활동과 휴식활동이라고 응답한 비율이 가장 높았으며 여가 시간이 주어진다고 해도 오락활동이나 휴식활동을 하겠다고 응답한 비율이 제일 높았다. 이는 대부분의 쉼 활동이 개인적 차원에서 이루어지고 있음을 볼 수 있다. 따라서 개인적 차원의 쉼과 더불어 공동체적 차원의 쉼의 가치를 누릴 수 있는 다양한 프로그램을 제시할 필요가 있다.

## 8. 학교생활 피로도: 공교육에서 학업과 성적 이외에 의도적으로
   청소년 쉼 프로그램 제공

학생들이 느끼는 학교생활의 피로도 중에 가장 많은 응답을 한 것이 성적의 압박감, 공부의 양과 시간을 꼽았다. 특히 기독교사립학교, 공립학교, 특목고에서 이러한 응답이 가장 높았으며 기독교대안학교의 경우 특이하게 복잡한 인간관계가 학교생활 피로도 1순위로 제일 많이 응답하였다. 이러한 학교생활 피로도는 대학입시와 성적으로 모든 것을 결정하는 사회적 구조와 인식이 바뀌지 않으면 해결하기 어려운 문제임을 보여준다.

## 9. 기독청소년들의 쉼 실태: 성경적 의미의 쉼 개념과 프로그램 개발

기독청소년의 경우 주일 교회에서 보내는 시간에 대하여 39.9%가 1-2시간, 16.1%가 1시간 미만으로 응답하여 대다수의 학생들이 1시간 남짓 주일에 교회에서 시간을 보내는 것으로 조사되었다. 주일에 학생들이 참여하는 교회활동은 예배참여가 가장 많았고 찬양팀과 같은 활동이 뒤를 이었다. 기독청소년들은 주일 신앙활동에 대하여 38.4%만이 쉼이라고 생각하였고 모르겠다 43.4%, 아니다 18.2%로 응답하여 주일 교회에서 보내는 시간을 적극적인 쉼이라고 인식하지 않는 것으로 나타났다. 학생들은 교회가 은혜로운 예배를 제공해 주는 것이 진정한 쉼을 얻는 것이라고 응답하였고 교회에서 취미활동, 먹거리제공, 의미 있는 소그룹을 제공해 주는 것이 쉼을 위해 필요한 활동들이라고 응답하였다. 기독청소년들의 경우 전반적인 교회생활에 대한 만족도는 58.2%로 비교적 높은 편이나 교회가 진정한 의미의 쉼을 제공해 준다고 생각하고 있지는 않아 보인다.

### 10. 학업 스트레스: 대학입시에 대한 사회적 인식의 변화 필요

학업 스트레스와 관련하여 여자보다 남자가, 중학생보다 고등학생이 더 큰 스트레스를 받고 있는 것으로 조사되었다. 학교유형별로는 기독교사립학교, 공립학교, 특목고 학생들이 기독교대안학교 학생들보다 더 큰 학업 스트레스를 보였다. 기타 학습 시간이 길수록, 사교육 시간이 길수록, 주말과 주일에 학습과 사교육을 하는 시간일 길수록 그렇지 않은 학생들에 비해 학업 스트레스가 통계적으로 유의미하게 높았다. 결국 입시와 성적을 더 신경 써야 하는 나이대로 갈수록, 그리고 그에 따라 공부 시간이 늘어나면 늘어날수록 학업 스트레스는 더 심하게 된다는 사실이 통계적으로 입증되었다.

### 11. 삶의 만족도: 삶의 만족도를 높이기 위한 기독교대안학교의 모델을 차용

삶의 만족도와 관련하여 남자가 여자보다, 중학생이 고등학생보다, 기독교대안학교 학생들이 특목고 학생들보다 더 큰 삶의 만족도를 보였다. 이에 기독교대안학교가 가진 교육적 특성들을 분석하면 어떤 면이 학생들의 삶의 만족도를 높이는지 알게 될 것이고 이러한 긍정적 특성들을 보편적으로 적용할 수 있도록 할 필요가 있다.

# Ⅴ. 기독교교육적 제언

## 1. 성적과 대학입학에 대한 사회적 인식의 변화의 필요성

  쉼이 있는 교육을 실천하기 위해서는 교육 주체들의 전반적인 인식전환과 더불어 우리 사회의 구조적인 변화가 함께 수반되어야 한다. 즉 사회 구조 자체가 대학입시와 성적에 따라 학생을 서열화하고 경쟁과 생존을 위한 학업을 지속하는 한 학생들이 쉼을 얻고 안식할 수 있는 가능성은 훨씬 더 희박하게 될 것이다. 따라서 쉼이 있는 교육으로 이끌기 위해서는 우선적으로 사회적 인식과 구조의 변화가 선행되어야 한다. 대학을 성적으로 서열화하고 학생의 개성과 강점을 무시한 채 무조건 좋은 성적을 받아야 '좋은 대학'에 들어가는 구조에서 학생들의 개인적 강점을 극대화 시켜줄 수 있는 특성화된 대학 교육을 실시해야 하고 그렇게 해서 배출된 학생들이 자신의 역량을 발휘할 수 있도록 직업적 안정성과 사회적 제도를 마련해야 한다. 이렇게 되면 무조건 좋은 성적을 받아 무조건 '좋은 대학'에 들어가야 하는 심리적, 사회적 압박으로부터 해방될 수 있을 것이고 쉼이 있는 교육도 가능하게 될 것이다. 2017년 기독교학교교육연구소의 기독학부모 자녀교육의식조사 결과에 따르면 학부모들은 우리나라 교육의 가장 큰 문제는 입시 과열(26.5%)과 교육정책의 잦은 변화(19.4%), 그리고 사교육(18.6%)이라고 지적하고 있다. 이러한 현상들을 극복하기 위해서는 국가의 교육정책의 변화가 필수적이라고 응답한 비율이 37.6%로 가장 높았고, 학부모의 가치관 27.7%, 그리고 사회구조의 변화가 24%로 그 뒤를 이었다. 결국 한국의 교육을 바꾸기 위해서는 구조적으로는 국가의 교육정책의 변화와 사회적 인식의 변화가 필요하고 교육주체인 학부모의 가치관이 변화해야 가능한 것이다. 이렇게 될 때, 쉼이 있는 교육도 가능할 것으로 보인다.

## 2. 쉼의 의미와 건강한 쉼 프로그램의 개설 및 보급

  본 연구에서 학생들은 쉼이란 '하고 싶은 것을 하는 것'이라고 47.7%가 응답하였다. 그 결과 쉼을 위해 현재 하고 있는 활동으로 오락활동과 휴식활동이 가장 높은 비율을 보였다. 연구결과를 분석해 보면 학생들은 쉼을 단순히 아무것도 안 하고 쉬는 것, 혹은 자신이 하고 싶은 일을 하는 것이라고 보고 있다. 학생들의 입장에서 쉼을 오락과 휴식으로 인식하고 있는 것은 어쩌면 학생들이 쉼에 대한 바른 인식의 부재와 진정한 쉼을 누려본 경험이 적기 때문일 것으로 추측한다. 따라서 단순히 오락이나 게임을 하는 것, 그리고 아무것도 안 하고 쉬는 것을 참된 쉼으로 인식하지 않도록 하기 위하여 쉼에 대한 개념을 재정립해야 하고 그와 더불어 참된 쉼을 누릴 수 있는 교육프로그램을 국가적 차원에서 제공해야 할 것으로 생각한다. 진정한 쉼은 재충전과 성장이라는 교육적 의미를 담고 있어야 한다. 그런 의미에서 쉼을 위한 프로그램 역시 교육적 차원이 반드시 고려되어야 한다. 특히 학생 개인이 반추(reflection)할 수 있는 교육프로그램, 또래 공동체가 쉼을 통해 협력적으로 완수할 수 있는 프로젝트, 학교와 학생이 위치한 마을 공동체와 함께 만들어 가는 교육 프로젝트, 지역사회와 함께 하는 청소년 문화 활동, 캠핑(outdoor education)과 같은 다양한 경험학습 등 교육적 의미가 포함된 쉼 프로그램을 개발 보급하는 일도 동시적으로 이루어져야 할 것으로 본다.

### 3. 쉼에 대한 성경적 의미 교육과 교회 내 쉼 프로그램 보급

신앙생활을 하는 청소년들은 주일 자신들이 참여하는 신앙활동에 대하여 38.4%만이 쉼이라고 생각하였고 모르겠다 43.4%, 아니다 18.2%로 응답하였다. 이는 자신들이 주일 교회에서 보내는 시간을 적극적인 쉼이라고 인식하지 않는 것으로 해석할 수 있다. 전반적인 교회생활에 대한 만족도는 58.2%로 비교적 높은 편이나 교회가 진정한 의미의 쉼을 제공해 준다고 생각하고 있지는 않아 보인다. 이와 같은 현실에서 교회는 청소년들에게 진정한 쉼이란 무엇인지에 대한 개념을 심어주는 것과 동시에 보다 적극적으로 교회 신앙활동을 통해 진정한 쉼을 누릴 수 있는 시스템이 필요하다고 본다. 다행히 학생들은 은혜로운 예배를 드리는 것이 진정한 쉼으로 인식하고 있었다. 그렇다면 교회가 가장 신경 써야 할 부분은 바로 예배를 통해 하나님을 온전히 경배하도록 하는 것이며 이를 통해 참된 쉼을 누릴 수 있도록 하는 것이다. 학생들로 하여금 예배를 통해 감격을 누리고 하나님을 경배하며 한 주일 동안 살아갈 힘을 얻는 영적인 재충전의 기회로 만들어 주어야 할 것이다. 한편 은혜로운 예배 다음으로 학생들이 인식한 참된 쉼으로 교회에서 취미활동을 제공해 주는 것이라고 응답하였다. 가능하다면 경험학습 중심의 다양한 체험적 소그룹들을 많이 만들어 주는 것도 좋은 방법이라고 보인다. 청소년들의 발달단계에 맞는 역동적 체험활동 및 소그룹을 통해 참된 쉼의 의미를 더해주는 것이 필요하다고 본다.

### 4. 사회적 합의에 의한 학원휴무제의 적극적 실시

본 연구의 결과에 따르면 학원휴일휴무제와 관련하여 59.6%는 찬성 및 매우 찬성의 의견을 보였고 19.9%만이 반대 혹은 매우 반대의 의견을 보여 대체적으로 찬성하는 것으로 집계되었다. 기독교대안학교, 기독교사립학교, 공립학교의 경우 매우 찬성의 비율이 가장 높았으나 특목고의 경우 반대의 의견이 30.6%로 가장 높았다. 이와 같은 연구결과는 학생들이 학원휴무제를 원하지만 여전히 대학입시와 성적에 의해 모든 것을 평가하는 한국 사회의 구조 속에서 학원휴무제도는 이상적인 구호에 그칠 수 있다는 사실을 알려준다. 즉 학생들을 평가하는 사회의 구조와 인식이 학생의 다양성에 근거하여 평가하는 시스템으로 바뀌지 않는 이상 학원휴일휴무제는 구호에 그칠 가능성이 있으며 설령 학원휴일휴무제가 실시되더라도 특정 학교 학생들 중심으로 또 다른 사교육이 늘어나는 '풍선효과'를 보일 가능성이 있다. 그러므로 대학입시와 성적으로만 학생들을 평가하여 소위 '좋은 대학'에 보내는 현 시스템 자체를 바꾸지 않으면 사교육과 관련된 또 다른 문제들이 계속해서 발생하게 될 것이 자명하다.

### 5. 쉼이 있는 교육을 위한 기독교대안학교 모델의 적극적 활용

본 연구결과에 의하면 학교유형별 학업 시간, 사교육 시간 등에 있어서 기독교대안학교가 여타의 다른 고등학교들보다 훨씬 적은 시간을 보내는 것으로 조사되었다. 반면에 쉼과 관련해서는 다른 학교유형들보다 더 많은 시간을 보내고 있는 것으로 조사되었다. 삶의 만족도와 관련하여 기독교대안학교 학생들이 특목고 학생들보다 더 큰 삶의 만족도를 보였다. 이와 같은 연구결과는 기독교대안학교가 청소년의 쉼과 관련한 좋은 모델이 될 수 있음을 보여준다. 비록 현재의 입시체제에서는 이후 진로와 관련하여 다소간의 어려움이 있는 것도 사실이지만 적어도 기독교대안학교에 다니고 있는 학생들의 경우 현재의 삶에 만족하며 충분한 쉼을 누리고 있는 것으로 보인다. 만약 국가적 차원에서 쉼이 있는 교육을 실시할 경우 기독교대안학교가 가진 특성들을 적극적으로 반영할 필요가 있다. 경험학습과 자기 주도적 학습, 그리고 공동체 중심의 교육활동을 통해 학업하며 충분한 휴식과 쉼을 통해 삶의 만족도를 높여주는 정부의 정책들이 제시되어야 한다.

## VI. 나가는 말

쉼이 없는 한국교육의 현실은 더 나은 삶을 살기 원하는 한국사회의 구조적 열망과 학부모의 교육열에서 비롯된 결과이다. 본 연구에서 밝혀진 사실은 현재 학생들은 학업으로 인해 충분한 휴식을 취하지 못하고 있으며 진정한 쉼의 의미를 잘 알지 못한 채 제한된 쉼을 누리고 있다는 것이다. 쉼이 있는 교육이 공허한 외침으로 남지 않기 위해서는 교육과 관련된 우리 사회의 구조와 보편적 인식을 바꾸어야 한다. 동시에 자녀들의 교육에 많은 열의를 갖고 있는 학부모의 의식도 함께 바뀌어야 한다. 또한 진정한 쉼을 누릴 수 있는 '쉼 활동'의 개발도 동시적으로 이루어져야 한다.

특히 이제는 신앙교육을 담당하고 있는 교회가 다음 세대 청소년들을 위한 쉼을 제공하는 플랫폼의 역할을 해야 한다. 현상적으로 한국교회는 교회중심의 신앙교육이 이루어지고 있는 것이 사실이다. 그렇다면 교회교육에서라도 청소년의 진정한 쉼을 위한 교육과정을 개발하고 시행해야 할 것이다. 다행히도 청소년들은 '은혜로운 예배'를 드리는 것이 진정한 의미의 쉼이라고 인식하고 있다. 이와 같은 기대를 염두에 두고 예배를 통해서 하나님의 임재를 경험하고 참된 안식과 쉼을 누리도록 많은 관심과 투자를 해야 할 것으로 보인다. 이는 쉼이 있는 교육이 단순히 '쉬는 시간을 늘리는 것'이라는 차원을 훨씬 넘어서 '쉼의 질적인 향상'을 지향하는 것임을 알아야 한다. 예수 그리스도의 부활사건을 통해 우리에게 주신 '영원한 쉼과 안식'의 개념이 이 시대를 살아가고 있는 우리의 다음 세대들에게도 잘 적용되기를 기대한다.

참고문헌

강창동. "한국의 편집증적 교육열과 신분욕망에 대한 사회사적 고찰." 한국
　　　교육학연구. 14/2, 2008.

교육부. "OECD 학업성취도 국제비교 연구(PISA 2015) 결과 발표." 교육
　　　부 보도자료, 2016.

김남정, 임영식. "청소년의 스트레스와 삶의 만족도 관계에서 청소년 활동
　　　의 중재효과." 청소년학연구. 19/8, 2012.

김서현, 김예솔, 임혜림. "고등학생의 학업스트레스와 우울 간 관계에서 자
　　　기주도성의 조절효과." 청소년학연구. 20/10, 2013.

김재엽, 이동은, 정윤경. "청소년 스트레스가 우울에 미치는 영향에 자원봉
　　　사활동의 조절효과." 한국청소년연구. 24/3, 2013.

김정현, 김성벽, 정인경. "청소년의 학업스트레스가 학교생활적응에 미치는
　　　영향." 한국청소년연구. 25/4, 2014.

김진우. "쉼이 있는 교육을 위한 학원휴무일제를 제안한다," 2017.

김현순. "청소년의 학업스트레스와 우울간의 관계에서 자아존중감의 종단
　　　매개효과 검증." 청소년학연구. 21/3, 2014.

양승연. "청소년의 자살생각과 스트레스와의 관계에 대한 연구." 한남대학
　　　교 석사학위논문, 2004.

염유식. "2017년도 한국 어린이 청소년 행복지수 국제비교연구 조사결과
　　　보고서," 2017.

유영아. "청소년의 스트레스와 삶의 만족도의 관계." 단국대학교 석사학위
　　　논문, 2017.

윤신예, 채규만. "청소년의 학업 스트레스가 정신건강 문제에 미치는 영향".
　　청소년학연구. 23/12, 2016.

이종각. "한국 학부모 교육열의 정책적 시사점과 새 연구방향의 탐색". 한국
　　교육. 40, 2013.

한미현. "한국아동의 일상적 스트레스 척도의 개발". 대한가정학회지.
　　33/4, 1995.

함영주. "기독학부모 교육의식 실태조사". 강영택, 박상진, 함영주 지음.
　　『한국 기독학부모의 정체성과 역할』. 서울: 예영커뮤니케이션,
　　2019.

# 3장

# 청소년의 쉼을 위한 제도화

강영택 교수 _ 우석대학교

강영택 교수(우석대학교)

# Ⅰ. 들어가는 말 : 왜 쉼을 말하는가?

대한민국의 아동과 청소년들은 삶이 힘들고 고달프다. 세계 최장시간의 학교 공부시간도 부족해 학원이며 과외로 그리고 독서실로 전전한 뒤 밤늦은 시간 집으로 돌아간다. 과중한 학습량과 과도한 학습 시간, 지나친 경쟁적 분위기 등은 이들의 삶에 숨 쉴 여유를 주지 않는다. 이러한 팍팍한 삶의 모습은 세계 각국 학생들을 대상으로 한 삶의 만족도 조사에서 여실히 드러난다. OECD에서 회원국가들의 만 15세 학생들을 대상으로 한 삶의 만족도 조사결과 우리나라 학생들은 최하위를 기록했다. OECD 국가들의 학생 평균은 10점 만점에 7.31인데 비해 우리나라 학생 평균은 6.36으로 35개국 가운데 터키(6.12) 다음으로 낮았다. 삶에 매우 만족한다고(9~10) 응답한 학생비율은 18.6%로 최하위였고, 만족하지 않는다고(0~4) 응답한 비율은 21.6%로 터키 다음으로 높았다(OECD, 2017).

이처럼 우리나라 청소년들이 삶에 만족하지 못하고 힘들어하는 데는 마음 편히 쉴 수 있는 여유가 없기 때문일 것이다. 쉼은 양적으로도 충분해야 하고 질적으로도 의미 있어야 한다. 양적, 질적 쉼의 결핍은 아동과 청소년들의 배움과 성장에 장애요소로 작용한다. 이러한 문제점들을 인식하고 청소년들에게 쉼을 확보해주기 위한 노력들이 우리 사회의 학교 안팎에서 조금씩 시도되고 있다. 예를 들면, 학교의 형태로 운영되는 '오디세이학교'와 '꿈틀리 인생학교'는 학생들에게 1년간 쉼과 진로적성 탐색의 기회를 부여하는 한국형 애프터 스콜레(Efter Schole)들이다. 그리고 중학교를 졸업한 청소년들의 학교 밖 모임인 '꽃다운 친구들'은 일주일 중 이틀을 만나 1년 동안의 방학을 함께 보내는 새로운 시도의 모임이다.

우리 사회에서 청소년들에게 쉼이 필요함을 인식하고 그들에게 쉼을 누릴 수 있도록 확보해주려는 노력이 있음은 다행스러운 일이다. 그런데 이러한 노력들은 우리 사회에서 여전히 매우 미미하며 실험적인 수준에 머물러 있다. 그러므로 이런 노력들이 활발하게 이루어져서 우리나라의 다수 청소년들에게 꼭 필요한 쉼을 누리도록 하기 위해서는 보다 체계적이고 광범위한 실천과 연구가 요구된다. 본 연구는 이러한 목적을 위한 한 작은 시도이다. 본 연구에서는 이를 위해 다음과 같이 두 가지 과업을 수행하고자 한다.

첫째는 쉼에 대한 새로운 이해의 제기이다. 쉼이란 일하지 않는 빈둥거림이며 시간 낭비란 관점으로부터 벗어나 관조적/성찰적 삶의 태도를 함양하여 인간다움을 확립하는데 필수적인 요소임을 밝히고자 한다. 그래서 공부로부터 벗어나는 것으로 보이는 쉼이 사실은 가장 교육적인 활동일 수 있음을 자각하는 것이 필요하다. 쉼의 새로운 이해를 밝히는 방식은 고대 그리스 시대의 쉼에 대한 이해와 독일 철학자 조셉 피이퍼(Joseff Pieper)의 주장을 탐색하는 방법을 취할 것이다.

둘째는 쉼을 핵심가치로 삼고 있는 학교나 모임에 참여하는 학생들의 쉼의 경험을 분석하는 일이다. 분석 결과 그들이 쉼을 통해 의미 있는 경험을 하고 있고 다른 것으로 얻기 어려웠던 교육성과를 얻고 있음이 밝혀진다면 이는 그러한 학교나 모임의 정당성과 확산의 필요를 주장하는 근거가 될 것이다. 청소년들의 쉼의 경험을 분석하는 작업을 위하여 현재 우리나라에서 시행 중인 오디세이학교, 꿈틀리 인생학교, 꽃다운 친구들에 참여한 청소년들을 대상으로 설문조사를 실시하였다.

이러한 두 가지 과업을 통하여 본 연구가 지향하는 목표는 우리나라의 다수 청소년들이 필요한 쉼을 향유할 수 있도록 다양한 제도를 마련하자는데 있다. 꽃다운 친구들과 같은 느슨한 모임 형태도 가능하고, 1년의 독립된 학교인 애프터 스콜레의 형태도 가능하다. 그리고 충분한 쉼을 의미 있게 향유하게 한다는 전제 위에서라면 현재 시행되고 있는 자유학기제 혹 자유학년제도 소극적인 한 방안이 될 수 있을 것이다. 여기서 중요한 것은 쉼의 교육적 의미를 분명히 이해하고 청소년들이 쉼을 의미 있게 향유하도록 지원하는 것이다.

## II. 청소년들의 쉼의 결핍과 제도화의 필요성

우리나라 청소년들이 삶에서 행복을 느끼지 못하고 어려움을 토로하는 것은 과도한 공부와 결핍된 쉼 때문이다. 그들은 양적으로나 질적으로 쉼의 부재 혹은 결핍을 경험하고 있다. 양적, 질적 쉼의 결핍이 어느 정도인지 그 실태를 기존의 조사결과들을 바탕으로 살펴보도록 하겠다.

먼저 양적인 면에서 우리의 아동과 청소년들에게는 마음과 몸을 편히 쉬게 할 수 있는 여가 시간 혹은 쉬는 시간이 절대적으로 부족하다. 즉, 그들은 과중한 공부에 치여 필요한 휴식 시간을 충분히 갖지 못하는 실정이다. 하루 학습 시간, 학교에 머무는 시간, 수면 시간, 여가 시간 등 아동과 청소년들의 일상생활을 보여주는 지표들은 그들의 생활에서 여유 시간이 부족함을 구체적으로 보여준다. OECD 조사에 따르면 우리나라 초등학생은 하루에 6시간 14분 동안 학습하고, 고등학생은 9시간 10분 동안 학습하여 OECD 국가 중 최고의 수준이라 한다(김영지 외, 2016). 또한 그들이 학교에 머무는 시간 역시 지나치게 길다. 초등학생은 6시간 20분, 일반계 고등학생은 12시간을 학교에서 지낸다고 한다(학생인권행동, 2015). 반면 우리나라 청소년들의 수면 시간은 고등학생의 경우 평균 5시간 27분으로 성장기 청소년기에 필요한 수면보다 매우 부족한 실정이다(김영지 외, 2016). 아동과 청소년들이 갖는 여가 시간 역시 우리나라 아동·청소년들의 절반 이상이 평일 평균 2시간 미만을 갖고 있다고 조사되었다. 그러다 보니 학교 수업 전이나 후에 운동할 시간이 부족하다. 우리나라 학생들이 OECD 35개 회원국 학생들 가운데 학교 밖에서 운동을 하는 비율이 가장 낮은 것으로 나타났다. OECD 국가 평균 학생들의 69.8%가 운동을 하는데, 우리나라의 학생들은 46.3%만이 운동을 하는 것으로 나타났다(OECD, 2017). 이처럼 우리의 청소년들은 필요한 쉼의 시간을 충분히 확보하지 못해 수면과 운동이 부족하고 이뿐 아니라 자신의 삶과 주위를 돌아보는 성찰의 기회를 갖지 못하게 된다.

쉼의 양적인 측면은 쉬는 시간이 얼마나 되는지에 초점을 두는 것인데 비해 질적인 측면은 쉬는 시간을 어떻게 보내는지와 관계한다. 즉, 이는 청소년들이 경험하는 쉼의 내용 혹 의미에 관한 것이다. 청소년들에게 쉬는 시간이 주어졌지만 공부에 대한 걱정을 가진 채 컴퓨터 게임을 하느라 잔뜩 긴장해 있었다면 이는 충분히 의미 있는 쉼이 되지는 못했을 것이다. 그러므로 청소년들에게 진정한 쉼을 확보해주기 위해서는 쉬는 시간을 보다 많이 제공하려는 노력과 함께 의미 있는 쉼을 누리도록 지도 혹 지원하는 것이 필요하다. 그리고 의미 있는 쉼이란 반드시 공부를 중단할 때만 경험되는 것이 아님을 인식할 필요가 있다. 쉼은 일 혹은 공부와 대립되는 개념이 아니다. 쉼은 공부를 중단하고 가만히 있을 때 경험되기도 하지만 즐겁게 학습하는 중에 경험되기도 한다. 만일 학습에 대한 흥미도, 자발성, 의미부여 등과 같은 학습의 정의적 측면들이 잘 형성되어 있다면 학생들은 학습하는 것이 고된 일로 느껴지지 않을 것이다. 오히려 학습활동을 하는 가운데 배움의 기쁨을 경험하고 성찰을 통한 깨달음을 얻게 될 것이다. 다시 말하면, 공부를 통해서도 쉼이 주는 효과를 얻을 수 있다는 것이다. 쉼이란 어떤 일에 흥미를 갖고 그 일에 몰입하고 있을 때 경험되기도 하는 것이다(김승호, 2015).

쉼의 질적인 측면과 관련하여 우리나라 아동과 청소년들은 쉼이 빈약하게 경험되고 있음을 알 수 있다. 그들의 하루 생활에서 많은 시간을 차지하는 학습활동에서 쉼을 경험하는 경우는 드문 것으로 보인다. 학습 가운데 쉼의 경험은 학생들의 학습에 대한 정의적 태도와 밀접한 관계가 있다. 만일 학생들이 공부에 큰 흥미를 가지고 자발적으로 몰입해서 학습을 하고 있다면 그 공부는 쉼이 주는 효과를 얻을 수도 있을 것이다. 그러므로 학습 시간이 길다는 것, 학습량이 많다는 것, 학교에 오래 머문다는 사실 등이 반드시 학생들에게 고통을 안겨주는 요인은 아닐 것이다. 중요한 것은 학습에 임하는 학생들의 내면적 태도라 할 수 있다. 그런데 우리나라 학생들이 갖는 학습에 대한 정의적 특성을 조사한 결과는 무척 비관적이다. 2012년과 2015년에 실시한 PISA의 결과는 우리나라 학생들의 수학과 과학에 대한 내적동기(흥미도), 자아효능감, 자기주도적 학습태도 등이 OECD 국가들 가운데 최하위권에 속해 있음을 보여준다. 그리고 학습에 대한 불안감은 매우 높게 나타났다. 요약하면, 우리나라 학생들은 공부에 대한 흥미나 자신감은 별로 없지만 의무적으로 해야만 하는 학습량이 많고 상호경쟁이 치열하여 장시간 공부를 하지 않을 수 없는 상황이기 때문에 공부가 쉼으로 경험되기보다 고된 노동으로 느껴질 가능성이 크다는 것이다.

이상에서 우리나라 아동들과 청소년들이 쉼을 충분히 갖지 못하고 있고 그나마 갖는 쉼도 의미 있게 누리지 못함을 지적했다. 그리고 그들 생활의 많은 부분을 차지하는 공부시간에 쉼을 경험하지 못하는 이유를 살펴보았다. 이러한 현상은 쉼의 문제가 단순히 청소년 개인적 차원의 문제가 아님을 알려준다. 쉼의 문제는 우리나라 청소년 대부분의 문제이므로 이를 해결하기 위해서는 보다 체계적이고 광범위한 제도적 접근이 요구된다. 쉼을 보장하기 위한 다양한 제도적 장치가 가능하겠지만 여기서는 논의를 단순화하기 위하여 현재 국내외에서 시도되고 있는 학교 관련 사례들을 참조하고자 한다. 우리나라에서 조금이라도 유사하게 경험한 것을 토대로 살펴보면 제도화는 다음과 같이 세 가지 형태로 정리될 수 있다.

첫째, 아일랜드의 전환학년제나 우리나라의 자유학기제와 같이 동일 학교 내에 한 학기 내지 1년을 구분하여 쉼을 향유하게 하는 공교육 내의 전면적인 제도화이다. 전환학년제처럼 중학교 과정을 마친 학생들에게 선택권을 부여하여 1년의 전환학년에 참여하게 할 수도 있고, 자유학기 혹 자유학년제처럼 중학교 시절 중에 의무적으로 한 학기 혹 1년을 시행할 수도 있다.

둘째, 덴마크의 애프터 스콜레와 같이 별도의 학교를 설립하여 시행하는 방안이다. 일반 학교 내에 전환학년제나 자유학년제를 시행하는 경우 교육활동에 획기적인 변화를 주는데 한계가 있을 수 있어 별도의 학교를 필요로 한다. 이런 학교들은 현재 우리나라에서 시도되고 있는 오디세이학교나 꿈틀리 인생학교 같은 경우이다. 이런 학교는 정부가 설립, 운영하는 방안(공립형)도 있고, 정부가 설립하고 민간이 운영하는 방안(민관협력형)이나 민간에서 설립, 운영하는 방안(사립형)도 있을 수 있다. 정부는 다양한 운영형태의 학교들이 개교하도록 지원하고, 학생들에게 선택권을 부여하면 된다.

셋째, 학생들이 자유롭게 쉼을 향유할 수 있도록 학교의 형태가 아닌 단순한 모임 형태를 취하는 것을 보장하는 방안이다. 학교의 형태는 아무래도 프로그램을 만들어 집단적으로 시행하려는 속성이 있기 때문에 학생 개인이 자율적으로 쉼을 향유하는데 제약을 줄 가능성이 높다. 그래서 '꽃다운 친구들'처럼 몇 가정이 모여 느슨한 형태의 공동체를 이루어 포괄적 의미에서의 교육활동을 하는 방안을 제도화 속에 포함시킬 수 있을 것이다.

이상과 같이 세 가지 정도의 유형은 우리나라가 청소년들에게 쉼을 보장하기 위해 제도화 작업을 한다면 참조할 수 있는 방안이라 생각한다. 그런데 여기서 중요한 것은 어떤 형태의 제도가 우리나라 실정에 가장 부합하는가 하는 것보다 제도가 담아내고자 하는 쉼의 본질이 무엇인가 하는 점이다. 다시 말하면 어떤 유형의 제도를 도입하더라도 그 제도를 통해 학생들이 쉼의 의미를 제대로 이해하고 쉼을 의미 있게 경험하게 하는 것이 핵심이라는 것이다. 그런 면에서 볼 때 쉼의 교육적 의미를 고찰하는 작업이 매우 긴요하다. 그래서 다음 장에서는 쉼의 교육적 의미를 살펴볼 것이다. 이는 통상적 차원에서 사람들이 갖는 쉼에 대한 이해가 아닌 새로운 관점, 사실은 오래전에 존재했던 관점이지만, 에서의 쉼에 대한 이해를 기반으로 하고 있다.


## Ⅲ. 쉼의 교육적 의미

'쉼'의 교육적 의미를 살펴보기 전에 '쉼'의 사전적 의미를 먼저 확인할 필요가 있다. 국립국어원에서 발간한 표준국어대사전에 따르면 쉼을 "피로를 풀려고 몸을 편안히 둠"이라고 정의하고 있다. 쉼의 영어 단어인 'rest'의 의미도 이와 유사하다. Oxford Dictionary에 따르면 "긴장해소나 수면을 위하여 혹은 힘을 회복하기 위하여 활동을 중단하는 것을 허용함"이라 되어있다. 즉, 국어나 영어에서 쉼은 동일하게 일로 인해 쌓인 피로를 풀기 위해서 일을 중단하는 것을 강조하고 있다. 이 정의에 따르면 쉼과 일은 대립되는 관계에 있다. 학생들에게 피로를 주는 일은 대개 공부이므로 쉼은 공부와도 대립된다고 볼 수 있다. 그러므로 학생이 쉼을 갖기 위해서는 하던 공부를 중단해야만 된다. 그렇지 않으면 그에게는 쉼이 없는 것이다.

그러나 고대 그리스 사회에서는 그렇지 않았다. 공부를 하는 school(학교)의 어원이 헬라어로 schole/skhole이고, 이 단어는 "여가(leisure), 쉼(rest), 학습된 토론(learned discussion), 강의를 위한 장소" 등을 의미하였다(https://www.ety monline.com/word/school). 이 중에서 흥미로운 것은 학교의 의미가 여가와 쉼이었다는 점이다. 공부를 하는 학교와 오늘날의 관점으로는 공부와 대조되는 '여가/쉼'이 같은 단어였다는 사실은 중요한 의미가 있다. 이는 당시에 공부가 여가/쉼과 대립되는 대신 밀접한 관계가 있었고, 여가/쉼의 당시 의미는 오늘날의 의미와 달랐음을 보여준다.[1]

학교(school)의 헬라어 어원에 대한 고찰은 쉼이 공부와 밀접한 관계가 있음을 알게 한다. 고대 그리스의 관점으로 쉼이 갖는 교육적 의미를 알아보는 일은 쉼과 공부의 긴밀한 관계를 이해하는데 도움이 될 것이다. 그리고 이러한 작업은 쉼이 우리의 삶에서 얼마나 중요한 역할을 하는지와 쉼이 우리 삶의 다양한 상황 속에서 경험될 수 있음을 알려줄 것이다. 쉼의 교육적 의미에 대한 고찰을 위해 먼저, 고대 그리스인들이 가졌던 'schole'에 대한 이해방식을 살펴볼 것이다. 그리고 다음으로 20세기 초 독일 철학자 조셉 피이퍼(Joseff Pieper)의 책을 중심으로 살펴보도록 하겠다. 피이퍼는 여가에 대해 가장 권위 있는 책인 『Leisure』를 저술한 학자이며, 이 책은 우리나라에서도 이 주제에 대한 연구에서 가장 중요한 참고자료로 인용되고 있다(김승호, 2015; 김인, 2016; 조영태, 2017).

## 1. 고대 그리스에서 쉼의 의미

오늘날 사용되는 학교(school)란 단어의 어원은 그리스어로 skhole/schole이고 라틴어로는 schola이다. 그런데 그리스어 skhole와 라틴어 schola의 의미 중

---

1) 그런데 여기서 여가와 쉼은 유사하지만 다른 단어이다. 여가와 쉼 모두 오늘날에는 일을 하지 않는 상태를 전제로 한다. 여가는 쉼의 필수조건이고 쉼은 여가의 부분집합으로 볼 수 있다. 본 논문의 관심은 쉼인데 비해 관련된 선행논문들은 여가에 초점을 두는 경우가 많다. 그러나 대개 논문들이 이 두 단어의 개념을 유사하게 보고 있기에 본 논문에서도 이 둘의 차이점을 엄밀하게 따지는 대신 여가와 쉼을 상호 교호적으로 사용할 것이다.

공통된 한 가지가 '여가(leisure)'이다. 이 사실은 당시 사회에서 여가의 의미가 학교 혹 학습과 밀접한 관계가 있었다는 사실을 알게 한다. 이 관계를 알기 위해 먼저 여가의 의미를 살펴볼 필요가 있다. 오늘날 여가는 국립표준대사전에 따르면 "일이 없어 남는 시간"으로 정의된다. 달리 말하면 여유 시간이다. 고대 그리스 사회와 달리 현대사회는 일을 매우 중요하게 생각한다. 그래서 많은 사람들이 일을 과도하게 하면서 살아간다. 더구나 한국 사회는 노동시간이 가장 긴 국가이기도 하다. 앞에서 본 것처럼 우리의 청소년들 역시 학업시간이 길어 여유시간이 부족하다. 그래서 노동시간을 줄이고 저녁에 여유 시간을 갖도록 하겠다는 정치적 수사인 '저녁이 있는 삶'이란 문구가 많은 사람들의 공감을 불러일으켰다. 현대인들에게 여가는 여유시간의 과소와 같이 양적으로 인식되면서 그 시간에 어떤 활동을 할 것인지에 관심을 갖는다. 그래서 여가에 대해 생각할 때 일하지 않고 쉴 수 있는 시간의 양이 얼마나 많은지를 중시하며, 여가 때 평소에 못했던 활동들인 여행, 운동, 쇼핑, 놀이 등을 계획한다. 즉, 오늘날 여가는 평소에 하던 일(업무)을 하는 대신 잘 하지 못했던 활동을 할 수 있는 여유 시간으로 이해된다.

반면 고대 그리스에서 여가(skhole)를 이해한 방식은 매우 달랐다. 여가의 핵심 의미는 '일이 없음'이 아니라 '관조(contemplation)'였다(김승호, 2015; 한병철, 2013; Pieper, 1963). 오늘날 관조의 의미는 "오랫동안 어떤 대상을 사려 깊게 바라보는 행위"(Oxford Dictionary) 혹은 "고요한 마음으로 사물이나 현상을 관찰하거나 비추어 봄"(표준국어대사전)이다. 그런데 그리스 철학에서는 관조를 좀 더 깊게 이해하여 사람이 사물의 본질이나 신적 존재에 대한 지식을 얻는데 가장 중요한 요소라 하였다. 그리고 그리스 철학자들은 관조를 통해 사람이 그 영혼의 한 단계 높은 차원으로 고양된다고 믿었다(Wikipedia). 관조에서 중요한 것은 특정 목적을 성취하기 위한 사람의 긴장과 노력이 아니라 자신을 비우고 깨달음을 수용하려는 자세이다. 그래서 관조를 "아무런 노력이나 긴장 없이 우리 눈에 보이는 사물이 저절로 우리 마음 안에 들어오게 되는 것"으로 이해할 수 있다(김승호, 2015: 17). 그러므로 관조를 핵심의미로 삼는 여가는 적극적으로 무언가를 얻기 위해 노력하는 활동(activity)이 아니다. 그렇다고 아무 일도 하지 않고 그저 가만히 있기만 하는 비활동(non-activity) 역시 아니다. 여가는 수동성, 수용성,

비움을 본질로 하는 동시에 깨달음과 희열의 경험 등을 주요 특징으로 삼는다. 모든 것이 일과 휴식으로 구분되는 활동 중심적인 오늘날의 상황에서 여가는 현대 언어로 명확하게 설명하기가 무척 어렵다. 그래서 고대 그리스에서 사용된 여가의 의미를 설명하기 위해서는 창의적인 표현들이 필요하다. 여가는 "마음을 비울 때 비로소 밀려드는 존재들에 대한 인식"이나 "멈추면 비로소 보이는 것들의 발견"이라고 표현할 수 있다(김승호, 2015: 33-34).

그리스어에는 '매일의 수고스러운 일(勞苦)' 혹은 '일상의 평범한 일(勞動)'과 같은 개념을 표현하는 단어가 없다. 대신 이를 '여가 없음'을 나타내는, skole의 부정형 'a-scolia'로 표현했다. 그만큼 당시 사회에서는 현대와 달리 일 혹 활동이 삶의 중심이 아니라 여가 즉, 관조 혹은 사색이 삶의 중심이었음을 보여준다. 그래서 그리스 사람들은 '우리는 여가를 갖기 위해서 혹은 평온한 관조적 삶을 위해서 일을 한다(We are unleisurely in order to have leisure).'라는 말을 사용했다.

이처럼 여가가 삶의 중심이었고, 관조는 여가의 핵심의미이기 때문에 여가와 관조의 의미를 보다 정확하게 이해하는 것은 중요하다. 여가와 관조의 의미를 이해하는데 중세시대 지식습득의 두 가지 과정으로 알려진 라티오(ratio)와 인텔렉투스(intellectus)에 대해 살펴보는 것이 도움이 된다. 라티오는 추론적, 논리적 사고를 통한 인식방법인데 비해 인텔렉투스는 관조 혹은 직관이라는 인식방법이다. 전통적으로 사람들은 지식탐구가 라티오를 통해 이루어진다고 생각해왔다. 즉, 지식 탐구를 위해서는 비교하고 분석하며 종합하고 유추하는 적극적인 사고 과정을 거쳐야 한다고 믿은 것이다. 그러므로 지식이란 사람들이 수고롭게 노력한 사고활동의 결과물로 보았다. 그러나 토마스 아퀴나스(Thomas Aquinas)를 비롯한 중세시대 학자들에 따르면 지식이란 사람들의 수고와 노력으로 획득되기도 하지만 그에 못지않게 중요한 것이 신의 은총으로 주어지는 것으로 보았다. 물론 여기서 사람들의 수고를 통한 지식습득은 라티오를 통한 것이고, 신의 은총을 통한 지식습득은 인텔렉투스를 통한 것이다. 라티오가 지식추구에서 사람들의 능동적 요소를 강조하는 반면 인텔렉투스는 지식추구에서 수용적 요소 혹은 비움(passivity)을 중시한다(김승호, 2015: 18-19).

이렇게 보면 인텔렉투스는 고대 그리스의 여가나 관조의 의미와 매우 유사함을 알 수 있다. 인텔렉투스와 관조는 모두 적극성이나 능동성보다 수용성, 비움, 주어지는 깨달음을 중심 요소로 삼는다. 고대 그리스 시대나 중세시대에 이들을 핵심으로 하는 여가 혹은 쉼이란 그저 아무 것도 하지 않고 가만히 있는 상태가 아니라 분주한 활동을 중단하고 자신을 비움으로 불현듯 찾아올 수 있는 깨달음 혹은 지식을 맞이하는 것이다. 그래서 분주한 일을 통해서 얻지 못하는 어떤 차원의 지식을 오히려 쉼을 통해서 얻기도 한다. 그런 면에서 쉼이란 비움과 채워짐의 과정이라 할 수 있다. 오늘날 중세시대 지식습득의 두 가지 방식을 받아들인다면 지식탐구를 위해 우리에게 필요한 것은 적극적이고 합리적인 사고활동과 더불어 자신을 비우고 주어지는 은총으로서의 지식을 겸허하게 수용하는 태도임을 인정할 것이다.

## 2. Pieper의 쉼에 대한 교육적 의미

　여가 혹은 쉼의 교육적 의미를 탐구한 이들은 하나같이 독일의 철학자인 조셉 피이퍼를 인용한다(김승호, 2015; 김인, 2016; 조영태, 2017). 피이퍼는 여가를 고대 그리스에서 이해한 방식과 유사하게 해석하면서 그 의미를 깊이 있게 논의하였다. 그는 여가를 주말이나 휴가 그리고 여유시간 같은 외적 요인들의 결과물로 보지 않는다. 대신 여가를 정신의 태도와 영혼의 조건으로 본다(Pieper, 1952; 46). 그래서 만일 한 사람이 자기 자신의 존재와 불화하고 내면의 소리에 따르지 못할 때 그에게 여가는 불가능하다고 본다. 여가의 의미를 보다 명확하게 제시하기 위해 피이퍼는 여가와 대립되는 개념으로써 세 가지 측면을 지닌 일을 제시한다. 그래서 그는 그러한 특성을 가진 일의 의미를 분석하여 여가의 의미와 어떤 차이가 있는지를 밝힌다. 제시되는 일의 세 가지 측면은 '활동으로써의 일,' '고통으로써의 일,' '사회적 기능으로써의 일'이다.

　첫째, 일은 분주한 활동으로 이루어지지만 쉼은 내적인 평정과 침묵이 기반이 되는 비활동적 태도이다. 여가에서 핵심이 되는 침묵은 사물의 본질을 이해하는 전제조건이 된다. 침묵은 실재에 대한 질문에 답을 할 수 있는 영혼의 능력을 함양하게 해준다. 여가는 활동이 아니기 때문에 어떤 특정한 시점이나 때와 관계가 없다. 여가는 수용적이고 관조적인 마음의 태도에 가깝다. 수용과 관조적 마음의 태도는 자신을 이 세계에 열중하게 하는 능력이 되기도 한다. 그리고 수용과 관조적 태도에는 어떤 평온함이 존재한다. 그 평온함은 우리가 이 우주를 온전히 이해할 수 없다는 우주의 신비로움에 대한 인정으로부터 나온다. 이처럼 쉼은 우리를 침묵, 관조, 평온, 겸손 등으로 안내한다.

피이퍼는 여가란 무언가를 얻기 위해서 두 손을 꽉 잡는 대신 자신을 느슨하고 편하게 두는 마음의 태도와 유사하다고 한다. 마치 편하게 잠을 청하는 사람의 마음과 같다고 한다. 성서를 보면 사람이 잠을 자는 동안 하나님이 선물과 축복을 자고 있는 이에게 주시는 경우가 있다. 또한 하나님의 초월적인 직관이 쉼 가운데 있는 사람에게 갑자기 찾아오기도 한다. 이처럼 세계에 대한 깨달음이 사람의 영혼이 침묵하면서 수용적이 될 때 찾아오는 경우가 있다는 것이다(Pieper, 1952; 46). 그러므로 세계에 대한 중요한 깨달음이나 초월적인 영감과 직관은 우리가 열심히 공부를 해서 획득하기 보다는 수용과 관조와 침묵이 있는 쉼 가운데 우리를 찾아온다는 사실을 기억해야 함을 강조한다.

둘째, 일은 그 자체로는 힘들고 고통스러운 것이라 생각하는 반면 쉼은 축하/경축(celebration)을 그 중심에 둔다. 축하가 여가의 중심에 올 수 있는 것은 여가의 본질인 관조 때문이다. 여가 가운데 자신의 삶과 주위를 관조하게 되고 그럴 때 종종 감사와 축하의 마음이 생기게 된다. 그런 면에서 여가는 비활동(non-activity)이나 잠잠함 혹은 내적 평정과 동일하지는 않다. 피이퍼는 여가를 서로 사랑하는 사람들의 고요한 침묵과 같다고 하였다. 그 침묵 속에는 열정이 있다. 그 열정은 노력에 의해서가 아니라 자연스럽게 기쁨과 축하로 표출된다. 기쁨과 축하가 응축되었다가 폭발적으로 표출되는 것이 축제이다. 그러므로 피이퍼는 축제가 여가의 기원이라 하였다. 그는 현대사회에서도 축제는 여가의 중요한 부분을 차지한다고 본다(Pieper, 1952; 49). 그런데 축하는 기본적으로 이 세상에 대한 긍정과 확신을 전제로 하는 것이라 했다(Pieper, 1952; 65-66). 세상에 대한 확신을 표현하는 중요한 한 방법이 세상을 창조한 신에 대한 경배와 찬양이다. 그러므로 역사 이래로 축하가 집약되어 표출되는 축제에서는 신에 대한 경배가 빠지지 않았다. 여가는 축하와 축제 그리고 신에 대한 예배와 긴밀한 관계를 이루고 있는 셈이다.

피이퍼는 여가에 대한 그의 관점을 설명하면서 그 근거로 성경본문을 종종 제시한다. 예를 들면, 창세기는 쉼이 축하와 어떻게 관계하는지를 잘 보여준다고 한다. 하나님은 우주 창조를 마치신 뒤 쉼을 가졌다. 그 쉼 가운데 그는 창조된 세계를 보면서 "매우 좋다"라고 탄성을 발하셨다. 즉, 하나님에게도 쉼과 축하는 함께 경험되는 불가분의 것임을 보여준다. 아담과 하와 역시 마찬가지이다. 그들은 창조된 후 첫날 쉼을 누렸다. 안식 가운데 그들은 창조된 세계를 보며 감격스러운 마음으로 축하를 하였을 것이다. 창세기는 아담이 자신과 함께 있도록 창조된 하와를 보고 탄성을 울리며 축하하는 장면을 보여준다. 아담은 시를 지어 하와의 창조를 축하하고 그녀에게 사랑을 고백하고 창조주 되신 하나님께 감사의 찬송을 올려드렸다. 이러한 전 과정은 쉼이 어떻게 관조를 통해 축하와 연결되며 나아가 축제로 이어지는 지를 잘 보여준다. 고역스럽게 여기는 일과 달리 쉼은 애씀 없이 빈 마음에 기쁨과 축하가 찾아오는 것을 수용하는 것이기에 우리 모두에게 반드시 필요하다는 것을 다시 확인하게 된다.

셋째, 일은 사회적 기능을 위해 존재하지만 쉼은 그 자체를 누릴 때 사람이 자신의 존재 자체에 가까이 다가가게 된다. 현대사회에서는 모든 일들은 물론이거니와 휴식시간(휴가를 포함하여)까지도 사회적 기능을 위해 존재한다. 휴식시간은 다음 단계의 일을 잘하기 위한 준비로써 기능을 갖는다. 그래서 일의 세계에 있는 사람들에게 휴식시간은 일로부터 벗어나서 쉬게 하는 동시에 다음 일을 위해 힘을 비축하는 시간이기도 하다. 일의 세계에서는 휴식시간 조차도 실용적 기능을 중시한다는 점에서 쉼은 일과 동일한 차원에 있다고 할 수 있다.

반면 진정한 의미의 쉼은, 피이퍼에 따르면, 무언가를 얻기 위해 존재하는 것이 아니다. 쉼은 무엇을 위한 수단이 아니라 그 자체를 누려야 하는 무엇이다. 그러나 쉼을 충분히 누린 사람은 결과적으로 육체적, 정신적, 영적으로 힘을 공급받게 된다. 그러나 이러한 결과는 쉼이 가져오는 자연스러운 현상이지 쉼의 본질은 아니다. 오늘날과 같은 일 중심의 세계에서는 사람들을 과업 수행의 기능 유무로써 평가하는 경향이 있다. 그러나 쉼은 인간이 기능적 존재 이상이며 육체와 영혼이 유기적으로 결합된 총체적(wholistic) 존재임을 깨닫게 해준다. 한 사람이 어

띤 기능을 수행하기 위해서는 배우고 훈련하는 일이 필요한 것이 사실이다. 그러나 참다운 의미에서의 쉼 없이 이러한 일만 계속 한다면 그 사람은 일하는 기능은 숙련되겠지만 영혼을 가진 인간으로서 총체적 존재로서 인간다움을 갖추는 데는 어려움을 겪을 것이다. 쉼을 통하여 인간은 지금까지 알지 못했던 자기 내면의 소리를 듣게 되고, 자연과 역사 뒤에 존재하는 초월적 존재에 대한 각성을 얻기도 한다. 이처럼 중요한 쉼에 대한 경험은 늘 하던 일을 중단하고 있을 때 일어나기도 하지만 일을 하는 중이라도 충분히 일어날 수 있다. 피이퍼는 일과 여가의 관계를 "여가는 일과 직교한다.(Leisure runs at right angles to work)"라고 표현했다(Pieper, 1952: 49). 여가와 일은 서로 차원을 달리한다. 여가를 현대적 의미로 본다면 일과 대립된다. 그러나 여가를 새로운 의미인 '마음의 태도'나 '영혼의 조건'으로 본다면 여가는 일과 만나게 된다. 즉, 일을 하면서도 그 일에 마음을 집중하고 관조적 태도를 갖는다면 일 가운데 쉼을 누리게 될 것이다. 그러므로 학생들에게 생활의 많은 부분을 차지하는 공부시간에도 흥미로 집중하고 관조와 성찰을 가르쳐 쉼을 경험하도록 하는 것이 중요하다.

  쉼은 수단이 아니라 그 자체로 경험되어야 할 삶의 중요한 본질이라고 하였다. 그러므로 쉼을 충분히 향유할 때 인간은 비로소 기능적 존재로서의 자아를 넘어서 총체적 존재로서 인간다움을 갖출 수 있게 된다. 이는 곧 교육이 지향하는 이상과 흡사하다. 쉼은 교육하는 활동을 중단함으로써 오히려 교육이 추구하는 이상에 다가갈 수 있음을 말해준다. 오늘날 사람들은 한 시간이라도 더 공부하는 것이 좋은 결과를 낳을 것이란 막연한 기대 속에서 휴식시간을 없애는 어리석음을 범해왔다. 그 결과 청소년들은 인지적 영역에서 약간의 성취를 얻는 대신 총체적 존재로서 인간다움을 갖추는데 많은 결핍을 경험하게 되었다. 그러므로 지금부터라도 쉼이 갖는 중요한 교육적 의미를 인식하고 학생들에게 양적으로나 질적으로 쉼의 의미를 제대로 이해하고 누리도록 가르쳐야 할 것이다.

## Ⅳ. 청소년들의 쉼 향유 실태

앞에서 쉼의 교육적 의미를 살펴보았는데 여기서는 앞에서 논의된 교육적 의미를 지닌 쉼이 청소년들에 의해 어떻게 경험되는지를 고찰하고자 한다. 이를 위해 우리나라에서는 예외적으로 쉼을 핵심가치로 삼고 있는 세 기관에 참여하는 청소년들의 쉼의 경험을 살펴볼 것이다. 그 결과 그 경험이 긍정적이고 교육적으로 의미가 있는 것으로 나온다면 그들이 참여하고 있는 학교나 모임은 정당성을 확보할 수 있을 것이다. 더구나 그들의 쉼의 경험이 앞에서 논의한대로 현재의 공부를 통해서 얻기 어려운 인간의 본질적 깨달음을 내포한다면 그들의 학교나 모임의 형태는 쉼의 제도화를 위한 근거가 될 수 있을 것이다. 실태 조사를 위해 서울시교육청이 민간단체들의 협조를 받아 설립·운영하는 '오디세이학교'와 민간단체에서 설립 운영하는 '꿈틀리 인생학교'와 여러 가정이 모여 느슨한 공동체를 구성하여 운영하는 '꽃다운 친구들'에 참여한 청소년들을 조사대상으로 삼았다. 이 세 교육기관들은 현재 우리나라에서 쉼과 자기발견을 교육목표로 두고 1년 과정으로 운영되는 '청소년 인생학교'로 알려진 대표적인 기관들이다. 먼저 이들 학교와 모임의 설립취지와 교육활동을 살펴본 뒤 여기에 참여하는 청소년들의 쉼 경험을 분석하고자 한다.

### 1. 청소년 인생학교의 설립취지와 교육활동

오디세이학교는 "고등학교 1학년 학생들에게 성찰과 체험 등 창의적이고 자율적인 교육과정을 통해 스스로 삶의 의미와 방향을 찾고 삶과 배움을 일치시키는 1년의 전환학년(Transition Year)과정을 운영하는 학교"라고 스스로를 소개한다 (https://odyssey.hs.kr/about/objective). 오디세이학교는 2015년 서울시교육청에서 설립하여 민간교육기관들과 협력하여 매년 40~90명의 청소년들을 교육하고 있다. 서울시교육청 위탁교육기관으로 있다가 2018년에 각종학교로 인가를 받았다. 학교의 교육목표를 '삶의 의미와 방향 찾기'와 '자기 삶의 주체로 성장'으로 삼고 있다. 학교의 핵심가치로는 '여유와 성찰, 자율성과 시민성, 지혜와 용기'

등 세 가지를 가지고 있다. 교육과정은 역량중심교육을 실시하여 진로역량(진로탐색), 관계역량(시민성함양), 생활역량(프로젝트활동)을 함양하도록 구성되어 있다. 교육과정은 공통과정과 선택과정으로 구성되는데 영어, 수학, 한국사 외에 '말과 글', '프로젝트', '자치회의', '여행', '기획 및 프로젝트 활동', '멘토와의 만남' 등이 공통과정이며, '프로젝트', '문화예술', '공방작업', '문학/철학', '시민참여/국제협력', '인턴십'이 선택과정에 해당된다. 매일 10시부터 5~6시까지 수업이 진행되지만 전통적인 학교처럼 교사 중심의 수업이 아니고 아이들 스스로 생각하고 토론을 통해 문제를 해결하는 방식으로 진행된다. 1명의 길잡이 교사가 10명의 학생들을 맡아 학생들의 배움과 성장을 주목하여 관찰하고 배움이 삶에 내면화 되도록 도와주는 역할을 한다.

꿈틀리 인생학교는 중학교를 졸업하고 고등학교에 진학을 유보한 학생들을 대상으로 하는 1년 과정의 기숙학교로 덴마크의 애프터 스콜레를 우리나라 실정에 맞게 변용한 학교이다. 이 학교는 2016년 꿈틀리 법인이라는 민간재단이 강화도에 설립 운영하고 있다. 꿈틀리 인생학교는 입시경쟁 가운데 앞만 보고 쉼 없이 달려가는 청소년들에게 1년간 "옆을 볼 자유를 줌으로써, 스스로 행복한 인생을 설계하고, 나아가 장차 행복한 사회를 만드는 일꾼"으로 성장하도록 돕는 것을 학교의 교육목적으로 삼고 있다(http://ggumtle.com/). 특히 '옆을 볼 자유'는 꿈틀리 인생학교가 가장 중요한 설립정신으로 소개하는 것으로 이는 "충분한 시간적 여유를 가지고, 다양한 선택지 속에서, 남의 눈치를 보지 않고 나는 누구인지, 나는 무엇을 좋아하는지" 등을 탐색할 수 있는 자유를 말한다. 이러한 교육목표를 위해 다채로운 교육과정을 가지고 있다. 교육과정에는 자신을 탐구하는 '글쓰기와 고전읽기', 우리의 뿌리와 방향을 탐구하는 '역사', 철학적 사고를 함양하는 '철학', 민주시민으로 성장하기 위한 '시민교육', 과학적 사고를 함양하는 '과학', 한 주제를 지속적으로 탐구하는 '프로젝트 수업', 공동체 생활을 연습하는 '캠프활동', 지역사회와 전세계를 캠퍼스로 삼는 '이동학교' 등이 있다. 이외에 꿈틀리 인생학교는 농사짓기와 여행을 교육활동의 핵심으로 삼고 있다. 학생들로 하여금 실제 농사를 짓게 함으로 자신이 먹는 밥이 어디에서 온 것인지 알고 더불어 함께하는 노동의 소중함과 환경의 소중함을 알게 하려는 목적을 갖는다.

꽃다운 친구들은 "나만의 속도와 방향을 찾기 위해 1년간의 방학을 누리는 청소년들의 모임"이라고 스스로를 설명한다(http://www.kochin.kr/59?category =125838). 중학교를 졸업한 청소년들이 일주일에 이틀 모임을 갖고 함께 다양한 활동을 하면서 지낸다. 이 모임에서 새로운 구성원을 모집할 때는 '관심가족 설명회'란 이름으로 설명회를 갖는다. 2018년 있었던 4기 모집 설명회에서는 "자신만의 걸음으로 걷고 싶은 청소년들의 1년짜리 방학"을 모토로 내걸었다. 그리고 "한 해 동안 용기 있게 멈춰 서서 의연하게 시대를 거슬러가며 어우러져 저마다의 향기로 꽃피고 싶은 관심가족"을 꽃다운 친구들의 새 식구로 맞이하고 싶다는 바람을 홍보하였다(http://www.kochin.kr/164?category=125838). 꽃다운 친구들의 목적과 성격은 위에 제시한 것처럼 소개 홍보물에 명료하게 나와 있지만 설립 취지는 이 모임을 설립한 이수진 대표의 글 '방학이 무려 일년이라니!'에 잘 나타난다. 그녀는 우리가 자녀를 양육하는데 있어 속도보다 중요한 것이 삶의 방향이고, 방향보다 중요한 것이 자녀 스스로가 방향을 찾아갈 수 있는 용기를 갖는 것이라고 말한다. 그러기 위해서는 부모에게도 세상의 속도를 거스르는 용기가 필요하고 자녀들에게 자유를 허락할 용기가 요구된다고 한다. 아이들에게 삶의 여백은 선택이 아니라 권리임을 강조하면서 일 중심의 현대사회에서 우리가 분명하게 깨달아야 할 것이 안식의 능력을 신뢰하는 것이라 한다.

이처럼 쉼의 능력을 맛보도록 자유를 주는 꽃다운 친구들은 모임을 매주 월요일과 목요일 10시부터 4시까지만 갖는다. 모임에서 하는 활동들은 '자기탐구', '봉사활동', '여행유희'. '관계형성' 등 네 가지 주제의 범주 하에서 이루어진다. 자기탐구와 관련해서는 함께 글 읽고 쓰기, 성격검사, 사진/영상 발표, 가족의 의미 조사하기, 각자가 무언가를 기획하고 실행하고 발표하는 '14일 프로젝트', '나 알기 워크숍' 등을 한다. 봉사활동과 관련해서는 일회성이 아닌 지속적인 관계를 가지면서 우정을 쌓고 도움을 주는 활동들을 한다. 여행유희와 관련해서는 1학기에 동대문시장, 양재꽃시장, 양화진, 난지수변공원, 선유도, 국립중앙도서관 등 가까운 곳에서 특별한 즐거움과 배움을 얻는 나들이를 하며 2학기에는 해외여행에 대한 조사, 토론, 계획을 세우고 그 계획에 따라 여행을 하는 경험을 한다. 관계형성은 청소년들이 맺을 수 있는 사회적 관계망의 영역을 넓히는 경험을 하게 하는 동시에 사회가 개인들의 유기적 관계망으로 이루어져 있음을 알게 하는 목적을 갖는다. 이와 관련해서는 다양한 전문가들과 현장 활동가들을 초청하여 대화를 나누는 휴먼라이브러리 프로그램이 있다.

앞에서 간략하게 제시한 세 기관들은 유사한 목적과 성격을 갖고 있다. 그들은 상호관계를 갖고 협력을 하기도 한다. 이들을 함께 일컬어 '청소년 인생학교'라 한다. 이들은 스스로 청소년 인생학교를 "중학교를 졸업한 청소년들이 1년 동안 학교를 쉬면서 자기 자신을 밀도 있게 탐색해보는 한국형 인생설계학교"라고 정의 내린다(http://www.kochin.kr/119?category=125838). 그런데 이 가운데 오디세이학교와 꿈틀리 인생학교는 유사성이 매우 큰 반면 꽃다운 친구들은 이들과 어느 정도의 차별성을 가진다. 이들이 추구하는 교육목표와 관련해서는 오디세이학교와 꿈틀리 인생학교는 학생들에게 자기적성과 진로의 발견에 도달하는 것을 목표로 삼고 이를 위해 여유와 자유로움 가운데 다양한 프로그램을 제공한다. 반면 꽃다운 친구들은 학생들에게 쉼을 주는 것 자체를 목표로 삼는다. 쉼을 통해 성취되는 자기발견은 결과적으로 주어지는 것이라 본다. 이러한 목표의식의 차이는 교육과정 운영에서도 차이를 가져온다. 앞의 두 학교에서는 다양한 프로그램들을 매일 실시한다. 학교에서 학업시간은 일반 학교에 비해 짧고, 교과내용이나 교수방법도 학생 중심으로 운영하지만 학생들은 매일 학교에 가야한다. 반면 꽃다운 친구들은 함께 모이는 날이 이틀이기에 이외에는 각자가 자신이 원하는 방식으로 시간을 보낸다. 그 모임이 표방하는 대로 쉼이 그들의 삶의 중심에 자리를 잡고 있다.

## 2. 청소년들의 쉼에 대한 경험

청소년들의 쉼에 대한 경험을 조사하기 위해서 오디세이학교, 꿈틀리 인생학교, 꽃다운 친구들 등 세 곳의 재학생과 졸업생들을 대상으로 2018년 8월 8일부터 9월 7일까지 설문조사를 실시하였다[2]. 조사에 응답한 오디세이학교 재학생 28명, 꿈틀리 인생학교 재학생과 졸업생 47명, 꽃다운 친구들 재학생과 졸업생 25명의 조사결과를 분석하여 다음과 같이 세 범주로 나누어 살펴보고자 한다. 첫

째는 그들이 갖는 공부시간과 여가 시간에 관한 것이다. 여기서는 인생학교의 청
소년들이 일반학교 학생들과 달리 충분한 쉼을 누리는지를 살펴볼 것이다. 둘째
는 그들이 여가/쉼의 의미를 어떻게 이해하고 있으며 실제 여가 시간에 무엇을
하는지에 관한 것이다. 인생학교 청소년들의 쉼에 대한 이해를 앞장에서 논한 쉼
의 교육적 의미에 비추어 살펴보고자 한다. 셋째는 그들이 쉼을 통해 무엇을 경
험하는가에 관한 것이다. 많은 사람들이 우려하듯이 쉼이 그저 소비적인 것으로
경험되는지 아니면 삶의 중요한 지혜를 배우는 교육적 의미가 있는 것인지가 논
의될 것이다. 이 부분은 본 논문의 핵심 주장이 되는 쉼을 위한 제도화의 필요성
의 주요근거가 될 것이다. 그래서 교육적 의미를 갖는 쉼 경험에 대한 고찰은 쉼
을 충분히 그리고 의미 있게 경험한 이들을 대상으로 하는 것이 타당할 것으로 보
인다. 그래서 세 기관 가운데 특히 쉼을 강조하는 꽃다운 친구들만을 조사의 대
상으로 삼았다.

### 1) 공부시간과 여가 시간

여기서는 인생학교 학생들이 갖는 하루 평균 공부시간과 여가 시간을 살펴보
았다. 그들이 갖는 공부와 여가 시간의 특성을 이해하기 위하여 우리나라 일반 중
고등학교 학생들에 대한 한국청소년정책연구원의 보고서 통계와 비교하였다(김
영지 외, 2016).

먼저 하루 중 학교정규수업 외 공부시간을 보면 인생학교 학생들의 공부시간
이 확연히 적음을 알 수 있다. 일반 고등학교 학생들은 절반 이상(52.7%)이 매일
3시간 이상 공부를 하는 반면 인생학교 학생들은 21%만이 3시간 이상 공부를 하
는 것으로 나타났다. 하루 1시간도 채 공부하지 않는 학생들은 일반 고등학교의
경우는 18.1%인데, 인생학교는 47%나 된다. 학교 정규수업시간의 차이를 고려
하면 그 격차는 더욱 늘어난다고 할 수 있다. 세 곳의 인생학교 가운데 꽃다운 친
구들 학생들의 공부시간이 다른 인생학교 학생들에 비해 조금 긴 것은 꽃다운친

2) 오디세이학교는 다른 두 기관에 비해 재학생 수가 많고 졸업생에 대한 연락이 쉽지 않아 조사대상을 재학생
으로만 제한하였다.

구들 모임에서는 두 학교와 달리 기본교과에 대한 학습 시간이 없어 그 필요성이 더할 수 있고, 또한 집에서 보내는 시간이 길어 학습에 배당할 수 있는 시간적 여유가 많은 것이 이유일 수 있다. 학습 시간에 대한 구체적 내용은 〈표1〉과 같다.

〈표 3-1〉 학교정규 수업 외 하루 평균 학습 시간〉

| 구분 | | 1시간 미만 | 1~2 시간 | 2~3 시간 | 3~4 시간 | 4~5 시간 | 5시간 이상 | 전체(N) |
|---|---|---|---|---|---|---|---|---|
| 인생 학교 | 오디세이 | 70.5% | 14.3% | 7.1% | 3.6% | 3.6% | .0% | 100%(28) |
| | 꿈틀리 | 40.4% | 21.3% | 14.9% | 6.4% | 6.4% | 10.6% | 100%(47) |
| | 꽃친 | 32.0% | 16.0% | 20.0% | 12.0% | 8.0% | 12.0% | 100%(25) |
| | 전체 | 47.0% | 18.0% | 14.0% | 7.0% | 6.0% | 8.0% | 100%(100) |
| 일반 학교 | 중학교 | 15.8% | 15.7% | 21.1% | 21.7% | 13.2% | 12.5% | 100% (3731) |
| | 고등학교 | 18.1% | 13.2% | 16.0% | 17.9% | 14.7% | 20.1% | 100% (4218) |

　청소년들이 갖는 하루 여가 시간에서도 인생학교 학생들과 일반학교 학생들 사이에는 큰 차이가 있다. 인생학교 학생들의 43%가 하루 4시간 이상을 여가 시간으로 보내고 있다. 반면 일반 고등학교에서는 10%도 안 되는 학생들만(9.4%) 4시간 이상의 여가를 가지며 여유로운 시간을 보내고 있는 셈이다. 하루 1시간 미만의 여가 시간을 가지며 바쁘게 생활하는 청소년들은 인생학교에는 4%정도로 거의 없다고 할 수 있다. 반면 일반 고등학교에는 34.6%가 된다. 2시간 미만은 67.7%나 되어 우리나라 고등학생들의 2/3는 숨을 돌릴 수 있는 쉬는 시간이 하루에 2시간도 되지 못하고 공부에 매여 있다는 것을 알 수 있다. 인생학교 학생들 중에서는 오디세이학교 학생들이 가장 긴 여가 시간을 보내는 것으로 나타났다. 하루 3시간 이상의 여가 시간을 보내는 비율이 꽃다운 친구들이 40%이고 꿈틀리 인생학교가 52.7%인데 비해 오디세이학교는 80.1%나 된다. 이는 오디세이학교 학생들은 매일 통학을 하기 때문에 방과 후에는 각자 여가 시간을 가질 수 있을 것이다. 꽃다운 친구들 학생들의 여가 시간이 상대적으로 적은 것은 대부분의 시간을 자율적으로 계획해서 실천하기 때문에 여가 시간을 너무 많이 배정하

지 않은 것으로 추정된다.

<표 3-2> 하루 평균 여가 시간

| 구분 | | 1시간 미만 | 1~2 시간 | 2~3 시간 | 3~4 시간 | 4~5 시간 | 5시간 이상 | 전체(N) |
|---|---|---|---|---|---|---|---|---|
| 인생 학교 | 오디세이 | .0% | 7.1% | 10.7% | 21.4% | 26.6% | 32.1% | 100%(28) |
| | 꿈틀리 | 4.2% | 14.9% | 23.4% | 19.1% | 14.9% | 23.4% | 100%(47) |
| | 꽃친 | 8.0% | 20.0% | 32.0% | 8.0% | 16.0% | 16.0% | 100%(25) |
| | 전체 | 4.0% | 14.0% | 22.0% | 17.0% | 19.0% | 24.0% | 100%(100) |
| 일반 학교 | 중학교 | 16.1% | 31.5% | 21.7% | 13.2% | 6.6% | 10.8% | 100% (3736) |
| | 고등학교 | 34.6% | 33.1% | 14.7% | 8.2% | 3.6% | 5.8% | 100% (4219) |

## 2) 여가/쉼의 의미에 대한 이해

여기서는 인생학교 학생들이 갖고 있는 여가에 대한 생각과 실제 하고 있는 여가활동이 무엇인지에 대해 살펴보고자 한다. 먼저 여가 시간에 가장 먼저 무엇을 하는지 질문에 대해 '오락활동(게임, 스마트폰, 컴퓨터 등)'이 41.4%로 가장 높았고, 다음 '취미활동(독서, 음악듣기 등)' 22.2%, '휴식활동(잠, 멍 때리기 등)' 15.2% 등의 순이었다. 여기서 여가 시간에 조용히 쉼을 누리는 학생들은 휴식활동을 하는 학생과 독서와 음악듣기 등을 하는 취미활동 학생과 문화예술활동을 하는 학생을 더하면 최소한 41.1%가 된다[3]. 즉, 인생학교 학생들 가운데 절반 정도가 자아성찰로 나아가기 쉬운 쉼을 향유하고 있음을 알 수 있다. 세 기관 가운데는 꽃다운 친구들의 학생들이 휴식활동을 상대적으로 많이(20.0%) 하고 있음을 알 수 있다.

---

3) 이와 달리 계산하면 활동들 가운데 오락활동과 스포츠활동을 제외한 활동을 하는 학생들(63.6%) 모두 조용한 쉼을 누리고 있다고 볼 수 있다.

〈표 3-3〉 여가 시간에 먼저 하는 활동

| 구분 | 휴식 활동 | 취미 활동 | 오락 활동 | 스포츠 활동 | 문화예술 활동 | 대인관계 활동 | 자기계발 활동 | 전체 |
|------|------|------|------|------|------|------|------|------|
| 오디세이 | 7.4% | 14.8% | 51.9% | .0% | 7.4% | 11.1% | 7.4% | 100% (27) |
| 꿈틀리 | 17.0% | 25.5% | 34.0% | 8.5% | 2.1% | 8.5% | 4.3% | 100% (47) |
| 꽃친 | 20.0% | 24.0% | 44.0% | .0% | 4.0% | 4.0% | 4.0% | 100% (25) |
| 전체 | 15.2% | 22.2% | 41.4% | 4.0% | 4.0% | 8.1% | 5.1% | 100% (99) |

다음으로 여가 시간의 의미에 대한 인생학교 학생들의 생각을 살펴보았다. 그들은 여가 시간이란 '공부로부터 벗어나서'(10.3%), '피곤한 몸과 마음을 회복하고'(15.5%), '공부 때문에 그동안 하지 못했던 놀이를 하는'(45.4%) 시간으로 보고 있다. 앞에서 논한 쉼/여가의 교육적 의미를 고려해볼 때 그 본질적 의미와 가깝게 생각하는 학생들은 여가 시간을 '공부로부터 벗어남', '내면성찰', '잠 보충', '몸과 마음의 회복', '공부 강요에 저항', '멈추면 보이는' 등으로 보고 있다. 이들은 전체 학생의 절반 정도(49.4%)에 해당된다. 이 세 기관 가운데 꽃다운 친구들은 다른 학교들에 비해 상대적으로 많은 학생(64%)들이 여가 시간의 의미를 쉼의 차원에서 보고 있다. 그리고 적은 학생들이긴 하지만 8.0%의 학생들이 여가를 '멈추면 비로소 보이는' 시간이라는 쉼의 본질적 의미를 제대로 갖고 있다고 할 수 있다. 세 기관 학생들이 갖는 여가 시간의 의미에 대한 자세한 내용은 〈표4〉와 같다.

〈표 3-4〉 여가 시간의 의미

| 구분 | 공부로부터 벗어남 | 하고 싶은 놀이 | 공부의 충전 시간 | 내면 성찰 | 부족한 잠 보충 | 피곤한 몸, 마음 회복 | 공부 강요 저항 | 멈추면 비로소 보이는 | 전체 |
|------|------|------|------|------|------|------|------|------|------|
| 오디세이 | 7.1% | 39.3% | 10.7% | 14.3% | 3.6% | 21.4% | 3.6% | .0% | 100% (28) |
| 꿈틀리 | 9.1% | 56.0% | 2.3% | 9.1% | 6.8% | 9.1% | 4.5% | 2.3% | 100% (44) |
| 꽃친 | 16.0% | 32.0% | 4.0% | 4.0% | 16.0% | 20.0% | .0% | 8.0% | 100% (25) |
| 전체 | 10.3% | 45.4% | 5.2% | 9.3% | 8.2% | 15.5% | 3.1% | 3.1% | 100% (97) |

마지막으로 쉼과 공부의 관계에 대한 질문과 관련해서는 절반 정도의 학생들이 (53.0%) 공부와 여가를 별개의 것으로 보고 공부가 즐거워도 여가 시간은 꼭 필요하다고 보고 있다. 그러나 22%의 학생들은 공부가 의미 있고 즐거우면 굳이 별도의 여가 시간이 없어도 된다고 응답하였다. 이들은 앞장에서 논의한 것처럼 쉼이란 반드시 일을 하지 않는 상태에서만 있을 수 있는 것이 아님을 알고 있는 셈이다. 소수이긴 하지만 이들 일부의 학생들은 일에 몰입이 된다면 일과 쉼은 공존할 수 있음을 알고 쉼을 누릴 수 있는 일을 찾고자 할 것이다.

〈표 3-5〉 공부가 즐거우면 별도의 여가 시간은 불필요하다고 생각

| 구분 | 전혀 아니다 | 아니다 | 보통이다 | 그렇다 | 매우 그렇다 | 전체 |
|---|---|---|---|---|---|---|
| 오디세이 | 25.0% | 28.6% | 17.9% | 25.0% | 3.6% | 100%(28) |
| 꿈틀리 | 21.3% | 34.0% | 25.5% | 17.0% | 2.1% | 100%(47) |
| 꽃친 | 20.0% | 28.0% | 32.0% | 20.0% | 0.0% | 100%(25) |
| 전체 | 22.0% | 31.0% | 25.0% | 20.0% | 2.0% | 100%(100) |

## 3) 쉼 경험의 교육적 의미

여기서는 꽃다운 친구들에 초점을 맞추어 그곳 학생들이 경험하는 쉼의 의미에 대하여 살펴보고자 한다. 과연 그들은 배움과 성장으로 이어지는, 교육적 의미가 있는 쉼을 경험하고 있는가를 주의 깊게 살펴보아야 한다. 먼저, 꽃다운 친구들이 명시적으로 표방하는 바와 같이 실제 활동이나 교사들의 언행에서 쉼을 강조하고 있는지, 그리고 그 쉼의 성격이 어떠한지를 확인할 필요가 있다. 이와 관련된 질문에 대해 학생들은 꽃다운 친구들이 가장 강조하는 것은 '학교생활과 공부에서 벗어나 스트레스 없이 쉼을 누리는 것'(1순위 39.3%)과 '내가 어떤 사람인지 이해하는 것'(1순위 28.6%)이라 답했다. 이러한 응답은 꽃다운 친구들이 본질적 의미를 지닌 쉼과 그로 인한 교육적 결과를 강조한다는 사실을 보여준다. 즉, 전체 학생들 가운데 67.9%의 학생들이 꽃다운 친구들은 말로만 아니라 실제 진정한 쉼을 누리도록 다양한 방식으로 노력하고 있다고 응답한 것이다. 〈표 6〉에 응

답의 구체적인 내용이 나타난다.

〈표 3-6〉 꽃다운 친구들이 실제 가장 강조하는 것

| | 1순위 | | 2순위 | | 3순위 | | 합계 | |
|---|---|---|---|---|---|---|---|---|
| | 빈도 | % | 빈도 | % | 빈도 | % | 점수 | 순위 |
| ① 내가 어떤 사람인지 이해하는 것 | 8 | 28.6 | 6 | 21.4 | 3 | 10.7 | 39 | 2위 |
| ② 친구들을 사귀고 사이좋게 지내는 것 | 1 | 3.6 | 6 | 21.4 | 7 | 25.0 | 22 | 4위 |
| ③ 학교생활, 공부에서 벗어나 스트레스 없이 쉼을 누리는 것 | 11 | 39.3 | 5 | 17.9 | 3 | 10.7 | 46 | 1위 |
| ④ 진로 및 학업의 동기와 알맞은 방법을 찾는 것 | 2 | 7.1 | 2 | 7.1 | 4 | 14.3 | 14 | 5위 |
| ⑤ 내가 관심 있는 분야에 깊게 몰두해 보는 것 | 0 | .0 | 1 | 3.6 | 4 | 14.3 | 6 | 7위 |
| ⑥ 꽃다운친구들만의 색다른 자부심 | 2 | 7.1 | 1 | 3.6 | 1 | 3.6 | 9 | 6위 |
| ⑦ 부모님과 형제 자매 간 좋은 관계를 맺는 것 | 0 | .0 | 1 | 3.6 | 0 | .0 | 2 | 8위 |
| ⑧ 여행과 만남을 통해 다양한 경험을 하는 것 | 4 | 14.3 | 6 | 21.4 | 6 | 21.4 | 30 | 3위 |
| 합계 | 28 | 100 | 28 | 100 | 28 | 100 | | |

다음으로 학생들이 꽃다운 친구들을 통해 중요하게 배운 것이 무엇인지에 대한 질문이었다. 이 질문에 대한 응답은 앞 질문에 대한 답과 유사하다. 즉, 학생들은 꽃다운 친구들이 실제 강조했던 바를 중요하게 배웠다고 한다. 구체적으로 살펴보면, '내가 어떤 사람인지 이해하는 것'을 첫 번째 중요한 배움으로 꼽았고, '학교생활과 공부에서 벗어나 스트레스 없이 쉼을 누리는 것'을 두 번째로, 그리고 '친구들과 사귀고 사이좋게 지내는 것'을 세 번째로 꼽았다. 이러한 조사결과는 꽃다운 친구들이 쉼의 중요성을 다양한 방식으로 가르쳐서 그 결과 학생들은 그 모임을 통해 무엇보다 쉼을 누리며 쉼 가운데 자신을 발견하는 교육적 경험을 하고 있음을 알 수 있다. 〈표 7〉에 응답의 내용들이 자세히 기술되어 있다.

<표 3-7> 꽃다운 친구들을 통해 도움이 되었던 것

| | 1순위 | | 2순위 | | 3순위 | | 합계 | |
|---|---|---|---|---|---|---|---|---|
| | 빈도 | % | 빈도 | % | 빈도 | % | 점수 | 순위 |
| ① 내가 어떤 사람인지 이해하는 것 | 7 | 25.0 | 5 | 17.9 | 6 | 21.4 | 37 | 1위 |
| ② 친구들을 사귀고 사이좋게 지내는 것 | 8 | 28.6 | 2 | 7.1 | 5 | 17.9 | 33 | 3위 |
| ③ 학교생활, 공부에서 벗어나 스트레스 없이 쉼을 누리는 것 | 7 | 25.0 | 5 | 17.9 | 3 | 10.7 | 34 | 2위 |
| ④ 진로 및 학업의 동기와 알맞은 방법을 찾는 것 | 0 | 0.0 | 3 | 10.7 | 5 | 17.9 | 11 | 6위 |
| ⑤ 내가 관심 있는 분야에 깊게 몰두해 보는 것 | 0 | 0.0 | 5 | 17.9 | 3 | 10.7 | 13 | 5위 |
| ⑥ 꽃다운친구들만의 색다른 자부심 | 1 | 3.6 | 1 | 3.6 | 2 | 7.1 | 7 | |
| ⑦ 부모님과 형제 자매 간 좋은 관계를 맺는 것 | 0 | 0.0 | 0 | 0.0 | 0 | 0.0 | 0 | |
| ⑧ 여행과 만남을 통해 다양한 경험을 하는 것 | 5 | 17.9 | 7 | 25.0 | 4 | 14.3 | 33 | 3위 |
| 합계 | 28 | 100 | 28 | 100 | 28 | 100 | | |

　꽃다운 친구들은 이틀만 모임을 하기때문에 학생들은 집에서 보내는 시간이 많다. 집에서 어떤 마음으로 어떻게 시간을 보내는지는 쉼의 경험을 분석하는데 중요한 자료가 될 수 있다. 집에서 지내는 날의 마음 상태에 대한 질문에 대해 50%의 학생들이 평안한 마음으로 특별한 계획을 세우지 않고 편하게 지낸다고 답했다. 즉, 꽃다운 친구들 절반의 학생들은 쉼을 즐기면서 말 그대로 방학(放學)을 보내고 있는 셈이다. 그러나 이들과는 반대로 21.4%의 학생들은 여러 이유로 불안하고 힘들게 시간을 보내고 있다. 이들은 계획을 세웠지만 지키지 못해서 힘들어하거나 이유 없이 불안해하는 경향이 있다. 이들은 앞 그룹 학생들과 달리 쉼을 충분히 제대로 향유한다고 보기 어려운 이들이다.

〈표 3-8〉 모임에 안가는 날의 마음의 상태

|  | 빈도 | 퍼센트 |
|---|---|---|
| ① 별다른 계획 없이 그냥 편하게 지냈다 | 14 | 50.0 |
| ② 생활 계획을 세우고 어느 정도 보람있게 지냈다 | 6 | 20.4 |
| ③ 생활 계획을 세웠으나, 그 계획을 못 지켜서 힘들었다 | 4 | 14.3 |
| ④ 계획 여부에 상관없이 늘 불안하게 보냈다 | 2 | 7.1 |
| ⑤ 기타 | 2 | 7.1 |
| 합계 | 28 | 100.0 |

　　꽃다운 친구들이 진정한 쉼의 향유를 모임의 모토로 삼고 실제 다양한 방식으로 쉼을 강조했음을 확인했다. 그 결과 다수 학생들은 충분한 쉼을 누리고 있고, 쉼을 통한 배움과 성장이 일어나고 있음을 앞에서 살펴보았다. 이제 마지막으로 학생들에게 꽃다운 친구들 모임을 통해 배우고 성장한 바에 대해 자유롭게 기술하도록 서술식 질문을 하였다. 이러한 서술식 질문에 대한 응답은 선다형 질문으로 얻게 된 내용을 확증하고 구체화 할 것이다. 조사결과는 첫째, 8명의 응답 학생들이 '자아 성찰/발견'을 중요한 배움으로 답했다. 꽃다운 친구들과 함께한 시간을 통해 자신의 취미, 적성, 진로 등을 알게 되었고 그래서 기쁘다고 말했다. 둘째, 6명의 학생들이 '타인에 대한 관심과 배려'를 중요한 배움으로 보았다. 타인에 대한 관심, 이해, 소통, 배려, 관점을 배우게 되어 살아가는 세계가 넓어짐을 경험한다고 답했다. 셋째, 5명의 학생들이 '마음의 불안을 극복하고 여유를 갖게 됨'을 중요한 배움으로 보았다. 공부와 진로에 대한 걱정으로부터 벗어나 편히 쉴 수 있게 되었다거나, 남과 다를 때 갖게 되는 불안감을 극복하고 '다를 수 있는 용기'를 갖게 되었다고 답했다. 이들이 응답한 구체적인 내용은 〈표 9〉와 같다.

〈표 3-9〉 꽃다운 친구들을 통해 얻게 된 배움과 성장

| |
| --- |
| **자기발견/성찰 (8명)** |
| – 나에 대해, 나의 성향에 좀 더 알게 됨 |
| – 하고 싶은 일을 찾을 수 있게 되었음 |
| – 자신이 하고 싶은 것을 더 폭넓게 선택할 수 있게 됨 |
| – 나의 취미를 찾고, 좋은 친구들, 사람들을 만나서 행복함 |
| **타인에 대한 관심, 배려, 소통 향상 (6명)** |
| – 나와 다른 사람을 이해할 수 있는 요령이 생겼음 |
| – 타인과의 관계에 있어 조금 더 관심을 갖고 신경 쓰게 됨 |
| – 남을 배려하는 것 |
| – 내가 아닌 타인에게 시선을 돌리고 다양한 사람들을 만나면서 세상을 바라보는 생각이 더 열린 것 같음 |
| **마음의 여유, 불안 극복 (5명)** |
| – 편하게 쉴 수 있게 되었음 |
| – 너무 앞날까지 걱정하지 않게 된 것(불필요한 걱정) |
| – "다른 사람과 다를 용기"를 갖게 되었음 |
| – 마음이 한결 여유로워지고 공부, 학습 이런 것에 대한 부담이 줄어들었음 |
| – 덜 긴장하게 됨 |
| **성격 변화 (3명)** |
| – 훨씬 참여하는 모습이 있는 것 같음 |
| – 전체적으로 밝아졌음 |

이상의 조사결과를 요약하면 다음과 같다.

첫째, 조사 대상인 청소년 인생학교 학생들은 일반학교 학생들에 비해 학교 수업 외 공부시간이 확연히 적고, 대신 여유로운 시간을 누리고 있음을 알 수 있다. 수업 외 하루 평균 3시간 이상 공부하는 학생 비율이 일반고등학교는 52.7%인데 비해 인생학교 학생들은 21%에 불과하다. 1시간도 공부를 하지 않고 쉬는 학생은 일반고등학교는 18%인데, 청소년인생학교는 47%나 된다. 반면 한 시간도 여가를 갖지 않고 바쁘게 사는 청소년인생학교 학생은 거의 없는데 비해(4%) 일반

고등학교 학생은 34.6%나 된다.

둘째, 청소년 인생학교 학생들은 여가의 의미를 놀이하는 것과 쉼을 갖는 것으로 이해하고, 실제 그렇게 보내고 있다. 45.4% 학생들은 여가를 공부로 인해 못한 놀이를 하는 것으로 보고 있고, 49.4%의 학생들은 여가를 휴식을 취하는 쉼으로 본다. 쉼으로 보는 학생들은 구체적으로 '공부로부터 벗어남', '내면성찰', '잠 보충', '몸과 마음의 회복', '공부 강요에 저항', '멈추면 보이는 것' 등으로 답했다. 여기서 '내면성찰', '몸과 마음의 회복', '공부강요에 저항', '멈추면 보이는 것'으로 답한 31.0% 학생들은 앞에서 논의한 쉼의 교육적 의미와 유사한 관점을 갖고 있다고 할 수 있다. 또한 공부 가운데 쉼을 누릴 수 있다고 답한 22% 학생들 역시 새로운 관점의 쉼에 대한 이해를 공유하고 있다고 할 수 있다.

셋째, 꽃다운 친구들이라는 청소년 인생학교에서 학생들은 실제 쉼을 향유하고 그 결과로 자기성찰과 자기발견을 경험하고 있는 것으로 나타났다. 많은 학생들이 쉼을 통하여 '자기성찰과 발견', '타인에 대한 이해와 배려', '불안감 극복과 마음의 여유' 등을 중요하게 배웠다고 답했다. 이러한 경험은 피이퍼가 말한 쉼의 교육적 의미와 유사하다고 할 수 있다. 피이퍼에 따르면, '활동으로써 일과 대립되는 쉼'은 평온과 성찰을 특징으로 하고, '사회적 기능으로써 일과 대비되는 쉼'은 그 자체가 수단이 아닌 목적이며 쉼의 향유를 통해 총체적 인간다움 갖추어 간다고 하였다. 꽃다운 친구들의 학생들이 경험하고 있는 쉼은 피이퍼가 주장하는 교육적 의미를 지니는 쉼과 유사하다고 할 수 있다.


# V. 나가는 말 : 제도화를 위한 제언

현대사회는 사색적/성찰적 삶의 시대가 끝나고 활동적 삶의 시대로 진입한 지 오랜 세월이 지났다(한병철, 2013). 그래서 일이 우리 삶의 중심이 되어있어 일을 쉬는 휴식시간에도 다음 일을 준비하는 일을 하는 것이 전형적인 삶의 모습이다. 이런 상황에서는 노동시간이 길든지 짧든지 모든 이들이 일로 인한 스트레스를 받게 된다. 일 중심의 사회에서 우리 모두는 목표를 달성해야만 하는 성과주의의

늪에 빠져 허우적거리게 된다. 그래서 우리 사회는 모두가 피곤해하는 '피로사회'
가 되는 것이다(한병철, 2012). 그 피로사회에서 사람들은 늘 시간을 쪼개어 바쁘
게 살지만 지나고 나면 남는 것이 없다고 탄식한다. 학생들도 마찬가지이다. 휴
식시간과 수면 시간을 줄여가며 더 많은 시간을 공부에 쏟지만 중요한 무언가 채
워지지 않고 피곤을 느낄 뿐이다. 이런 상황에 대한 해결책을 한병철(2013)은 더
많은 시간을 일에 쏟는 대신 시간에 향기를 더하는 것이라고 제안한다. 시간에 향
기를 더하는 것이 리듬과 방향을 상실한 채 빠르게 흘러가는 시간을 머무르게 하
는 길이라는 것이다. 이는 활동 중심의 삶을 성찰 중심의 삶으로 돌이킬 때 가능
해진다. 성찰적 삶은 고대 그리스와 같이 쉼/여가 중심의 사회에서는 보편적 삶
의 형태였다. 그들에게 쉼이란 관조/성찰적 태도로 삶을 살아가는 것이었다. 그
러므로 오늘날 우리가 피로사회로부터 벗어나 행복한 사회를 형성하는 길은 관
조/성찰적 삶의 태도와 능력을 기르는 것이다. 성찰적 태도와 능력을 기르기 위
해서는 우선 조용히 성찰할 수 있는 여유 있는 쉼이 필요하다. 쉼을 갖는 동안 사
색과 성찰의 태도와 능력을 기르면 결국 사색하는 삶의 시간들은 향기를 품게 되
어 그 시간은 쉼이 될 수 있다.

　그러므로 우리 청소년들에게도 성찰할 수 있는 쉼이 필요하고, 성찰과 관조의
태도와 능력을 기를 수 있도록 지원하는 것이 필요하다. 그런데 앞에서 고찰한 바
와 같이 청소년 인생학교 학생들은 우리나라 일반학교 학생들과 달리 넉넉한 시
간의 쉼을 경험하고 있고, 그 결과 자아성찰에 이르는 교육적 성과를 얻고 있음을
확인했다. 성찰적 삶을 경험한 그들에게 시간은 리듬과 향기를 품어 삶의 이야기
들이 그들의 성장을 이루는 요소가 된다. 그러므로 우리나라 청소년들의 건강한
배움과 성장을 위해서는 양적으로는 충분한 쉼을 보장하고 질적으로는 의미 있
는 쉼이 되도록 성찰의 태도를 기르도록 하는 것이 필요하다. 이러한 일을 보다
체계적으로 수행하기 위해서 제도화가 필요하다. 앞에서 고찰한 내용들을 토대
로 제도화를 위한 몇 가지 제언을 하면 다음과 같다.

　첫째, 단일한 형태의 제도 보다는 선택 가능한 몇 가지 유형의 제도를 마련하
는 것이 필요하다. 예를 들어, 오디세이학교처럼 1년 과정의 통학형 애프터 스쿨
레와 꿈틀리 인생학교처럼 기숙형 애프터 스쿨레와 같은 학교형태가 있을 수 있

다. 그리고 꽃다운 친구들처럼 학교보다는 덜 구조화되고 비형식적인 형태의 교육하는 모임도 필요할 것이다. 이처럼 가능한 여러 형태의 제도를 만들어 학생들이 자신의 필요와 특성에 맞게 선택하도록 할 필요가 있다.

둘째, 제도를 구성하거나 시행하는 과정에서 민관협력이 효과적으로 이루어져야 한다. 모든 청소년들이 쉼을 필요로 하고 이들은 예외 없이 공교육의 대상이므로 쉼을 누리도록 하는 제도 역시 정부의 관심사여야 한다. 그러나 지금까지 공교육에서 이런 문제를 심각하게 다루지 않았던 반면 공교육 밖에서는 이 문제를 고민하고 실천한 경험이 있다[4]. 그러므로 민간의 아이디어와 실천력에 정부의 행·재정적 지원을 더하는 것이 필요하다. 그런데 꽃다운 친구들 같이 학교의 형태를 띠지 않은 경우 정부가 어느 정도 개입하며 인정할 것인지는 어려운 문제이다. 이 경우에도 역시 공교육의 대상인 학생들이 선택한 교육적 프로그램이란 점을 고려하여 학생들에 대한 정부의 지원은 필요하다고 할 수 있다. 그리고 그런 모임은 민간이 자율적으로 운영을 하되 모든 교육활동과 정보를 공개하여 모든 과정이 투명하게 하는 것이 중요하다.

셋째, 제도화 속에는 제도가 형식적으로 운영되지 않고 설립취지에 부합하도록 점검하는 환류체계가 있어야 하다. 애프터 스콜레 같은 독립된 학교형태이든, 전환학년제 같은 일반학교 안에서 시행되는 제도이든, 느슨한 모임 형태이든 시간이 지남에 따라 학교/모임의 지속성 자체가 목적이 되어 원래의 취지를 잊어버릴 우려가 존재한다. 그러므로 학생들이 쉼을 충분히 그리고 의미 있게 누리는지를 정기적으로 점검하고, 그 결과에 따라 프로그램들이 달리 운영되는 시스템을 갖추어야 한다.

넷째, 쉼의 제도화가 성공적으로 정착하기 위해서는 건강한 교육생태계 조성이 필요하다. 활동적 삶이 주도하는 환경에서 학생들이 활동/공부 대신 쉼을 가지며 성찰을 한다는 것은 무척 어려운 일이다. 그러므로 학생들이 생활하는 학교나 모임에 먼저 성찰과 관조의 삶을 격려하는 분위기가 조성되어야 한다. 나아가

---

4) 공교육 안에서도 최근 혁신학교나 마을교육공동체 정책들은 쉼의 문제에 부분적으로 관심을 갖고 있어 경험이 축적되고 있다.

학생들의 많은 활동이 이루어지는 (지역)사회에서도 학생들의 정신을 혼란스럽게 하는 요인들을 제거하고 성찰과 관조에 쉽게 몰입할 수 있는 여건을 만드는 것이 필요하다. 특히 학교의 형태가 아닌 교육모임에 참여하는 청소년들은 지역사회의 교육자원들을 활용해야만 한다. 그렇기 때문에 사회에는 청소년들에게 교육적 영감을 불러일으킬만한 요소들이 필요하다. 이는 비단 도서관, 박물관, 공연장, 체육관 같은 교육적 시설만을 의미하지 않는다. 학생들이 매일 만나는 길가의 가로수나 보도블록과 가로등의 디자인과 색상이 중요하며 마을건물들의 건축적 아름다움도 생태계의 중요 요소가 될 수 있다.

## 참고문헌

김승호 (2015). 『여가란 무엇인가? : 여가와 교육』. 교육과학사: 서울.

김영지, 유설희, 이민희, 김진호 (2016). 『한국 아동 청소년 인권실태 연구』, 한국청소년정책연구원.

김인 (2016). "교육목적으로서의 여가." 도덕교육연구. 28 (1).

조영태 (2017). "여가와 교과교육: 피이퍼의 여가론과 진리론을 중심으로." 도덕교육연구. 29 (2).

한국청소년정책연구원 (2010; 2013). 『한국 아동 청소년 인권실태 연구』. 한국청소년정책연구원.

한병철 (2012). 『피로사회』. 서울: 문학과 지성사.

한병철 (2013). 『시간의 향기』. 서울: 문학과 지성사.

OECD (2017). *Education at a Glance*. OECD.

Pieper, J. (1952). *Leisure: The Basis of Culture*. Ignatius: San-Francisco.

https://en.oxforddictionaries.com/ Oxford Dictionary

http://stdweb2.korean.go.kr/search/List_dic.jsp 국립국어원, 표준국어대사전

https://www.etymonline.com/word/school Online Etymology-Dictionary

http://ggumtle.com/ 꿈틀리인생학교 홈페이지

http://www.kochin.kr/119?category=125838 꽃다운친구들 홈페이지

https://odyssey.hs.kr/about/objective 오디세이학교 홈페이지

# 4장

# 쉼과 탁월성을 위한 교육

유재봉 교수 _성균관대학교

# 쉼과 탁월성을 위한 교육

유재봉 교수(성균관대학교)

## I. 들어가는 말

현대사회는 한마디로 '피로사회'라고 할 수 있다(한병철, 2012). 정도의 차이는 있지만, 경쟁을 통해 성과를 추구하는 국가에서는 피로사회의 병리적 현상들이 공통적으로 나타나고 있다. 이러한 사회에 살아가는 사람들은 과도한 일과 성과경쟁으로 인해 개인의 육체적·심리적 건강의 상실은 물론이고, 가정, 직장, 사회에서 올바른 관계마저 파괴되고 있다. 지하자원을 비롯한 별다른 자원이 없는 우리나라는 인적 자원과 그들의 노동성과에 전적으로 의존할 수밖에 없기 때문에 피로사회의 양상이 두드러지게 나타나고 있다. 당장 눈에 보이는 성과를 내야 하는 직장은 말할 것도 없고, 그로부터 다소 떨어져 있는 듯이 보이는 학교에서조차 엄청난 학업과 입시의 부담과 스트레스에서 벗어나지 못하고 있다. 그 결과 많은 학생들이 여러 부적응 행동을 보이거나 육체적·정신적 질환 증세를 보이고 있으며, 공부에 대한 스트레스를 이기지 못하여 심지어 목숨을 잃는 경우도 종종 있다.

건강하고 균형 있게 자라야 할 시기에 지나친 공부와 성적에 대한 스트레스 등으로 인해 한국의 학생들은 신체적으로 혹은 정서적으로 건강하지 못하거나 균형을 잃는 경우가 많다. 학교생활도 다양한 친구들과 여러 가지 추억을 쌓으며 즐겁고 행복하게 지내기보다는 자신의 공부에 바빠 친구와 함께 시간을 갖지 못하거나 친구를 서로 이겨야 할 경쟁상대로 보는 경우도 허다하다. 이런 환경에서 자란 학생들은 성인이 되어서도 동료를 배려하고 돕기보다는 직장이나 사회에서 경쟁에서 이기는 데 집중하게 된다. 그 결과 피로사회는 시간이 지남에 따라 사라지거나 호전되기보다는 오히려 재생산되고 강화된다.

피로사회의 여러 악순환을 끊어내고 인간다운 삶을 영위하기 위해서는 '쉼을 위한 교육'을 회복할 필요가 있다. 그런데 이 말을 하는 순간, 아마 많은 사람들은 '쉼을 위한 교육'은 누구나 바라는 것이고 좋은 것이지만, 그렇게 되면 탁월한 인간이 되는 것을 희생해야 한다고 반문할 것이다. 학생들이 그토록 몸을 혹사하면서 공부하는 것은 일시적인 달콤한 쉼을 누리기보다는 탁월성을 위한 것이라고 항변할지 모른다. 이러한 반문에는 '쉼을 위한 교육'과 '탁월성을 위한 교육'이 양립불가능하다는 점을 논리적으로 가정하고 있다. 이러한 가정은 타당한가? 모든 인간이 바라는 쉼과 탁월성을 동시에 추구할 수 없는가?

이 글은 지적 수월성 추구라는 명목 하에 공부의 노예가 되어가고 있는 학교 현실에서 벗어나 진정한 쉼과 탁월성을 누리기 위한 교육의 방향을 탐색하고자 하는 시도이다. 이러한 목적을 위해 먼저, 오늘날 한국 사회와 학교에서의 피로사회의 현상을 기술하고, 다음으로, 한국 학교에서 추구하고 있는 탁월성의 성격과 문제점을 드러내며, 마지막으로 피로사회의 문제를 극복하고 탁월성 교육의 문제점을 해결하기 위한 쉼과 안식을 위한 교육 아이디어를 제시하고 그에 대한 몇 가지 가능한 반론에 대해 논의한다.


## II. 피로사회에서의 학교교육


### 1. 신자유주의와 피로사회

인간은 죄로 인해 타락한 후부터 누구나 열심히 수고하고 땀을 흘려 일해야 먹고 살 수 있는 존재가 되었다. 각자에게 주어진 일을 근면하고 성실하게 수행하는 것은 오랫동안 자본주의 사회의 미덕으로 여겨져 왔다. 1970년대부터 지금까지 전 세계에 강한 영향을 미치고 있는 신자유주의는 그러한 경향을 가속화함으로써 오늘날 사회는 '피로사회'가 편만하게 되었다.

신자유주의는 경제적 관점에서 경쟁을 통한 성취와 성과를 강조하는 사회이다. 이러한 사회에서는 속도와 성과의 전쟁이 끊임없이 이루어지고 있으며, 이것은 특정계층의 문제라기보다는 모든 계층의 공통적인 문제이다. 하위계층은 고단한 삶에서 벗어나기 위해 안간힘을 써 가며 고역하고, 상류계층은 상류계층대로 현 상태를 유지하거나 더 나은 삶을 위해 치열하게 일하다가 결국 일 중독자가 되는 것이다. 이러한 경쟁적인 삶이 지속되면 인간의 인내는 한계에 이르게 되고, 개인적으로나 사회적으로 소진현상이 일어나면서 면역체계가 무너져 자정능력을 상실한 신경증적 피로사회가 되는 것이다.

한병철(2012)에 따르면, '피로사회'는 오로지 성과를 올리기 위한 노동이 지배하고 성과를 위한 속도의 전쟁이 이루어져 사색적 삶이라고는 찾아볼 수 없는 사회이다. 이러한 피로사회는 대체로 다음과 같은 특징을 지닌다(주광순, 2017: 195-203 참조).

첫째, 이질성의 소멸이다. 상호 대립적인 면역학적 사회에서는 자기와 타자 사이에 상호견제가 존재하였으나, 면역체계가 사라진 피로사회는 이질성이 제거되고 긍정성이 지배하는 사회이다. 이 사회는 부정성의 투쟁은 약화되거나 없어지지만, 긍정성의 과잉에서 비롯된 다른 병리현상인 피로와 신경증적 증상이 나타난다.

둘째, 긍정성의 과잉과 과잉 섭취이다. 신자유주의 사회는 규율이나 통제 같은 부정성 대신에, 적극적인 동기와 무한한 긍정을 통한 성과를 강조한다. 긍정성의 과잉은 "자극, 정보, 충동의 과잉으로 표출"되며, 이러한 양상은 '멀티태스킹'이라는 새로운 시간과 주의관리 기법을 강요한다. 멀티태스킹 사회에서는 새로운 것을 만들고 창출하기보다는 "이미 존재하는 것을 재생산하고 가속화"하게 된다(한병철, 2012: 30-32).

셋째, 성과와 효율성의 강요이다. 이 사회는 생산을 최대화할 뿐만 아니라 그것을 효과적이고 능률적으로 하고자 한다. 그런데 이러한 성과를 내도록 노동을 강요하는 주체는 자기 자신이며, 자기 스스로가 성과를 강요한다는 점에서 자기

착취라고 할 수 있다. 아닌 게 아니라, 자본주의가 일정 수준의 궤도에 오르면 타인에 의한 착취보다는 자기착취가 능률적이고 효과적이다(한병철, 2012: 103).

넷째, 자유의 개입과 권력의 작용이다. 성과의 강요가 성공적이기 위해서는 자유가 전제되어야 한다. 여기서의 자유는 소극적 자유, 즉 규제와 의무로부터 욕구를 해방시키는 일이다. 여기에는 타자가 규율을 강제하지 않지만, 자신에 의한 강제는 여전히 존재한다. 자유를 예속으로 바꾸는 것은 권력의 작용이다. 폭력이나 강제와 달리, 이 권력은 오히려 긍정적이며 생산적인 특징을 지니며, 그리하여 지속적으로 성과를 추구하게 된다.

요컨대, 피로사회는 생산성과 효율성을 강조하는 성과사회이다. 성과사회는 무한 경쟁을 강조함으로써 피로가 누적되어 인간을 무기력하게 만드는 소진사회이기도 하다. 이러한 사회는 결국 우울증 환자와 낙오자가 양산되는 병리적 사회인 것이다.

한국은 쉼이 없는 전형적인 피로사회의 모습을 여실히 보여준다. 한국에서 직장인은 대부분 '일하는 기계', '돈 버는 기계', '일 중독자'라고 불릴 만큼 일에 치여 산다. 우리나라 국민들은 지나치게 근면하여 남들이 일할 때뿐만 아니라 남들이 쉴 때도 일한다. 우리나라 근로자의 근무시간은 OECD 국가 중 가장 긴 편이다. 2017년 기준 근로자의 1인당 평균 노동시간은 2,024시간으로 멕시코 2,257시간, 코스타리카 2,179시간에 이어 3위 수준이다. 이러한 노동시간은 독일 1,356시간, 덴마크 1,408시간, 노르웨이 1,419시간보다 훨씬 많으며, OECD 35개국 평균인 1,747시간보다도 277시간이나 많다(http://stats.oecd.org). 한국 사회는 또한 바쁜 사회이고, 가만히 있으면 불안한 사회이다. '빨리 빨리!', '바쁘다 바빠!'라는 말을 외치거나 입에 달고 살아가는 사회이다. 우리나라는 무엇이든 빨리 처리해야 하고, 단기간에 가시적인 성과가 드러나야 직성이 풀리는 사회이다. 이러한 사회에서는 자신과 자신의 삶을 성찰할 겨를이 없으며, 따라서 인간다운 삶을 영위하는 것이 거의 불가능하다.

## 2. 학교에서의 피로사회 증상

우리나라 사회 곳곳에 편재되어 있는 피로사회의 증상은 학교에서도 동일하게 나타나고 있다. 학생들은 좋은 성적을 얻기 위해 열심히 공부하며, 특히 시험기간에는 밤잠을 새워가며 공부한다. 학생들은 또한 대부분의 사람이 선호하는 명문 대학이나 보다 나은 대학에 진학하기 위해 친구들과 신경전을 벌이면서 치열하게 경쟁한다. 경쟁력 제고를 최우선 가치로 여기는 신자유주의 경제체계를 신봉하는 우리 사회에서 부모가 자녀에게 최상의 경쟁력을 갖추도록 과감한 투자를 하는 것은, 자녀의 사회경제적 지위를 상승시키는 수지맞는 투자이다. 그리하여 대부분의 학부모는 자녀에게 경쟁력을 키워주기 위해 기꺼이 자신의 경제적, 정신적, 신체적 고통을 감내한다. 그러한 노력은 타인의 강요에 의한 것이라기보다는 자기체면에 의해 스스로를 옥죄고 있는 것이다.

이러한 상황에서 개인의 낮은 학업성취 결과는 사회구조나 환경의 문제라기보다는 자신의 노력부족 때문으로 받아들이게 된다. 그러므로 학생들은 즐기면서 공부하기보다는 이를 악물고 노동하듯이 공부하는 것이다. 이런 우리나라 학생들의 모습을 묘사한다면 다음과 비슷한 양상을 보일 것이다.

학생들은 아침에 일어나 등교하고, 학교 수업이 끝나면 마치 낚아채듯 학원에 간다. 하교 후에 학생들은 몇 개의 학원을 이리저리 전전하거나 독서실에서 공부하다가 새벽녘에 파김치가 되어 집으로 돌아온다. 그리고 몇 시간 쪽잠을 자고 힘겹게 일어나 학교에 간다. 수업 시간에 집중하려고 애써 보지만, 실패하여 눈의 초점을 잃고 멍하게 앉아 있거나 밀려오는 잠을 이기지 못해 꾸벅꾸벅 조는 학생도 있다. 자신에게 필요한 몇 과목의 수업 외에는 공부를 포기한 채 아예 책상에 엎드려 자는 학생도 있다. 교사는 자는 학생을 애써 깨우거나 통제하기보다는 시선을 다른 쪽으로 돌려 못 본체하며 수업을 진행한다.

우리나라 학생들의 공부시간은 세계에서 가장 긴 편이다. 우리나라 학생들의 하루 평균 학습 시간은 2014년 기준 고등학교는 8시간 28분, 중학생은 7시간 16분이며, 주당 60시간 공부하는 학생의 수가 OECD 평균보다 약 두 배가 많은 최상위 수준이다. 그런데 교육 효율성은 학습 시간 1분당 1.37점으로 최하위 수준이다[1]. PISA 2012 그리고 OECD 국제성인역량조사(PIAAC) 2012 자료 분석에 의하면, 한국인 평균 학습 시간은 142시간으로 OECD 국가들 중 가장 길지만, 언어수리능력은 중간수준에 머물러 학습효율성이 떨어지는 것으로 나타났다(KRIVET Issue Brief 제98호, 2016.04.30.). 이렇듯 하루 종일 쉴 새 없이 학교와 몇 개의 학원을 다니면서 공부하여 수면 시간이 절대적으로 부족한 상태에서 교육 효율성이 낮은 것은 당연하다. 교육 효율성이 낮음에도 불구하고 한국이 PISA 나 TIMMS 등의 국제 성취도 평가에서 높은 성취를 나타낸 것은 엄청난 학습량 때문이라고 볼 수 있다[2].

이렇듯, 우리나라에서는 학교가 사회에 못지않은 피로사회의 양상을 보이고 있다. 학교는 본래 먹고 사는 문제 등과 같은 화급한 일상으로부터 격리되어 공부의 즐거움을 누리는 별도의 공간이었다(Oakeshott, 1972). 그런데 오늘날 한국의 학교는 사회에서 벌어지고 있는 생존 전쟁으로부터 방패막이가 되어 온 학교 울타리를 스스로 걷어치움으로써 사회의 전쟁에 그대로 노출뿐만 아니라 어쩌면 사회보다 더 심한 입시 전쟁을 치르고 있으며, 나아가 학생 당사자는 물론이고 학부모와 사회 전체를 이 전쟁에 끌어들이고 있는 것이다.

그러나 학생들은 그렇게 공부하고도 정작 진정한 의미의 탁월성에 이르지 못한다. 이러한 한국 사회의 비애는 비유컨대 '시시포스'(Σισυφος)의 처지와 유사하다. 시시포스는 신에게서 끊임없이 굴러떨어지는 바위를 산마루로 올리는 형벌을 받은 존재이다. 인간은 쉴 사이 없이 바위를 산 정상으로 올리려고 애쓰지만, 산 정상에 닿기가 무섭게 바위는 다시 원래의 자리로 굴러떨어진다. 현대 사회의 인간들은 마치 시시포스처럼, 자신의 임무에 쇠사슬이 매여 그 일을 결코 멈출 수 없지만, 그 일로부터 어떠한 결실도 거둘 수 없는 것이다.

---

1) PISA 2012 15세 수학학업성취도 평가에서도 그 결과는 유사하다. 청소년의 주당 학습 시간은 평균 7시간 6분으로 2위이고, 수학학습효율성은 OECD34개국 중 34위이다(KRIVET Issue Brief 제116호, 2017.1.30).
2) 이 점은 김용 세계은행(IBRD) 총재와 크리스틴 리카르도 국제통화기금(IMF) 총재와의 대화에서도 (2013.12.4.) 잘 나타나고 있다.
　김용: 한국 아이들은 8시부터 11시까지 공부합니다.
　리카르도: 그렇게 적게 공부하고도 어떻게 그렇게 성적이 좋죠?
　김용: 11시가 밤 11시입니다.
　리카르도: 어떻게 그런 일이?

　이렇게 살아가는 현대인에게 우리는 다음과 같은 질문을 던질 수 있다. 무엇을 위해 쉼도 없이 그토록 수고하며 공부하는가? 아마 이 질문에 대해 학생들은 지적 수월성을 위해서이며, 지적 수월성은 시험에서 좋은 성적으로 드러난다고 대답할 수 있을 것이다. 그런데 학생들은 지적 탁월성을 추구하기 위해 밤잠을 설쳐가며 공부하고, 우정을 깨뜨려가면서 서로 경쟁하면서 공부한 결과 그것의 획득에 성공적이었는가? 한국의 학교는 왜 그토록 많은 공부를 시키고도 지적 탁월성 획득에 실패했는가?

## III. 한국에서의 탁월성 교육의 문제점

　한국 학교가 한창 뛰어다니면서 즐겁게 놀아야 할 아이들이 쉼을 잃고 피로증상을 보이게 된 것은 지적 탁월성의 추구 때문으로 볼 수 있다. 지적 탁월성 여부에 의해 당락이 결정되는 입시경쟁을 위해 학생들은 학교와 학원을 전전하면서 육체적으로나 심리적으로 쉼을 누릴 겨를이 없다. 그런데 한국의 학교와 학생들이 추구하는 지적 탁월성은 무엇이며, 추구할 만한 가치가 있는 것인가? 이러한 질문에 대해 대답하기 전에 먼저 학교에서 사용하고 있는 지적 탁월성의 개념이 무엇인지를 살펴볼 필요가 있다.

　탁월성은 '수월성'이라는 말로도 자주 사용되고 있으며, 1983년 미국 National Commission on Education in Excellence(NCEE)의 "A Nation at Risk" 보고서에서, 학교교육의 질 저하로 인한 국가경쟁력 저하를 우려하면서 excellence라는 용어를 사용하였다. 여기서의 탁월성은 학생의 입장에서는 자신의 한계를 알고 극복하여 최고 수준의 자기 능력을 수행하는 것을 의미하며, 학교의 입장에서는 높은 수준의 기대 및 목표에 도달할 수 있도록 가능한 모든 방법을 동원하여 돕는 일을 의미한다. 1984년 이후 우리나라에서도 탁월성 혹은 수월성의 개념이 사용되기 시작하였다. 우리나라 학교에서 추구하고 있는 탁월성은 엄밀히 말하면 지적 수월성, 보다 구체적으로는 교과 성적의 우수성에 가깝다.

　우리나라 학교에서 사용되고 있는 지적 탁월성 개념의 용법과 그 문제점을 제시하면 다음과 같다.

첫째, 지적 탁월성의 개념은 내재적 목적보다는 외재적 목적으로 사용하는 경향이 있다. 말하자면, 지적 탁월성을 추구하는 목적이 그 자체의 목적보다는 주로 성적을 올림으로써 선호하는 학교나 대학 진학하는 일과 관련되어 있다.

둘째, 지적 탁월성의 개념은 현상적 혹은 협의의 의미로 사용되는 경향이 있다. 이러한 의미의 지적 탁월성은 다중적인 능력[3]보다는 학업 성적 혹은 성취의 우수성에 한정되는 경향이 있다.

셋째, 지적 탁월성의 개념은 절대적 수준보다는 상대적 수준으로 사용되는 경향이 있다. 즉, 지적 탁월성은 객관적인 준거를 얼마나 충족시켰느냐보다는 한 학생의 성적이 다른 학생보다 얼마나 더 우수한지를 구분하는 상대적 위치에 관심이 있다.

넷째, 지적 탁월성의 개념은 계급적 혹은 이념적으로 사용되는 경향이 있다. 지적 수월성을 추구하는 교육은 종종 '엘리트 혹은 소수를 위한 교육'과 동일시되고, '평등성 혹은 형평성을 추구하는 교육'과 대립되는 의미로 사용된다. 지적 수월성을 추구하는 교육은 또한 경쟁을 통한 수월성을 제고하는 신자유주의 교육을 의미하기도 한다.

우리나라의 학생, 학부모, 교사는 명문 학교나 대학을 선호하는 경향이 매우 강하며, 따라서 우수 학생들 간의 경쟁률도 치열하다. 학교가 표방하는 교육목표는 다양하지만, 대부분 학교의 실질적 목표는 명문 학교나 대학의 진학에 두고 있다. 명문 대학의 진학은 지적 탁월성, 즉 학업의 우수성에 의해 결정되므로, 학교와 학생은 그러한 목표를 달성하기 위해 쉼 없이 지적 탁월성을 추구하게 된다. 한국의 학생들은 자신이 원하는 대학 입학이라는 목표가 이루어지기 전까지는 쉼과 안식은 사실상 유보되고 있는 실정이다.

이러한 한국의 상황에서 학생들에게 탁월성의 추구와 쉼은 분리되어 있을 수

---

3) Gardner가 보기에, 인간의 능력은 musical intelligence, bodily-kinesthetic intelligence, logical-mathematical intelligence, linguistic intelligence, spatial intelligence, interpersonal intelligence, intrapersonal intelligence 등으로 다양하며 다중적이다. 그에 따르면, 아인슈타인, 피카소, 모차르트, 루터 킹 목사 등은 모두 동일한 지적 탁월성을 가진 것이라기보다는 서로 다른 탁월성을 가졌다고 할 수 있다.

밖에 없으며, 그 둘은 양립 불가능한 것처럼 보인다. 이에 대해 두 가지 질문이 제기될 수 있다. 하나는 한국의 학교교육은 진짜 탁월성을 가지고 있는가? 라는 질문이고, 다른 하나는 쉼과 탁월성은 양립불가능한가? 라는 질문이다. 이 절에서는 전자의 질문에 대해서만 다루고, 후자의 질문에 대해서는 다음 절에서 논의하겠다.

'탁월성'(excellence)[4]은 본래 희랍어 ἀρετή(arete)의 번역어로서, '덕'(virtue)으로 번역되어 사용되기도 한다. 아리스토텔레스에 의하면, 아레테는 인간이나 사물이나 할 것 없이 모든 존재자들이 자신만이 가지고 있는 고유한 기능(ergon) 혹은 임무를 가장 훌륭하고 탁월하게 수행하는 상태를 의미한다. 예컨대, 도끼의 아레테는 도끼의 고유한 본질인 나무를 잘 쪼개는 데 있다. 인간의 아레테는 다른 동식물과 구분되는 인간만이 가지고 있는 본성인 '지성과 도덕성'이 잘 발휘된 상태를 의미한다.

교육이 인간의 아레테를 추구하는 데 목적이 있다면, 학교는 지적 탁월성과 도덕적 탁월성을 동시에 추구해야 한다. 피이퍼(Pieper, 1952)에 따르면, 지적 탁월성은 두 가지 요소를 포함한다. 하나는 추론적 지성(ratio)이고, 다른 하나는 직관적 지성(intellectus)이다. 추론적 지성은 무엇인가를 알고 이해하기 위해 적극적으로 사고하는 활동, 즉 논리적으로 사고하고, 탐색하고, 검사하고, 추상하고, 정의하고, 결론을 도출하는 일련의 활동을 의미한다. 이와는 달리, 직관적 지성은 영혼의 은밀한 활동으로써 단순직관, 즉 풍경이 눈에 들어오듯이 진리가 저절로 훤히 들어오는 상태를 가리킨다. 추론적 지성이 능동적이라면, 직관적 지성은 수동적이고 수용적인 특성을 지닌다. 인간의 지적 탁월성은 지성의 두 요소인 라티오와 인텔렉투스가 함께 작용하는 과정으로 볼 수 있다.

이러한 탁월성의 개념에 비추어 보면, 우리나라 학교에서 추구하는 탁월성은 3중적인 한계를 지니고 있다.

i) 학교에서 추구하는 탁월성은 인간의 탁월성 전체를 포괄하기보다는 지적 탁

---

4) 탁월성은 오늘날 우월성, 빼어남, 훌륭함 등 다양한 말들과 상호 교차적으로 사용되고 있다.

월성에 치중하고 있다.

ii) 학교가 추구하는 지적 탁월성도 그것을 구성하고 있는 두 가지 요소, 즉 라티오와 인텔렉투스 중에서 라티오에 제한되어 있다.

iii) 학교교육이 추구하는 라티오도 실지로는 라티오의 본질보다는 외양, 즉 논리적으로 추론하고 사고하는 활동보다는 파편화된 교과지식을 외우는 수준에 머물러 있어 라티오의 본래 의미를 추구하지 못하고 있다.

그러므로 우리나라 학교가 추구하는 탁월성은 인간의 탁월성을 포괄하지 못할 뿐만 아니라, 온전한 지적 탁월성도 추구하지 못하고 있다. 이러한 문제를 가지고 있음에도 불구하고 우리나라 학생은 불행하게도 대학입시를 위한 성적향상이라는 협소하고 왜곡된 지적 탁월성을 추구하기 위해 건강을 해쳐가면서 밤을 새워 공부하고 친구들과 경쟁하고 있는 것이다. 이것은 마치 쉴 사이 없이 바위를 산 위로 굴러 올리지만 헛수고를 하는 시시포스의 신세와 비슷하다. 우리나라 학생도 지적 탁월성(의 외양)을 추구하기 위해 청춘을 바쳐가며 쉬지 않고 죽으라고 공부하지만, 진정한 의미의 탁월성 추구는 불가능한 현실인 것이다. 이러한 피로사회의 슬픈 현실을 극복할 수 있는 방법은 없는가?

## IV. 여가와 탁월성을 위한 교육

우리나라 학교에 만연해 있는 피로사회의 문제를 해결하고 탁월성을 추구하기 위해서는 대안적인 삶과 교육이 필요하다. 그 대안적인 삶과 교육의 하나로 '이론적 혹은 관조적 삶'(bios theoretikos)과 '쉼 혹은 여가를 위한 교육'을 들 수 있다. '이론적 혹은 관조적 삶'과 '쉼 혹은 여가를 위한 교육'이 무엇이며, 그러한 교육은 어떤 점에서 피로사회의 문제를 해소하고 동시에 탁월성의 추구를 가능하게 하는가? 이러한 문제를 논의하기 위해서, 통념적인 쉼 혹은 여가의 개념과 그러한 개념에 기반을 둔 쉼과 탁월성을 분리하는 교육을 비판적으로 검토하고, 희랍의 스콜레(schole)와 구약의 안식의 개념에 비추어 재해석된 여가 개념을 통해 여가와 탁월성을 동시에 추구하는 교육이 가능하다는 점을 보여주고자 한다.

## 1. 통념적 여가의 개념과 교육

피로사회의 교육에 대한 대안적인 '쉼 혹은 여가를 위한 교육'이 무엇인지를 이해하는 관건이 되는 것이 '쉼 혹은 여가'의 개념이다. 이 개념을 이해하기 위해, 먼저 통념적으로 사용되고 있는 '쉼 혹은 여가'의 개념을 비판적으로 검토해 볼 필요가 있다. '쉼 혹은 여가'의 통념적 의미는 대체로 다음과 같다.

첫째, 쉼과 여가는 아무 일도 하지 않거나 잠자는 것을 의미한다. 아마 오랫동안 격무나 공부에 시달려 온 사람들이 선호하는 쉬는 방식 중의 하나는 아무 생각 없이 멍 때리고 있거나 문을 걸어 잠근 채 어두운 방에서 온종일 잠만 자는 것이다. 생각을 중단하고 잠자는 것은 육체적으로나 정신적으로 피로를 회복하는 데 유익하다. 그렇지만 그렇게 하는 것이 좋은 삶이거나 인간의 탁월성을 가져 주는 것은 아니며, 그것이 습관이 되면 오히려 '게으름'(acedia)이 될 수 있다. 게으름은 일과 마찬가지로 진정한 의미의 여가를 방해한다.

둘째, 쉼과 여가는 일하고 남는 시간, 짬, 여유시간 등의 의미로 사용된다. 일하고 남는 여유시간에 휴식을 취하는 것은 건강한 삶을 위해서 반드시 필요하다. 그러므로 특히 자라나는 청소년에게 충분한 휴식 시간을 확보해 줄 필요가 있으며, 이 점에서 '쉼이 있는 교육' 운동은 의미가 있다. 그러나 진정한 쉼과 여가는 쉬는 시간을 확보해주는 것으로 불충분하다. 여가는 물리적 시간의 양의 문제라기보다는 시간을 얼마나 충일하게 자신의 것으로 사용하는가의 삶의 태도문제이기 때문이다.

셋째, 생계를 목적으로 하는 일이나 노동이 아닌 낚시, 등산, 여행, 스포츠 등의 특정 활동을 의미하기도 한다. 이런 활동은 흔히 '취미 활동'이라 불리는 것으로, 대체로 강제적이라기보다는 자발적 성격을 띤 활동이다. 그러나 여가는 근본적으로 활동의 종류라기보다는 활동을 대하는 마음가짐 내지 태도로 보아야 한다. 등산이나 스포츠와 같은 여가활동도 어떤 태도로 하느냐에 따라 어떤 사람에게는 일이 될 수 있으며, 경우에 따라서는 노동이 될 수도 있다.

이러한 통념적 쉼과 여가 개념은 여가의 본질이나 실재를 드러내기보다는 여가의 겉모습에 해당되며, 그러한 외양은 시공간, 특별한 종류의 활동, 경제적 조

건 등의 외적 조건을 강조한다. 물론 쉴 여유가 없는 빠듯한 일정과 업무 속에서
사실 여가를 누리는 것은 결코 쉬운 일이 아니다. 여가의 외적 조건이 갖추어졌다
고 해서, 가령 돈을 벌기 위한 일체의 업무에서 벗어나거나 시간적 여유가 있다고
해서, 저절로 쉼이나 여가를 누리게 되는 것은 아니다. 이 점에서 시간적 여유는
여가의 필요조건일지는 모르지만 충분조건은 아닌 것이다.

쉼과 여가의 통념은 잘못된 교육적 주장으로 이끌기 쉽다. 이러한 통념을 가
진 사람의 입장에서 보면, 피로사회에 대한 교육적 대안으로 공부의 부담으로부
터 벗어나 학생의 자유를 마음껏 누릴 수 있는 진보주의 교육이나 자유학교 등을
고려할 것이다. 진보주의 교육이나 자유학교는 '위로부터, 바깥으로부터의 교육'
으로 표현되는 전통교육에 대한 반발에서 비롯된 것이다. '위로부터의 교육'이라
는 것은 수직적인 관계에 있는 교사나 부모가 권위를 가지고 (일방적으로) 가르
치는 교육을 의미하고, '바깥으로부터의 교육'은 교과의 지식을 학생들에게 주입
시키는 교육을 의미한다(Dewey, 1916). 진보주의 교육이나 자유학교 교육은 전
통교육의 이러한 문제점을 극복하기 위한 대안으로 제시된 것이니만큼, 학생의
자유와 자율성 중시하고 학생들과의 상호작용과 능동적인 수업을 강조하는 등
의 나름대로의 장점이 있다고 보아야 한다. 그러한 학교에서의 학생들은 표면적
으로 여가와 자유를 누리는 것처럼 보인다. 그러나 진보주의 교육이나 자유학교
가 교과의 의미나 교사의 중요성을 제대로 이해하고 있는지의 여부는 논외로 하
더라도, 학생들에게 진정한 의미의 여가와 자유를 누리게 하는지에 대해서는 의
문의 여지가 있다. 피로사회로부터 격리되어 있거나 지속적으로 그 사회와 무관
하게 살아갈 수 있다면, 이러한 교육은 하나의 대안이 될 수 있을 것이다. 그러나
이러한 방식의 교육은 기껏해야 표면적 혹은 외적인 여가를 누리고 있는 것으로
볼 수 있으며, 여러 학교 사례에서 보듯이 적어도 탁월성을 추구하는 것과는 다
소 거리가 있다.

## 2. 여가의 재해석 : 스콜레와 안식

그러면 피로사회의 문제점을 해소하면서 동시에 쉼과 탁월성을 추구하는 교

육은 불가능한 것인가? 여기서는 여가의 개념을 희랍의 스콜레($\sigma xo\lambda\eta$, schole)와 성경의 안식(shabbat)의 의미에 비추어 재해석함으로써 그러한 교육의 가능성을 보여주고자 한다.

여가의 본래의 의미를 잘 드러내고 있는 대표적인 학자는 J. Pieper이다. 그는 "Leisure: The Basis of Culture"(1948/1952)에서 여가의 개념을 희랍과 중세의 맥락에서 새롭게 해석하고 있다. 스콜레($\sigma xo\lambda\eta$, schole)의 번역어인 여가(leisure)는 '자유롭다', '허용되다'라는 뜻을 지닌 licere에서 온 말로서, "마음속에 찰나에 은밀하게 이루어지는 인식"을 의미한다. 여가의 핵심 요소는 관조(contemplation)이다. 관조는 문자적으로는 '그냥 바라보는 것'으로써, 아무런 노력이나 긴장 없이 두 눈을 활짝 열고 시야에 들어오는 것은 무엇이든지 수용하는 마음의 자세를 의미한다. 아리스토텔레스에 따르면, 관조야말로 인간의 궁극적 행복(eudaimonia)을 가능하게 한다. 관조가 최상의 행복을 가능하게 하는 이유는 i) 관조가 가장 순수한 쾌락을 안겨주고, ii) 여타의 덕을 추구하는 활동에 비해 가장 즐거운 활동이며, iii) 관조는 그 자체 외에 어떠한 목적도 가지지 않기 때문이다. 이러한 의미의 관조는 곧 스콜레를 의미한다. 아리스토텔레스와 마찬가지로, 아퀴나스도 관조적 삶(vita contmeplativa), 즉 스콜라는 인간에게 무상으로 주어지는 은총으로써, 스콜라야 말로 인간이 누릴 수 있는 최상의 행복인 '지복'(beatitudo)이라고 보았다.

아리스토텔레스나 아퀴나스에서 보듯이, 고대 그리스와 중세에서 여가는 삶의 핵심이었다. 말하자면, 인간다운 삶을 영위하려고 하는 사람은 누구나 여가를 누리는 일에 관심을 기울였다. 자본주의 사회의 현대인은 여가 없이 바쁘게 열심히 일하는 것을 미덕으로 삼고 있는데 비해, 고대 그리스와 중세에 살았던 사람들은 스콜레를 위하여 일을 기꺼이 감수하였던 것이다. 그들이 보기에, 현대인이 추구하는 일은 무엇인가를 행하는 수단적 활동으로써, 언제나 노역을 요구하고, 긴장과 고통이 수반되는 활동이다. 이러한 일은 여가를 불가능하게 만드는 마음의 자세라는 점에서 게으름(acedia)과 관련된다. 시간이 많아 아무 것도 하지 않고 빈둥거리며 노는 것처럼, 지나치게 일과 공부에 바빠 허덕이는 것도 여가의 관점에서 보면 게으름이기는 마찬가지다. 중세에서는 게으름이 신을 생각하고 인식하지 못하도록 한다는 점에서 모든 죄의 원천으로 보았다.

고대 그리스와 중세에서 스콜레는 인간이 추구해야 할 최상의 삶이자 교육의 목적이었다고 할 수 있다. 아리스토텔레스는 교육의 목적이 여가를 누리는 상태로 보았다. 피이퍼는 여가야말로 우주 전체를 하나의 총체로써 파악할 수 있는 인간(homo-capax universi)을 길러줄 수 있다고 보았다. 만일 탁월성이 총체적 세계를 인식하는 것이라면, 여가를 누리는 것은 탁월성과 별개의 것일 수 없다. 오히려 여가야말로 진정한 의미의 탁월성을 가능하게 한다고 볼 수 있다. 학교는 지금 여기(now and here)의 눈앞에서 벌어지고 있는 화급한 일상 삶으로부터 아동을 격리시켜 스콜레를 보장해주기 위한 특별한 공간으로써, 총체적인 세계를 인식할 수 있도록 신이 은총으로 인간에게 부여한 막간의 기회인 것이다. 이러한 관점에서 보면, 학교는 휴일도 없이 밤늦도록 시험 공부하는 등 학생들이 여가를 누리는 데 방해가 되는 것을 제거해야 할 뿐만 아니라, 보다 적극적으로 학생이 총체적 세계를 파악할 수 있도록 교육할 필요가 있다.

희랍의 스콜레 개념은 안식(shabbat)의 개념과 긴밀하게 관련되어 있다. 여가 개념의 원형은 '안식'에서 찾아볼 수 있다. 안식과 안식일은 구약 성경의 도처에 나타난다.

> 천지와 만물이 다 이루어지니라 하나님이 그가 하시던 일을 일곱째 날에 마치시니 그가 하시던 모든 일을 그치고 일곱째 날에 안식하시니라 하나님이 그 일곱째 날을 복되게 하사 거룩하게 하셨으니 이는 하나님이 그 창조하시며 만드시던 모든 일을 마치고 그 날에 안식하셨음이니라(창 2:1-3)

> 안식일을 기억하여 거룩하게 지키라 엿새 동안은 힘써 네 모든 일을 행할 것이나, 일곱째 날은 네 하나님 여호와의 안식일인즉 너나 네 아들이나 네 딸이나 네 남종이나 네 여종이나 네 가축이나 네 문안에 유하는 객이라도 아무 일도 하지 말라 이는 엿새 동안에 나 여호와가 하늘과 땅과 바다와 그 가운데 모든 것을 만들고 일곱째 날에 쉬었음이라 그러므로 나 여

호와가 안식일을 복되게 하여 그 날을 거룩하게 하였느니라(출 20:8-11)

우리는 안식을 단순히 쉬는 것으로 오해하는 경향이 있다. 이러한 오해는 안식일에는 본인은 물론 가족, 종이나 손님, 심지어 가축에게까지 아무 일도 하지 말라는 4계명을 문자적으로 혹은 지나치게 소박하게 해석한 것이다. 스콜레의 개념과 마찬가지로, 안식 혹은 안식일은 노동과 일상에서 벗어나 아무것도 하지 않고 쉬는 것으로 충분하지 않다. 안식 개념의 본질은 일차적으로 하나님의 창조사역과 관련되어 있으며, 나아가 하나님의 구원사역과 관계가 있다. 구원사역은 이스라엘 백성을 애굽의 노예 생활로부터 탈출시켜 주신 것[5]과 예수님의 속죄사역을 통해 하나님의 백성을 죄의 노예로부터의 완전히 해방시킨 것을 의미한다. 이 점에서 구원은 '재창조'(recreation), 즉 죄로 말미암아 타락한 인간을 새로운 피조물로 만든 것으로 볼 수 있다. 그러므로 안식일을 기억한다는 것의 핵심내용은 하나님과 그가 창조한 세계와 구원하신 일을 돌아보는 것이다[6].

안식일은 단순히 피조물 전체가 아무것도 하지 않고 그저 놀기만 하는 날이 아니며, 안식의 의미를 곰곰이 생각하는 사람이라면 아마 무위도식하거나 밋밋하게 보낼 수 없을 것이다. 하나님이 창조하신 만물들은 하나하나가 기묘막측하여 감탄을 자아낼 수밖에 없으며, 구원은 기쁨과 감격의 원천이기 때문이다. 안식은 다름 아닌 하나님의 놀라운 창조와 구원사역에 찬탄하고 감사하면서 그것을 즐기고 향유하는 것이다. 이 점에서 안식은 근본적인 면에서 '축제'(celebration)이다. 그 축제의 토대이면서 핵심이 되는 것이 바로 '예배'(worship)이다. 예배는 하나님과 그가 창조하신 총체적 세계를 즐기는 행위이므로, 예배를 통해 하나님과 하나님의 창조와 구원을 즐기는 것이 진정한 안식이라고 할 수 있다.

---

5) "너는 기억하라 네가 애굽 땅에서 종이 되었더니 네 하나님 여호와가 강한 손과 편 팔로 너를 거기서 너를 인도하여 내었나니 그러므로 너의 하나님 여호와가 네게 명령하여 안식일을 지키라 하느니라"(신 5:15).
6) 구약의 안식 혹은 안식일은 창조의 완성을 기념하면서 감사하고 찬양하는 날이며, 안식의 주인인 예수님이 오셔서 죽고 부활함으로써 성취된다. 그래서 신약에서는 안식 후 첫 날을 '주일'이라고 하면서 구속에 감사하고 즐기면서 예배하고 있다. 구약의 안식일과 신약의 주일은 새 하늘과 새 땅이 완성되어 그곳에서 영원한 안식, 즉 온전히 기뻐하면서 찬양하는 것(사 65:17-18)의 그림자이다. 이 글에서 '안식 혹은 안식일'이라는 표현은 구약에 한정되는 개념이라기보다는 신약과 하나님 나라의 완성을 포함하는 개념으로 이해되어야 한다.

그러나 바쁘고 힘든 일상생활이 지속되면, 인간은 결코 잊을 수 없을 것 같았던 창조와 구원의 즐거움과 감격도 자신도 모르게 어느새 희미해져 간다. 안식일을 지키라고 명령한 것은 마음이 엉뚱한 곳에 가 있으면서 마지못해서나 습관적으로 절기를 지키라는 것이 아니다. 그것은 바쁜 일상에 매몰되어 자칫 잊거나 우선 순위에서 밀려있는 것으로부터 벗어나서 하나님이 창조하고 재창조한 것을 보고 기억하면서 기뻐 뛸 듯 좋아하고, 감격하고 즐기는 삶을 회복하고 유지하기 위해서이다. 그러므로 인간은 매일 매순간 예배드리면서 축제를 즐기는 것이 이상적이나, 그렇지 못하다면 안식일에라도 별도의 시간을 마련하여 그렇게 할 필요가 있다. 안식은 여가의 원형으로써, 예배를 통한 진정한 즐거움과 향유가 있는 축제이다. 여가는 몇 가지 점에서 종교와 관련이 있다. 여가 시간에 하는 놀이나 오락을 일컫는 '리크리에션'(recreation)이라는 말은 오늘날의 용법에는 종교적 요소가 사라졌지만, 문자적으로 재창조, 즉 창조의 본래의 모습으로 돌아가고 회복하는 것이라는 의미가 들어있다. 이 점은 여가의 개념이 안식과 개념적으로 관련이 있음을 나타낸다. 앞에서 언급한, 피이퍼의 책 "여가"(Leisure)의 원제가 "휴식과 종교의식"(Muβe und Kult, 1948)이라는 점뿐만 아니라 그는 내용 면에서도 적극적으로 양자 사이의 관련성을 드러내고 있다. 여가는 아무것도 안 하는 것이 아니라 총체적 세계를 관조(contemplation)하는 것이고, 안식일은 아무 일도 하지 않는 것이 아니라 총체적 세계를 창조하신 하나님과 그의 사역을 인식하면서 예배하고 즐기는 일이다(웨스트민스터 소교리문답 1).

## 3. 여가를 위한 교육에 대한 논의

지금까지 피로사회를 극복하기 위한 방안으로 '쉼 혹은 여가를 위한 교육'을 제시하였다. '쉼 혹은 여가'는 아무 활동도 하지 않고 잠자거나 취미활동을 하는 것이 아니라, 근본적으로 '관조'하는 것이다. 관조는 총체적 세계를 인식하는 수용적 활동이다. 관조는 인간의 활동에 속하기는 하나 개념상 신적인 활동에 가깝다. 이 점에서 여가의 원형은 안식에서 찾아볼 수 있다. 안식은 세상의 번잡한 일상에서 격리되어 창조와 구원의 하나님을 인식하고 예배를 통해 그가 하신 일에 감사하면서 축제를 즐기는 것이다. 그러므로 쉼 혹은 여가를 위한 교육은 세상의 번잡한 일에서 벗어나 총체적 세계를 인식하면서 그것을 향유하는 마음을 길러주는 교육이라고 할 수 있다. 이러한 교육에 대해 몇 가지 의문 내지 반론이 존재할 수 있으며, 이에 대해 대답해 보고자 한다.

첫 번째 반론은 '여가 혹은 안식을 위한 교육'은 자본주의 사회에서 강조하는 근면하고 성실하게 일하는 것과, 그 결과 이룬 경제적 성장과 자본을 축적하는 것을 부정하는 것이 아닌가라는 점이다. 이러한 반론을 하는 사람은 교육이라는 것이 궁극적으로 치열한 사회에 잘 적응하고 경쟁력을 갖추도록 하거나, 좋은 직장에 취직하여 사회적 지위나 부를 축적할 수 있도록 준비시키는 것이라는 점을 상정하고 있다. 교육을 외재적 혹은 수단적 목적으로 보는 이러한 관점에 대해, 두 가지 방식으로 대답이 가능하다. 하나는 소극적으로 여가를 위한 교육이 건전한 일이나 노동을 경시하는 것은 아니라는 점을 지적하는 것이고, 다른 하나는 보다 적극적으로 외재적 목적의 추구는 교육적 탁월성은 커녕 교육의 왜곡 내지 타락을 가져온다는 점을 지적하는 것이다.

먼저, '여가 혹은 안식을 위한 교육'은 일이나 노동 그 자체를 경시하거나 부정하는 것이 아니다. 인간은 일하거나 노동하지 않고 살아갈 수 없다. 인류가 타락한 이후, 모든 인간은 의식주를 해결하려면 땀 흘리고 수고하여야 한다(창 3:17). 바울은 "일하기 싫거든 먹지도 말라"(살후3:10)고 하고 있으며, 청교도들은 일이 하나님께서 주신 거룩한 사명이라는 점을 믿고 실천하며 살아왔다. 이들은 일과 직업을 하나님의 소명과 관련시킴으로써 노동의 가치와 의미를 새롭게 해 주었다. 그러나 기독교 정신이 사라진 자본주의는 개인의 끝없는 욕망에 함몰되어 여가의 정신과 소명의식을 잃어버린 것이다. 이러한 상황에서 여가를 위한 교육은 직업을 가지고 열심히 살아가는 것을 부정하는 것이라기보다는 일에 중독되어 인간됨을 상실한 채 살아가는 사람들에게 일에는 스콜레가 들어있다는 점과 인간은 스콜레를 누리기 위해 일해야 한다는 점을 상기시켜 준다.

다음으로, 외재적 목적을 추구하는 것은 참된 탁월성이 아니며, 교육적 가치는 더구나 아니다. 외재적 관점을 가진 사람들이 보기에, 자신이 선호하는 좋은 직장에 들어가 사회적 지위나 경제적 부를 누린다는 것은 이미 경쟁력이 있는 사람이라는 것을 의미하고, 경쟁력이 있다는 것은 탁월성이 있다는 증거이다. 그러나 외재적 목적으로 추구하는 탁월성은 교육에서 추구하는 인간됨의 탁월성과 무관하며, 따라서 학교에서 추구해야 할 본질적 가치가 아니다. 학교가 비본질적 가치를 추구하는 것은 오히려 교육의 가치를 왜곡시키고, 나아가 학교를 시장(markets)으로 전락시켜 학교의 본래 의미를 사라지게 만드는 행위이다.

　두 번째 반론은 '여가 혹은 안식을 위한 교육'이 학교에서 열심히 교과공부를 하는 것의 중요성을 간과하는 것은 아닌가 하는 점이다. 그것은 학생들이 공부 대신 집에서 쉬거나 교회에서 예배를 잘 드리고 신앙생활만 하면 충분하다는 생각으로 이끌 수 있으며, 학생들이 열심히 공부하지 않아도 될 서로 다른 이유를 제시하고 있는 셈이다. 하나는 현행 학교교육이 추구하는 것이 오히려 여가 혹은 관조를 방해하고 있다는 점과, 그러한 사실에 비추어 볼 때 학교에서 아무리 공부를 해보았자 어차피 인텔렉투스에 도달하는 것이 불가능하니, 차라리 쉬면서 인텔렉투스를 기다리는 편이 낫다는 것이다. 다른 하나는 기독교 신자의 경우에서 흔히 볼 수 있는 것으로써, 안식을 누리는 것이 궁극적 목적이므로, 굳이 헤라클레스의 노동처럼 몸과 마음을 상하면서까지 학교공부를 하는 것보다는 신앙생활을 잘하고 교회에서 예배만 잘 드리는 것으로 충분하다는 생각이다. 이 두 가지 이유에는 공통적으로 인텔렉투스와 라티오가 다른 경로로 주어지고, 인텔렉투스는 라티오 없이 가능하다는 점을 전제하고 있다.

　이러한 반론에 대한 대답은 라티오와 인텔렉투스의 관계를 밝힘으로써 논리적으로 해소될 수 있다. 여가 혹은 안식을 위한 교육은 근본적인 면에서 지적 활동이고, 인간의 지적 활동은 라티오와 인텔렉투스의 두 요소를 포함한다. 그런데 교육의 목적, 즉 인간이 궁극적으로 추구하는 것은 총체적 세계를 온전하게 인식하는 것이고, 그것은 라티오만으로 부족하며 총체적 세계가 훤히 드러나는 인텔렉투스가 요청된다. 기독교적인 용어로 설명하면, 일반은총으로 누구에게나 주어지는 이성으로는 아무리 노력해도 하나님이 창조한 총체적 세계를 온전하게 인식하는 것이 불가능하며, 그것이 가능하려면 특별계시, 즉 모든 지식의 근본이요 토대인 '하나님을 아는 지식'(knowing God)이 요청된다(잠 1:7; 9:10; 호 4:6). 그러나 이러한 사실이 라티오를 간과해도 좋다는 것을 의미하는 것은 아니다. 라티오와 인텔렉투스는 서로 분리되어 있거나 무관한 것이 아니라, "서로 직각을 이루며 교차한다." 두 요소가 수직으로 교차한다는 것은 라티오를 추구한다고 해서 반드시 인텔렉투스에 이르는 것은 아니지만, 그렇다고 해서 라티오를 추구하는 노력 없이 인텔렉투스가 저절로 주어지는 것은 아니라는 것을 의미한다. 인텔렉투스는 인간이 열심히 라티오를 추구할 때 그 이면에서 '신의 은사'로 주어지는 것이다. 두 요소 사이에는 연속성과 단속성이 동시에 존재하는 것이다. 그러므로 여가 혹은 안식을 위한 교육은 학교에서 교과공부를 하지 말라는 것이 아니라, 그 일에 안주하거나 얽매여 스콜레를 잃어버리지 말고 오히려 공부를 통해 참된 스콜레와 안식을 누려야 한다는 점을 환기시켜 주는 것이다.

　세 번째 반론은 '여가 혹은 안식을 위한 교육'이 고대 희랍사회에서나 중세사회에서나 가능할지 모르지만, 오늘날에도 그러한 교육이 가능한가 하는 점이다. 이러한 반론에는 여가 혹은 안식을 위한 교육이 두 가지 측면에서 볼 때 비현실적일 수 있다는 것이다. 그것은 4차 산업혁명의 시대처럼 고도로 산업화되어 있고 모든 것이 급변하는 시대상황적 측면과 한국 사회처럼 학력과 시험에 의해 인생이 좌우됨에 따라 학생들이 학교에서 공부하는 것도 모자라 학원 등의 사교육 기관을 찾아다니는 사회상황적 측면이다.

　이 의문에 대해 단도직입적으로 만족할 만한 대답을 내놓기는 쉽지 않으며, 간접적인 답변을 할 수밖에 없다. 4차 산업혁명은 디지털과 물리세계의 결합 등으로 인해 기하급수적인 속도로 일을 처리함에 따라 산업분야 뿐만 아니라 사회생활 전반에 걸친 변화가 예상된다. 이러한 사회에서 요구되는 것은 단편적 지식교육이나 노동집약적 기술보다는 융·복합적 사고와 문제해결력, 창의성 등이 요구된다. 그리고 사물인터넷이나 인공 지능을 활용한 교육이 활성화되면 될수록, 그와 비례하여 상실해가는 인간 존재의 본성을 되찾기 위한 각성과 인문학적 성찰이 요청된다. 4차 산업혁명에서 요구되는 이러한 능력과 요구 사항들은 역설적이게도 기존 교육처럼 교과지식을 밤을 새워가면서 무조건 열심히 외운다고 충족되는 것은 아니다. 그러한 능력은 오히려 여가를 위한 교육에서 추구하는 지적 탁월성에 가깝다. 이 점에 비추어 보면, 현행 우리나라 학교가 추구하는 교과의 단편적 지식을 반복하여 주입식으로 가르치는 수능중심의 입시교육으로는 미래사회에 대처하기 어렵다. 입시위주의 교육이나 사교육에 대한 투자는 일시적으로 성적을 올리고 대학입시에 도움이 될지 모르지만, 미래사회에게 요구되는 유연하고 창의적인 융·복합적인 능력을 기르는 데 그다지 도움이 되지 않는다는 점은 다소 분명한 것 같다. 나아가 그러한 공부는 인간이 추구해야 할 진정한 의미의 탁월성을 결코 기를 수 없다. 이 세상의 공부는 형식상 라티오에 의해 평가되고 있지만, 그것만으로 총체적 세계를 인식하기에는 턱없이 부족하다. 그럼에도 불구하고 진학을 위해 몸과 마음을 상해가면서 그런 공부를 해야 하는지는 본인이 선택할 문제이다. 여가 혹은 안식을 위한 교육의 관점에서 우리나라 학교에서 요구되는 것은 박학다식하지만 자신의 관점을 결여한 인재를 양산하는 것보다는 배우는 내용이 다소 적더라도 그것을 내면화하여 자신의 관점을 형성할 수 있는 인재를 기를 필요가 있다.

## V. 나가는 말

한국을 비롯한 현대사회는 '피로사회'라 불릴 만큼, 누구나 할 것 없이 지나친 노동과 일로 인해 고통을 당하고 있으며, 나아가 인간됨을 상실하고 있다. 피로사회의 근본적인 원인은 신자유주의 경쟁을 통한 성과주의 때문이며, 그것이 학교에서는 탁월성을 위한 교육의 왜곡된 형태인 성적 지상주의로 나타난다. 아닌 게 아니라, 우리나라 학생들은 입시경쟁 교육 때문에 학생들은 하루 종일 학교공부 하는 것도 모자라 사교육 기관을 전전함으로써 육체적으로나 정신적으로 고통을 당하고 있다. 더 불행한 것은 그렇게 잠을 설쳐가며 공부하지만 올바른 의미의 지적 탁월성에 이르지 못하고 있다는 점이다. 이러한 상황에서 쉼과 탁월성을 동시에 추구할 수 없을까? 이 글은 이러한 문제의식에서 피로사회의 문제와 쉼과 탁월성을 동시에 추구하는 것이 가능하다는 점을 보여주기 위한 시도이다.

현행 우리나라의 학교교육은 지적 탁월성을 추구하는 듯이 보이나 이중적인 면에서 한계가 있다. 즉, 학교교육이 직관적 지성(intellectus)을 간과하고 추론적 지성(ratio)에만 초점을 두고 있다는 점이고, 추론적 지성마저도 본질보다는 외양만을 추구하고 있다는 점이다. 그 결과 한국의 학생들은 쉬지도 못하면서 엄밀한 의미에서 탁월성도 누리지 못하고 있는 것이다. 양립 불가능한 듯이 보이는 '쉼 혹은 여가를 위한 교육'과 '탁월성을 위한 교육'은 여가와 탁월성의 본래 의미를 회복함으로써 양립가능하며, 또한 동시에 추구될 수 있다. '쉼 혹은 여가를 위한 교육'을 회복한다고 할 때, '쉼 혹은 여가'는 단순히 육체적인 휴식이나 정신적인 게으름이라기보다는 희랍의 여가(schole)나 성경의 안식(sabbat)으로 이해되어야 한다. 그것은 영혼의 상태이면서 마음의 태도이다. 여가는 관조, 즉 총체적 세계가 한눈에 훤히 드러나는 상태이다. 교육에서 추구하는 인간의 탁월성은 '지적 탁월성'(intellectual virtue)과 '도덕적 탁월성'(moral virtue)을 포함하며, 지적 탁월성에는 추론적 지성과 직관적 지성 두 가지 요소가 들어있다. 직관적 지성은 관조와 긴밀하게 관련되어 있다. 그러므로 여가를 위한 교육은 '탁월성을 위한 교육'과 별개의 것이 아니며, '여가를 위한 교육'이 곧 '탁월성을 위한 교육'인 것이다.

여가의 원형은 안식에서 찾아볼 수 있으며, 안식의 기원은 하나님이 만물의 창조를 하고 안식을 취한데서 비롯된다. 안식은 창조의 완성으로써, 피조물인 인간이 하나님이 창조한 총체적 세계를 생각하며 즐기는 축제이며, 그 축제의 토대는 천지를 창조하고 구원한 하나님에 대한 예배로 나타난다. 그러므로 안식은 단순히 아무 일도 하지 않고 쉬는 것이라기보다는 천지를 (재)창조한 하나님을 인식하면서 그가 (재)창조한 총체적 세계를 관조하고 향유함으로써 새로워지고 충만해지는 시간이다.

그러나 불행하게도 대부분의 현대인은 여가와 안식을 누리지 못하며, 크리스천 부모와 자녀도 여가를 누리지 못하는 현실이다. 심지어 여가를 위한 교육을 해야 한다고 주장하며 그러한 글을 쓰고 있는 필자 자신조차도, 한동안 글 쓰는 것에 대한 압박 때문에 스콜레를 누리지 못하고 있다. 아마 새 하늘과 새 땅이 임할 때까지 우리는 누구도 온전한 스콜레와 안식을 누리는 것이 불가능할지 모른다. 그럼에도 불구하고 우리는 직장과 학교에서 바쁜 일상 가운데서도 모든 활동에는 스콜레가 들어있다는 것을 늘 인식하면서 안식을 즐기려는 자세가 요청된다. 이러한 자세는 하나님이 원하시는 바이기도 하다. 하나님은 "수고하고 무거운 짐진 자들아, 다 내게로 오라. 내가 너희를 쉬게 하리라"(마 11:28)고 하면서 우리를 안식으로 요청하고 있다. 이러한 요청을 받고 안식을 누릴 때 하나님과 총체적 세계를 인식할 수 있는 것이다. "너희는 가만히 있어 내가 하나님 됨을 알지어다"(시 46:10). 이 말씀은 "여가를 행하라. 그리하여 내가 여호와임을 알라"라고도 번역될 수 있는 말이다. 누구나 여가와 안식을 누리고 싶지만 실지로 그러지 못한 상황에서, 여가와 안식을 누린다는 것은 하나님의 축복이면서 은총이다.

김승호. 『여가란 무엇인가』, 파주: 교육과학사.

주광순(2017). "피로사회에서의 저항." 대동철학. 81.

한국직업능력개발원(2016). KRIVET Issue Brief 제98호, 2016. 04. 30.

한국직업능력개발원(2016). KRIVET Issue Brief 제116호, 2017. 01. 30.

Aquinas, T. *Summa Theologica*. The English Dominicans
       (trans.1947-1948). New York: Benziger.

Aristotle, *The Nicomachean Ethics*. D. Ross(trans. 1980). Oxford
       University Press.

Dewey(1916). *Democracy and Education*. New York: Macmillan.

Han, B. C. *Mudigkeitsgesellschaft,* 김태환 역(2012). 『피로사회』. 서
       울:문학과지성사.

Han, B. C. *Was is Macht?.* 김남시 역(2011). 『권력이란 무엇인가?』.
       서울: 문학과지성사.

Han, B. C. *Duft der Zeit.* 김태환 역(2013). 『시간의 향기』. 서울: 문학
       과지성사.

Oakeshott, M.(1972). *Education: The engagement and its frus-*
       *tration*.

R. F. Dearden, P. H. Hirst, R. S. Peters(eds.). *Education and the*
       *Development of Reason.* London: Rotledge and Kegan
       Paul.

Pieper, J.(1948), Musse und Kult. A. Dru(trans.)(1952). *Leisure:*
       *The Basis of Culture*. New York: Pantheon Books.

http://stats.oecd.org

# 5장

# 쉼이 있는 교육을 위한
# 교육시민운동

박상진 교수 _ 장로회신학대학교

박상진 교수(장로회신학대학교)

## Ⅰ. 들어가는 말 : 쉼이 없는 교육

우리나라의 교육을 한마디로 표현한다면 '쉼이 없는 교육'이다. 적어도 초등학교부터 대학입시에 이르는 과정의 교육이 입시위주의 교육으로 전락하였고, 쉼 없는 교육이 지속되고 있다. 최근 이러한 쉼 없는 교육에 대한 반성이 사회 전반에서 일어나고 있는데, 그 결정적인 계기는 2014년 4월 16일에 일어났던 세월호 참사라고 할 수 있다. 세월호가 침몰함으로 탑승자 476명 가운데 300명이 넘는 승객이 목숨을 잃거나 실종되었는데, 희생자 대부분은 단원고 2학년 학생들이었다. 세월호 참사는 우리의 교육을 돌아보는 계기가 되었는데, 한 번도 제대로 쉬지 못하고 공부에 매여 살아왔던 그들의 삶에 대하여 온 국민이 함께 안타까워하였다. 세월호 참사가 한국교육에 주는 메시지가 있다면 이제는 학생들의 삶이 쉼이 있는 삶, 개성이 존중되는 삶, 입시경쟁에 내몰리는 삶이 아니라 저마다의 끼가 발현되는 삶으로 전환되어야 한다는 것이다.

오늘날 우리나라의 청소년들은 세상에서 가장 불행한 삶을 살고 있다. 한국의 청소년이 얼마나 불행한지에 대해서는 수많은 지표가 말해주고 있으며, 우리 주변 청소년들의 삶의 모습을 보면서 체감하게 된다. 여성가족부와 통계청이 발표한 '2014 청소년 통계'를 보면 청소년이 고민하는 주요한 문제는 '공부'(32.9%), '직업'(25.7%), '외모·건강'(16.9%) 순으로 나타났다. 청소년의 가장 큰 고민은 학업 문제이며 성적 문제임을 알 수 있다. 이러한 학업과 성적에 대한 고민이 자살로 이어지게 된다. 청소년 사망원인 1위가 자살이라는 것은 충격적이다. 매년 자살하는 청소년의 수가 350명에 달하는데 마치 매년 세월호 한 척씩 침몰하는 것과 같다. 자살로 인한 사망이 교통사고나 질병으로 인한 사망보다 월등히 높은데, 자살의 가장 큰 이유는 학업과 성적 문제임은 두말할 나위가 없다. 일 년 중 한 번이라도 자살하고 싶다는 생각을 해본 적이 있다고 응답한 청소년도 전체 청소년의 11.2%에 달했다.

국제구호단체 세이브더칠드런과 서울대 사회복지연구소가 공동으로 조사하여 발표한 '아동의 행복감 국제 비교연구' 결과에 따르면 한국 아동의 '주관적 행복감'이 조사 대상인 12개국 아동 가운데 최저로 나타났다. 12개국 아동 4만여 명을 대상으로 진행된 이 연구 조사 결과 한국 아동의 '주관적 행복감' 연령별 평균은 전체 최저 수준으로 나타났다. 한국 아동들의 행복감은 경제 발전 수준이 낮은 네팔(8.4점, 8.6점, 8.5점), 에티오피아(8.2점, 8.6점, 8.3점)보다도 낮은 수준으로 조사되었다. '행복하지 못한 아동, 청소년', '불행한 아이들', 우리나라 다음 세대의 모습이다.

우리나라 청소년의 사교육 실태는 어떠한가? 교육부는 지난 2017년 3월 14일, 통계청과 공동실시한 2016년 초·중·고 사교육비 조사결과를 발표했는데, 그 결과에 따르면 사교육 참여율은 67.8%로 10명 중의 7명은 사교육을 받는 것으로 나타나고 있다. 2016년 사교육비 총 규모는 약 18조 1천억 원으로 2015년 17조 8천억 원 대비 1.3%가 증가하였고, 1인당 월평균 명목 사교육비는 25.6만 원으로, 학교급별로는 초등학교 24.1만 원, 중학교 27.5만 원, 고등학교 26.2만 원으로 중학교의 사교육비가 가장 높은 것으로 나타났다. 이러한 사교육비는 소득 계층 간의 양극화가 심각한 수준임을 나타내고 있는데, 최상위 가구(700만 원 이상) 월평균 사교육비(44.3만 원)와 최하위 가구(100만 원 미만) 월평균 사교육비(5.0만 원) 간의 격차가 8.8배로써 해가 갈수록 심화하고 있다. 이러한 사교육으로 인한 스트레스, 억압, 그리고 재정적인 부담이 청소년과 그들의 부모를 억누르고 있다.

우리나라 청소년의 학습 시간은 한국청소년정책연구원(2010)의 보고에 따르면 고등학생 9시간 10분으로 OECD 국가 중에서 최고 수준이다. 세계에서 가장 오랜 시간 공부하는 청소년들, 그 반면 세계에서 가장 수면 시간이 짧은 청소년들이다. 최소한의 수면권도 보장되지 못하는 그야말로 인권의 사각지대에 방치되어 있는 셈이다. 2013년 한국청소년정책연구원의 보고에 따르면 우리나라 청소년들의 평균 수면 시간은 5.27 시간으로 나타났다. 미국수면재단(NFC)은 7시간을 수면 시간으로 권장하는 것에 비해서 우리나라 청소년의 수면은 이에 크게 미치지 못한다. 전체 학생의 66.6%가 수면이 부족하다고 느끼고 있었고, 수면 시간이 짧을수록 우울지수, 비만율이 증가하는 양상을 보였다.

이러한 청소년 실태를 통해서 알 수 있는 것은 우리나라의 청소년들이 행복하지 못할 뿐 아니라 거의 쉼을 누리지 못하고 기본적인 수면권마저 보장받고 있지 못한 상태에 있다는 점이다. 학교 수업 이후에도 사교육을 받아야 하고 심지어 토요일은 물론 일요일에도 학원에 가야 하는 그야말로 '월화수목금금금'의 비인간적인 생활을 영위하고 있는 것이다. 이러한 불만족과 억압, 스트레스는 학교 폭력과 각종 중독, 그리고 우울증과 자살로 이어지고 있다. 우리나라 청소년들의 이러한 쉼 없는 삶의 현실은 교육의 본질에 대한 의문을 제기하고 있고, 하나님이 원하시는 교육의 참모습을 회복하는 것이 오늘 이 시대의 한국 기독교와 교회의 사명임을 드러내 보여주고 있다.

## II. 쉼이 있는 교육 이해

### 1. 쉼의 기독교적 의미

쉼의 성경적 근거는 무엇보다 하나님의 안식 명령이다. 성경은 안식과 쉼을 매우 중요하게 여긴다. 십계명의 4계명이 안식일을 지키라는 하나님의 명령이다. "네 하나님 여호와가 네게 명령한 대로 안식일을 지켜 거룩하게 하라" 많은 사람이 안식일은 율법이니 안 지켜도 된다고 주장하기도 한다. 그러나 구약의 안식일은 신약의 주일과 연결되어 있다. 안식일이 마치 복음과 대립하는 것처럼 이해하면서 안식일 계명을 지킬 필요가 없다고 주장하는 것은 성경에 나타나 있는 율법과 복음의 관계를 오해하고 있기 때문이다. 복음은 율법의 완성이며, 안식일과 주일은 대립하는 것이 아니라 주님의 부활을 기념하는 주일 안에서 안식의 의미가 온전히 성취되는 것이다.

하나님이 천지를 창조하셨다. 창세기 2장 1절은 이렇게 말씀하고 있다. "천지의 만물이 다 이루어지니라. 하나님이 그가 하시던 일을 일곱째 날에 마치시니 그가 하시던 모든 일을 그치고 일곱째 날에 안식하시니라. 하나님이 그 일곱째 날을 복되게 하사 거룩하게 하셨으니 이는 하나님이 그 창조하시며 만드시던 모든 일을 마치시고 그날에 안식하였음이니라." 하나님께서 6일 동안 세상을 다 창조하셨다. 그러나 아직 한 가지 부족한 것이 있었는데, 하나님은 7일째 안식을 창조하셨고, 비로소 창조는 완성되었다. 이런 의미에서 아브라함 헤셸이 쓴 '안식'이라는 책에 보면 창조의 정점에 인간이 있는 것이 아니라 메누하, 즉, 안식이 있다. 그는 이렇게 말한다. "엿새 동안 창조가 이루어진 뒤에 우주에 무엇이 없었는가? 메누하가 없었다. 안식일이 되자 메누하가 왔다. 그리하여 우주가 완전해졌다."[1] 일곱째 날에 창조된 것이 바로 평온, 고요, 평화, 휴식이라는 것이다. 그에 의하면 하나님께서 공간을 구별하신 것이 아니라 시간을 구별하셨다. 그는 "어떤 종교는 거대한 사원과 성당을 세우지만, 하나님은 시간을 구별하신다"라고 말한다. 유대인 수필가 아카드 하암은 이런 말을 했다. "유대인이 안식일을 보존한 것이 아니라 안식일이 유대인을 보존했다." 유대인이 바벨론 포로 기간에도 그들만의 정체성을 지킬 수 있었던 것도 바로 안식일을 지켰기 때문이라는 것이다. 이런 점에서 안식일은 도구가 아니라 목적이며, 안식일이 평일을 위해 있는 것이 아니라, 오히려 평일이 안식일을 위해 있는 것이다. 안식은 활동을 효과적으로 하기 위해서 잠시 쉬는 것이 아니라 안식이 오히려 목적이라는 것이다. 안식일은 하나님이 복되게 하신 날로써, 안식일은 즐거운 날이요, 기쁜 날이다. 안식일은 우리가 얼마나 율법을 잘 지키고 있는지를 점검하는 날이 아니라 철저히 은혜와 쉼을 경험하는 날이다.

---

1) Abraham Joshua Heschel, The Sabbath, 김순현 역, 『안식』 (서울: 복있는사람, 2007), 73.

동시에 안식은 저항이다. 신명기 5장에 나타나는 안식일 계명은 특별히 안식일
의 의미를 출애굽 사건과 연결지어 해석하고 있다. 월터 브루그만은 그의 책 '안
식일은 저항이다'에서 애굽의 파라오 체제를 도무지 만족을 모른 채 생산을 독려
하는 체제, 끝없이 욕구를 추구하는 체제로 보았는데, 그 체제의 특징은 바로 안
식이 없다는 것이다. 끊임없이 벽돌을 만들어야 하는 바로의 체제, 안식일을 지키
는 것은 바로 그 체제에 저항하는 성격을 지닌다고 보았다. "안식일이 저항인 이
유는 안식일이 상품 생산과 소비가 우리 삶을 좌지우지하지 못한다는 것을 분명
하게 강조해주기 때문이다"라고 말하고 있다.[2] 안식은 세속화에 대한 저항이다.
유물론과 맘모니즘에 대한 저항이다. 인간을 억압하고 끝없이 상향성을 추구하
는 것에 대한 저항이다. 개인적인 욕망만을 성취하기 위해 쉼 없이 달리는 출세주
의에 대한 저항이다. 하나님의 원리가 아닌 인간의 원리가 지배하는 것에 대한 저
항이다. 우리는 안식함으로써 안식하지 못하게 하는 것에 대해 저항하는 것이다.

## 2. 쉼이 있는 교육 : 쉼의 교육적 이해

쉼이 있는 교육은 교육을 부정하는 것이 아니라 교육의 본질을 회복하는 것이
다. 교육의 본질 회복은 하나님의 창조질서를 회복하는 것을 의미하고, 하나님의
교육으로의 회복을 의미한다. 오늘날 한국교육의 현실은 하나님이 원래 의도하
신 교육의 모습이 아니고 왜곡되고 뒤틀린 채 수많은 사람에게 고통을 안겨주고
있다. 하나님이 원하시는 교육의 원래 모습은 선한 것으로서 '하나님의 형상'대로
지음 받은 인간이 하나님을 닮아가는 삶을 살고, 각자에게 독특한 선물로 주신 은
사를 계발하고, 그 은사로 하나님이 부르신 소명의 자리에서 이웃을 사랑하고 선
행을 실천함으로 하나님의 나라를 건설하고 하나님께 영광을 돌리는 삶을 사는
것이다. 그런데 죄로 인한 타락은 '하나님의 교육'을 왜곡시키고, 교육의 영역을
욕망의 각축장으로 전락시켰으며, 생존경쟁과 만인의 투쟁 자리로 변질시켰다.

---

2) Walter Brueggemann, Sabbath as Resistance, 박규태 역, 『안식일은 저항이다』 (서울: 복있는사람, 2015).

획일적인 기준으로 인간 개개인에게 허락된 독특성과 존엄성을 심각히 훼손하였고, '서로 돌아보아 사랑과 선행을 격려하는'(히 10:24) 공동체가 아닌 욕심과 허영을 따라 남을 멸시하고 자신의 이익만을 추구하는 이기적인 영역이 되고 말았다. 이러한 타락한 교육, 악한 세력이 지배하는 교육을 '하나님이 다스리시는 교육'으로 회복함으로 교육의 영역에서 하나님 나라를 이루어가는 것은 교회의 중요한 사명 중의 하나이다. 교회는 개인의 구원과 영적 성숙이라는 교회 내 교육에 관심을 가질 뿐 아니라, 하나님 나라의 관점으로 세상 속의 왜곡되고 뒤틀린 교육을 다시금 하나님의 통치가 이루어지는 교육으로 회복해야 할 책임이 있는데 '쉼이 있는 교육'은 바로 이런 교육의 영역에서의 하나님 나라 운동인 것이다. 쉼이 있는 교육은 학생들이 달리던 교육의 걸음을 멈추고, 내가 어디를 향해, 무엇을 위해 달리고 있는지를 생각하는 진정한 교육의 목적을 회복하는 교육이며, 부모와 교사들은 무엇을 향해 왜 가르치는지를 깨달으며 진정한 교육의 이유와 근원을 생각하며 하는 교육이다.

사실 '월화수목금금금' 쉼 없이 교육하는 것은 효과 면에서도 바람직하지 않다. 하나님께서 쉼을 명령하시고 안식일을 지키도록 하신 것은 깊은 의미가 있다. 안식일을 쉴 때에 나머지 6일 동안은 집중하여 일할 수 있기 때문이다. 상식적으로 생각하면 안식일에도 일하는 것이 더 많은 소출을 남길 수 있을 것이라고 여겨진다. 단지 노동의 시간만을 생각한다면 그것이 타당할 것이다. 그러나 이것은 사실이 아니다. 안식일의 쉼이 엿새 동안의 노동을 알차게 만들어 주기 때문이다. 이것은 학업에도 똑같이 적용될 수 있다. 쉬지 않고 계속 공부하는 것은 어리석은 일이다. 휴식이 없이 공부 시간의 양을 늘리는 것은 효과적인 공부 방법이 아니다. 왜냐하면, 집중하지 못하기 때문이다. 교육에 있어서 쉼이 중요하다. 쉼의 공간을 통해 방향을 생각하고 목적을 재설정하게 되며, 이는 새로운 동기를 유발하고 집중할 수 있는 중요한 계기가 된다.

## Ⅲ. 쉼이 있는 교육을 위한 기독교교육생태계

입시위주의 왜곡된 교육인 쉼이 없는 교육을 쉼이 있는 교육, 교육의 본질을 회복하는 건강한 교육으로 변화시킬 수 있는 방안은 무엇인가? 쉼이 있는 교육이 실현되어야 한다는 당위성을 주장하는 것만이 아니라 실제로 한국교육 속에서 쉼이 있는 교육이 회복되기 위해서는 어떤 과정이 필요한가? 쉼이 있는 교육을 구현하기 위한 방안을 모색하기 위해서는 먼저 쉼이 있는 교육이 어떻게 구성되어 있고, 어디로부터 영향을 받고 있는지를 파악하고 각각의 차원에 맞는 해결책을 추구하여야 한다. 교육은 인간과 환경과의 상호작용으로서 인간을 둘러싸고 있는 다양한 환경으로부터 영향을 받게 되어 있다. 교육은 좁게는 학교 안의 교사, 학생, 교재의 관계를 통해 영향을 받지만, 학교 내의 다른 환경도 있을 뿐만 아니라 가정, 사회, 미디어, 문화 등 더 넓은 환경으로부터 영향을 받는다. '한 아이가 자라기 위해서는 마을이 필요하다'라는 말은 이러한 환경의 중요성을 강조하는 것이다. 쉼이 있는 교육도 한 학생을 둘러싼 환경을 분석함으로써 쉼이 없는 교육의 영향력을 최소화하고 쉼이 있는 교육의 영향력을 극대화하는 변화의 노력을 기울일 때 가능한 것이다. 즉, 쉼이 있는 교육으로 변화되기 위해서는 한두 가지 프로그램으로 가능한 것이 아니라 이러한 쉼이 있는 교육을 구성하는 모든 차원이 포함된 입체적, 총체적 변화가 요청되는 것이다. 이런 점에서 쉼이 있는 교육은 교육생태계와 관련이 되어 있다.

교육생태계에 대한 관점을 체계적으로 제시하고 있는 저서는 브론펜브레너(Urie Bronfenbrenner)가 저술한 『인간발달생태학』(The Ecology of Human Development)이다. 브론펜브레너는 그 책에서 인간발달에 영향을 주는 환경 체제를 다섯 가지로 제시하고 있는데 바로 미시체계(microsystem), 중간체계(mesosystem), 외체계(exosystem), 거시체계(macrosystem), 시체계(chronosystem)이다.[3] 그에 따르면 미시체계란 "한 개인이 직접적으로 영향을 주고받는 상

3) Urie Bronfenbrenner, The Ecology of Human Development, 이영 역, 『인간발달생태학』 (서울: 교육과학사, 1992), 7.

호체계에 놓여있는 관계들의 복합체"를 의미하는데, 한 개인과 상호작용하는 가
장 좁은 범주의 환경이라고 할 수 있다. 가정이나 학교, 또래나 친구 집단 등이 미
시체계에 속한다고 볼 수 있다. 이러한 미시체계에서의 상호작용은 매우 즉각적
이며 직접적이기 때문에 인간의 성장과 발달에 가장 기본이 되는 상호작용의 유
형이며 가장 강력한 영향을 받는 환경이라고 할 수 있다.

　브론펜브레너에 의하면 중간체계는 "발달하는 개인이 적극적으로 참여하는
둘 이상의 환경 간의 상호관계(interaction)"로 이루어지는데 "아동의 경우는 가
정, 학교와 이웃, 동료 집단 사이의 관계들이며, 성인의 경우는 가족, 직장, 사회
생활 사이의 관계"로 볼 수 있다.[4] 그에 따르면 상호연결성(interconnectedness)
의 원리는 장면들 내에서만 적용될 뿐 아니라, 장면들 사이의 연결고리들에도 똑
같은 힘의 결과로써 적용되고 있는데, 이렇듯 개인이 직접 참여하고 있지는 않으
나 연결고리에 의해 참여하고 있는 것과 같은 영향을 주고받는 체계를 중간체계
라고 하는 것이다.

　외체계(exosystem)는 "발달하는 개인이 적극적인 참여자로 관여하지는 않으
나 발달하는 개인이 속한 환경에서 일어나는 일에 영향을 주거나 영향을 받는 사
건이 발생하는 하나 또는 그 이상의 환경"이라고 할 수 있다. 외체계의 예로써 브
론펜브레너는 아동의 경우 부모의 직업, 형제가 다니는 학교, 부모의 친구 조직
망, 지방 교육청 활동 등을 들고 있다. 거시체계(macrosystem)는 "기본적인 신
념체계가 이념과 함께 하위체계들(미시체계, 중간체계, 외체계)의 형태와 내용에
서 나타나는 일관성(consistencies)으로써 하위문화 수준이나 문화 전반의 수준
에 존재"하는 것을 의미한다. 브론펜브레너는 그 사례로써 가정과 학교 사이의
관계가 미국과 프랑스에도 공통적으로 존재하지만, 그 관계 유형이 각 사회마다
차이가 있는데, 이러한 각 사회에 존재하는 일관성 있는 유형이 바로 거시체계에
해당한다는 것이다.[5]

　마지막으로 인간은 시간의 흐름에 따라 성장과 발달, 변화를 겪게 되는데 이러

4) Bronfenbrenner, The Ecology of Human Development, 23.
5) Bronfenbrenner, The Ecology of Human Development, 24.

한 환경체계를 시체계(chronosystem)라고 한다. 즉, 한 주어진 사회나 사회 집단 내에서는 미시체계, 중간체계, 외체계의 구조와 본질이 마치 같은 모델에 의해 구성된 것처럼 유사한 경향이 있고 그 체계들은 유사한 방식으로 기능한다. 그러나 이와 반대로 서로 다른 사회적 집단 간에는 그 구성 체계들이 현저하게 다르다. 그러므로 서로 다른 사회적 계층, 다른 인종, 종교집단이나 혹은 전체 사회들을 특징짓는 미시체계, 중간체계, 외체계를 분석하고 비교함으로써, 더 큰 사회적 맥락이 인간 발달을 위한 환경으로서 갖는 생태학적인 속성을 체계적으로 설명할 수 있고 구분할 수 있게 된다.6)

쉼이 있는 교육을 가능케 하는 교육적 방안을 모색하기 위해서는 브론펜브레너의 이러한 교육생태학적 접근에 근거하되 쉼이 있는 교육을 적절하게 설명할 수 있는 교육생태계로 구조화할 필요가 있다. 한 학생에게 쉼이 있는 교육으로의 변화가 이루어지기 위해서는 다섯 가지 차원으로 이루어진 쉼이 있는 교육의 교육생태계를 상정할 수 있다. 심리적 차원, 관계적 차원, 공동체적 차원, 제도적 차원, 문화적 차원 등이 그것들이다. 이 차원들은 분리된 것은 아니고 상호연결되어 있는데 각 학생에게는 중첩적인 영향력을 미치고 있다.

첫째, 한 학생에게 쉼이 있는 교육이 이루어지기 위해서는 그 학생의 개인적 차원, 즉, 심리적 차원에서 쉼이 있는 교육이 이루어질 수 있어야 한다. 둘째는 그 학생을 둘러싸고 있는 인간관계 속에서 쉼이 있는 교육이 실현되어야 하는데, 이를 쉼이 있는 교육의 관계적 차원이라고 할 수 있다. 셋째는 그 학생이 소속되어 있는 교육 공동체, 즉, 가정, 학교, 교회 등이 쉼이 있는 교육을 추구하여야 하는데, 이를 공동체적 차원이라고 부를 수 있을 것이다. 넷째는 그 학생에게 교육적 영향력을 행사하고 있는 교육제도와 정책이 쉼이 있는 교육으로 변화되어야 하는 과제가 있는데, 이를 제도적 차원이라고 할 수 있을 것이다. 다섯째는 그 사회의 문화와 가치관이 쉼이 있는 교육을 추구하는 방향으로 변화되어야 하는데, 이를 문화적 차원으로 분류할 수 있을 것이다. 이를 그림으로 나타내면 다음과 같다.

---

6) 강윤정, 김갑성, 『교육의 생태학적 분석』 (서울: 강현출판사, 2010), 66-67.

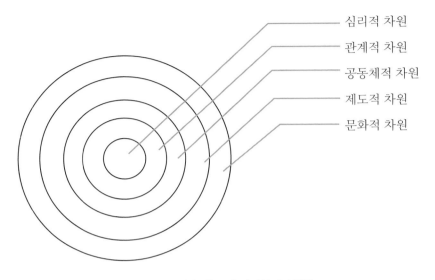

<그림 5-1> 쉼이 있는 교육의 다섯 가지 차원

　쉼이 있는 교육이 이루어지기 위해서는 먼저 개인의 심리적 차원에서의 변화가 필요하다. 이 심리적 차원에는 개인의 영적, 신앙적 변화도 포함되는데, 자신이 진정한 존재(being)에 대한 깨달음을 갖고 다른 사람과의 비교나 판단에 의해서 일반화된 타자의 삶을 사는 것이 아니라 융(Jung)이 말하는 진정한 자아(true self)를 찾아 나서는 개성화(individuation)를 추구할 수 있는 것을 의미한다. 인간은 태어나면서부터 남들에 의해 살아가는 경향이 있는데, 자신의 진실한 삶이 아닌 남들에 의해 판단 받게 될 때 쉼을 잃어버리는 것이다. 개인의 영성과 경건의 훈련은 쉼이 있는 교육으로 나아가는 가장 미시적인 움직임이면서도 가장 내면적인 변화를 가능케 한다. 신앙 행위마저도 남들에게 보이기 위한 것이거나 교조적이거나 형식적인 겉치레가 되는 것이 아니라 하나님 앞에서 진정 자유함을 누리는 안식의 영성을 지녀야 한다. '수고하고 무거운 짐 진 자들아 다 내게로 오라 내가 너희를 쉬게 하리라'(마 11:28)는 예수 그리스도의 초청은 바로 이러한 진정한 쉼으로의 초대이다. 이러한 개인적인 쉼은 영적인 차원만이 아니라 운동과 건강관리를 통한 육적인 차원에서의 쉼을 누리는 것까지 포함한다. 바른 습관의 형

성, 적당한 수면 시간의 확보, 지혜로운 시간 사용 등도 개인적 차원의 쉼을 누리는 데에 큰 도움이 될 것이다. 학생 개개인이 스스로 쉼의 중요성을 깨닫고 쉼이 있는 교육을 누릴 수 있도록 돕는 일은 쉼이 있는 교육의 핵심이라고 할 수 있다.

둘째, 쉼이 있는 교육은 관계적 차원에서 이루어져야 한다. 쉼의 영적, 심리적 차원이 쉼이 있는 교육의 근원적 요소이기는 하지만 관계를 통해서 북돋아지지 않으면 흔들릴 수밖에 없다. 쉼이 있는 교육을 위해서는 부모-자녀 관계, 교사-학생 관계, 학생-학생 관계에 있어서 쉼을 누릴 수 있어야 한다. 먼저 부모-자녀 관계를 위해서는 부모의 교육에 대한 건강한 관점 확립이 중요하다. 부모가 자녀를 입시 위주의 교육에 내몰고 쉼 없는 교육을 강요하는 것이 아니라 자녀의 행복을 존중하고 자녀의 꿈과 비전을 소중히 여기며, 자녀와의 대화를 통해서 자녀의 쉼 있는 교육을 격려할 수 있어야 한다. 이것은 교사-학생의 관계에서도 마찬가지이다. 파커 파머(Parker Palmer)가 말한 대로 환대(hospitality)는 도덕적인 덕목일 뿐만 아니라 인식론적 덕목이다. 부모와 교사가 자녀와 학생을 배려하고 존중하며 환대할 때 쉼이 있는 교육이 이루어질 수 있는 것이다. 부모와 자녀, 교사와 학생의 대화도 일방적이고 권위주의적인 것이 아닌 반영적 경청과 나-메시지를 사용하는 쌍방적 대화, 인격을 존중하는 대화가 될 때 쉼이 있는 교육이 가능하다. 학생과 학생 사이의 관계에서도 이런 대화가 필요하며 놀이는 그 어떤 것보다 쉼의 공간을 만들 수 있다. 놀이는 육체적인 긴장을 이완시킬 뿐 아니라 창의력과 상상력을 증진시키기에 쉼이 있는 교육에 활력을 준다.

셋째, 쉼이 있는 교육은 공동체적 차원에서 이루어져야 한다. 학생이 속해 있는 가장 기본적인 공동체인 가정, 교회, 학교가 쉼이 있는 교육을 추구하는 공동체로 변화될 때 학생에게 쉼이 있는 교육이 이루어질 수 있다. 쉼이 있는 가정은 관계적 차원에서 다룬 대로 부모-자녀 관계가 핵심이지만 가정 전체가 쉼이 있는 공동체가 되어야 한다. 이것은 단지 쉼의 시간을 갖는 것만이 아니라 진정한 신앙공동체로의 회복을 의미하는 것이다. 가정예배를 통해서 가정의 목적과 방향이 올바르게 세워질 때 입시 위주의 교육에서 벗어나 진정한 자녀교육이 회복될 수 있다. 정기적인 가족여행을 통해 가정의 행복을 누리도록 해야 하고, 가정 단위의 선교나 봉사 활동을 통해 가족 이기주의를 벗어나 가정 구성원 각자의 삶이

누군가를 섬기는 삶이 되도록 할 때 내면적인 쉼을 회복할 수 있을 것이다. 쉼이 있는 교회가 되기 위해서는 교회성장주의나 교회주의를 극복하여야 하는데, 교회의 진정한 존재 목적을 회복하여야 한다. 쉼이 있는 교육 주일을 지키면서 교회가 성도들에게 진정한 쉼을 제공 할 수 있는 방안을 모색하고 온 교인이 참여하는 쉼 교육의 다양한 접근을 모색할 필요가 있다. 오늘날 쉼이 있는 학교를 추구하는 다양한 노력이 이루어지고 있는데 공교육 속에서는 혁신학교, 자유학기제 등의 시도가 이루어지고 있고, 대안학교는 한 마디로 쉼이 없는 교육의 대안으로서 쉼이 있는 교육을 추구하는 학교라고 할 수 있다. 최근에는 꽃다운 친구들, 오디세이, 꿈틀리 인생학교 등 언스쿨링 등은 교육에서 쉼을 회복하는 혁신적인 모델이라고 할 수 있다. 중3을 졸업하고 일 년을 쉼으로써 그 공간 속에서 자기의 정체성과 진로를 모색할 수 있는 교육으로서, 학교를 쉼으로써 비로소 교육이 일어남을 깨닫는 과정인 것이다. 가정, 교회, 학교라는 차원에서 어떻게 쉼이 있는 교육이 가능하도록 하는지가 오늘날 매우 중요한 교육적 과제이다.

넷째, 쉼이 있는 교육은 제도적 차원에서 이루어져야 한다. 쉼이 없는 교육을 지속적으로 야기하는 교육제도와 정책을 변화시키는 것은 쉼이 있는 교육으로 변화를 가능케 하는 결정적인 과제이기도 하다. 제도와 정책이 바뀌지 않으면 교육현장에서의 변화를 기대하기가 어렵다. 입시위주의 교육을 개선하기 위해서는 제도와 정책의 개혁이 필수적인데 국가가 새로운 제도와 정책을 수립할 수 있도록 시민사회에서 여론을 형성하고 이를 반영할 수 있도록 정부와 국회를 움직이는 것이 중요하다. '쉼이 있는 교육 운동'에서 지속적으로 요구해 온 학원휴일휴무제가 입법화되어 제도적으로 정착된다면 교육현장에서의 쉼이 있는 교육은 한 걸음 더 진척될 수 있을 것이다. 입시 관련 제도의 변화만이 아니라 기업에서 신입사원을 선발하는 방식의 혁신, 예컨대 블라인드 채용방식의 건강한 정착, 임금제도의 개선 등을 통하여 쉼이 있는 교육의 여건을 형성할 수도 있다. 우리나라의 경우, 가정, 교회, 학교와 같은 교육공동체 차원에서 쉼이 있는 교육을 위해 노력을 경주하려고 해도 이를 둘러싼 교육체제가 변하지 않는 한 그 한계가 분명한 것이다. 쉼이 있는 교육을 위해 국가의 교육정책이 어떻게 변화되어야 할지에 대한 보다 구체적이고 선명한 비전을 설정하고, 이를 반영할 수 있도록 추구하는 교육시민운동은 교육 공동체 전반에 대한 큰 변화를 가져올 수 있는 원동력이 될 것이다.

다섯째, 쉼이 있는 교육은 문화적 차원에서 이루어져야 한다. 문화적 차원은 제도와 정책을 지탱하고 있는 기초와 같다고 할 수 있다. 우리나라 사회에 팽배한 문화적 가치는 유교적 가치로부터 크게 영향을 받았다고 할 수 있는데, '체면'을 중시하고 학연, 지연, 혈연을 강조하는 가치관으로부터 교육의 왜곡이 시작되었다고 해도 과언이 아닐 것이다. 문화적 차원에서의 쉼이 있는 교육은 이러한 사회에 팽배한 가치관을 변화시키는 노력을 요청하고 있다. 우리나라의 교육이 서구의 교육과 달리 쉼이 없는 교육이 되는 것은 이러한 의식구조의 영향이라고 할 수 있는데 이를 개혁하는 의식구조의 변화는 궁극적으로 쉼이 있는 교육을 실현하기 위한 필수과정이라고 할 수 있다. 또한, 쉼이 없는 교육을 부추기는 언론과 매스컴의 부정적 영향력을 최소화하고 오히려 건강한 의식변화를 선도할 수 있는 매체로 재탄생하도록 도와야 할 것이다. 그리고 아동과 청소년들이 쉼을 누릴 수 있는 환경과 생태계가 되기 위해서 기울여야 하는 환경보전의 노력도 이 차원에 포함시킬 수 있을 것이다. 문화적 차원의 변화와 제도적 차원의 변화는 함께 가는 것으로써 제도적 변화는 의식의 변화 없이 성공하기를 기대하기는 어려울 것이기에 문화적 차원의 쉼이 있는 교육을 위해서 시민사회가 관심을 두고 참여하여야 할 것이다.

이상과 같은 쉼이 있는 교육의 다섯 가지 차원 중에서 특히 제도적 차원과 문화적 차원의 변화를 추구하기 위해 가장 중요한 역할을 하는 것이 교육시민운동이라고 할 수 있다. 입시위주의 교육정책이나 제도, 그리고 한국 부모들의 의식구조와 같은 문화적인 변혁 없이는 쉼이 있는 교육이 이루어지기 어렵다. 현재 홈스쿨링, 대안학교 운동, 언스쿨링 운동, 혁신학교 운동 등 다양한 교육 변화의 움직임이 있지만 제도적, 문화적 차원의 변화 없이는 진정한 교육개혁을 기대하기가 어렵다. 이런 점에서 교육시민운동이 매우 중요하다.

## Ⅳ. 교육시민운동에 대한 기독교적 이해

우리나라 교육에 있어서 교육시민운동이 차지하는 비중이 아직까지는 크지 않지만, 점차 그 역할에 대한 관심이 높아가고 있다. 아직도 교육학 영역에서 교육시민운동을 깊이 있게 다루지 못하고 있고, 교육시민운동의 현황에 대한 정확한 분석도 이루어지고 있지 못하다. 그러나 점차 교육시민운동에 대한 연구가 증가하고 있다. 교육시민운동과 관련된 선행연구로는 양정호, 김성천의 "한국 교육시민단체의 현황과 과제," 김양자의 "한국 교육시민 운동의 형성 원인," 조형우의 "신자유주의적 교육개혁의 성공 조건으로써 교육시민운동," 이윤미의 "한국 교육시민운동의 현주소와 과제," 심성보의 "교육관련 시민단체들의 역할과 기능 재조명: 정치지형의 변화와 교육시민운동의 새로운 과제," 최미향, 김천기의 "Rawls의 정의론적 관점에서 본 한국 교육시민운동의 이념 지향에 대한 고찰" 등이 있다.[7] 그러나 기독교 교육시민운동에 대해서는 그 개념조차 정립되지 않은 상태이며, 기독교 시민운동과 관련된 대표적인 저서로는 조성돈, 정재영이 편집한 『시민사회 속의 기독교회』가 있다. 여기에서는 이러한 선행연구에 나타난 교육시민운동에 대한 이해와 기독교 교육시민운동에 대한 이해를 살펴보고, 그 후에 이를 토대로 쉼이 있는 교육을 위한 우리나라의 교육시민운동을 진단하고 향후 과제를 제시하고자 한다.

---

7) 그 외에도 교육시민운동과 관련된 연구로는 다음과 같은 연구들이 있다. 학부모교육운동단체를 대상으로 한 연구로는 "학부모운동의 배경과 의의, 당위성 등을 밝힌 연구(이은정, 1991; 김희식, 1992; 이상윤, 2001)와 학부모의 교육권에 대한 연구(홍영혜, 2003)가 있다. 최근에는 보다 다양하게 출현한 여러 교육시민운동단체와 활동가를 중심으로 교육시민단체 활동의 실태와 문제를 분석한 연구(장영주, 2004; 이혜숙, 2005; 김성천·양정호, 2005; 김영화, 2006)로 이어지고 있다. 이 외에 NGO 활동을 통한 학교운영위원회 활성화 방안 연구(조금주, 2000), 정부교육개혁과 NGO의 대응관계 연구(안봉태, 2001), 광주지역 교육시민운동에 관한 연구(윤준서, 2002), 교육 NGO의 정책 영향력을 분석한 연구(김장중, 2004)" 등이 있다(최미향, 김천기, "Rawls의 정의론적 관점에서 본 한국 교육시민운동의 이념 지향에 대한 고찰," 『지역사회연구』 제14권 제3호, 2006, 106.)

## 1. 교육시민운동 이해

교육시민운동은 시민운동 가운데 교육과 관련된 시민운동을 지칭하는데 우리나라의 교육운동은 사회운동이라고 할 수 있는 일반 시민운동의 변화와 궤를 같이한다. 과거 군사정권 및 보수정권시기의 교육운동은 주로 국가(정부)가 이끌고 규제하는 관변적인 양상을 보였다면, 1987년 전국교직원노동조합(전교조)의 출범 이후 교사들이 시작한 '참교육' 운동은 국가가 일방적이고 획일적으로 부과하는 교육에 저항하고 대안을 추구하는 운동으로써 비로소 시민사회가 주도한 교육운동이 출발되었다고 할 수 있다.[8]

교육시민운동의 구성요소라고 할 수 있는 교육시민단체는 교육 NGO라는 표현으로도 많이 불리는데, "NGO는 시민의 자발적인 참여, 회원가입의 자유로움, 자원봉사활동, 공익추구라는 네 가지 조건을 갖추어야 하며 이에 따른 한국에서의 NGO 개념을 '비정부·비정파·비영리 결사체로서 시민의 자발적인 참여로 결성되고, 회원가입에 배타성이 없으며, 주로 자원 활동에 입각하여 공익추구를 목적으로 하는 단체'로 규정하고 있다.[9]

교육시민운동의 범위를 어떻게 정할 것인가도 중요한 과제이다. 특히 교사운동을 포함시킬 것인가 제외시킬 것인가는 여전히 논쟁의 여지가 있다. 그런데 "교사운동이 특정 계급, 특정 직업만을 대표하며, 그동안 사회운동의 큰 주류를 형성하였기에 교육시민운동에서 제외시키는 것이 바람직하다는 입장도 있다. 반면에 학부모운동은 그 주체가 학부모이고, 학부모 속에는 성별, 직업별, 계급별 구분이 있을 수 없으며 단지 자녀가 학생이라는 요인만 만족시키면 모두가 학부모단체에 참여할 조건을 가지므로 교육시민운동의 영역"으로 보는 견해가 있다.[10]

우리나라의 대표적인 학부모단체로는 전교조에 참여한 교사들이 해직되는 상황을 묵과할 수 없어서 이를 지원하기 위해 1989년에 창단된 참교육학부모회와

---

8) 최미향, 김천기, "Rawls의 정의론적 관점에서 본 한국 교육시민운동의 이념 지향에 대한 고찰," 107.
9) 양정호, 김성천, "한국교육시민단체의 현황과 과제," 『한국교육』, 2006, 33권 1호, 288.
10) 김양자, "한국 교육시민운동의 형성원인," 사회교육연구 제11집, 2002, 74.

교육의 본질을 회복하기 위해 1990년에 창립된 인간교육실현학부모연대를 들 수 있다.[11] "이러한 학부모단체는 기존의 육성회, 사친회 등의 학교 후원조직을 넘어서 교육계의 전반적인 문제를 학부모와 자녀의 관점에서 대안을 제시하면서 새로운 학부모운동의 장을 열게 되었다. 여기에 학교운영위원회 제도가 1996년 도입되면서 학부모운동이 학교에서 제도적으로 활동할 수 있는 공간을 확보하게 되었다. 또한, 문민정부시절 교육수요자 중심의 개혁정책이 도입되면서 학부모운동이 교육운동에서 차지하는 비중은 점차 증가하였다."[12]

그 외의 교육시민운동의 분야는 매우 다양하다. 내용별로 열거해 보면 "공부방 모임과 같은 복지 분야(예: 공부방협의회), 일반교육활동(예: 새교육공동체, 교육개혁시민연대), 학벌문제(예: 학벌없는사회모임, 학벌없는사회만들기), 동화읽기(예: 동화구연아버지모임), 공동육아(예: 공동육아와공동체교육), 대안교육(예: 들꽃피는학교), 학교폭력(예: 자녀안심학교보내기운동), 유아교육(예: 유아놀이창작연구회), 사이버문화(예: 학부모정보감시단) 등 다양한 관심분야의 단체"들이 활동하고 있다. 교육시민운동의 주체가 누구냐에 따라 분류해 보면 "학부모운동(예: 참교육학부모회, 인간교육실현학부모연대, 좋은부모운동본부, 학부모정보감시단), 교원(예: 교원단체총연합회, 신나는과학을만드는사람들), 교수(예: 민주화를위한전국교수협의회), 교장단(예: 한국지역사회교육협의회), 학원장(예: 한국학원총연합회), 사학(예: 한국사학법인연합회) 등 교육의 다양한 주체"가 그들의 관심에 기초하여 활동을 하고 있다.[13]

오늘날 교육은 국가주도적 성격을 지니고 있는데, 국가가 거의 모든 교육적 자원을 독점하고 있으며 세금을 거둘 권한을 가지고 있기 때문에 절대적인 교육재정 능력을 보유하고 있다. 그런데 "우리나라와 같이 중앙 집권적인 전통과 연고주의, 재벌 경제 문화 속에서는 시장원리에 의한 교육 자원의 분배가 공정히 이루어지기보다는 강한 집단에게 유리하게 이루어질 가능성이 상존하고 있다. 더

11) 강소연, "학부모 운동과 교육 거버넌스의 실현 가능성," 김영화 외, 오늘을 위한 내일의 교육: 한국 교육의 난제, 그 해법을 묻는다 – 공공성과 자율성의 관점에서 – (서울: 대화문화아카데미, 2009), 248.
12) 양정호, 김성천, "한국교육시민단체의 현황과 과제," 289.
13) 양정호, 김성천, "한국교육시민단체의 현황과 과제," 295.

구나 국가는 그 임무를 소홀히 할 여러 가지 유혹을 받고 있다. 막강한 권력은 그
것을 남용할 가능성을 내포하고 있고 교육 관료들은 이러한 자원의 배분에 있어
서 자의적인 집행을 행할 가능성이 항상 존재한다."[14] 이러한 국가의 교육권력을
견제하고 시민의 입장에서 그 남용과 직무태만을 감시할 수 있는 운동이 교육시
민운동이라고 할 수 있다.

## 2. 기독교 교육시민운동

기독교적 관점에서의 교육시민운동을 이해할 때 교육시민운동은 교육의 영역
에서 하나님 나라를 이루는 통로가 된다. 성서는 세상을 부정하거나 외면하기보
다는 세상을 긍정하며 하나님이 사랑하시는 대상으로 이해하고, 하나님의 뜻과
다스림이 펼쳐지는 영역으로 간주한다. 기독교적으로 교육시민운동을 이해할 때
교육시민운동은 크게 다섯 가지 차원에서 성서적 전망과 관련된다. 세상에 대한
하나님의 긍정, 만인제사장, 하나님 나라, 기독교적 변혁운동, 그리고 하나님의
교육 등이다.

첫째, 기독교 교육시민운동은 세상에 대한 하나님의 긍정에 기초한다. 하나님
은 세상을 부정하는 것이 아니라 세상을 사랑하여 독생자를 보내셨다(요 3:16).
종교개혁자들도 세상을 하나님의 영광을 드러내는 무대라고 생각하였다. **"성경
은 어떤 삶의 영역도 하나님의 다스림으로부터 제외하지 않는다. 하나님이 다스
리는 영역이 따로 있고 세속이 다스리는 영역이 따로 있을 수 없다는 생각이었다.**
하나님은 모든 영역을 다 다스리는 존재이다. 마찬가지로, 하나님의 영광을 드러
내는 영역도 따로 있을 수 없었다. 그의 영광을 드러내는 활동 공간은 어느 한 곳
에 한정되어서는 안 되었다." 즉, 하나님의 무대는 교회로 제한되지 않는다. 교회
안만이 아니라 교회 밖인 세상도 하나님의 무대로서 하나님의 영광을 드러내어야
하는 공간으로 인식된다. 세상을 향한 하나님의 긍정은 하나님의 사람을 세상으

---

14) 조형우, "신자유주의적 교육개혁의 성공조건으로서 교육시민운동," 153.

로 파송하는 것과 연결된다. 예수님께서 제자들을 세상 속으로 파송하듯이 그리
스도인은 교회 안에서만 머무르는 것이 아니라 세상 속으로 파송되는 것이다. 요
한복음 17장에 나타나듯이 그리스도인들은 세상 안에 있지만(in the world), 세
상에 속하지 않은 존재(not of the world)로서, 그러나 세상 밖으로 데려가시기를
원하는 것이 아니라(not out for the world), 세상 속으로(into the world) 파송 받
은 존재인 것이다. 그리스도인들은 교회 안의 교육만이 아니라 이 세상의 교육에
관심을 가지고 그 교육을 변화시키는 사명을 지닌 존재인 것이다.

둘째, 기독교 교육시민운동은 종교개혁자 루터가 주장한바 만인제사장론에 근
거한다. 사제만이 아니라 만인이 제사장이라는 이 선언은 루터가 쓴 '크리스천의
자유'라는 논문에 선명하게 나타나 있다. "그는 자신의 신학과 주석을 통하여 교
회의 모든 위계질서를 허물고 보통교인들이 다 하나님을 섬기는 종이고 청지기라
는 점을 밝히고자 했을 따름이었다. 그러나 이것은 놀라운 힘을 발휘하였다. '만인
제사장론'은 교황 중심의 체제를 혁파할 수 있는 길을 연 생각의 열쇠가 되었으
며, 중세의 권위 질서를 단숨에 무너뜨린 혁명의 계기가 되었다"[15] 기독교 교육시
민운동은 이름 그대로 특권을 지닌 사람이나 일부 교역자들의 운동이 아니라 시
민들의 운동이다. 존 콜만이 주장하듯이 모든 그리스도인들은 제자직과 시민직
이라는 이중직을 갖는다. 그리스도의 제자로서 예수님의 가르침을 따르지만 동
시에 시민으로서 이 세상과 사회 속에서 역할을 감당하여야 한다. 그러나 이 두 가
지는 분리된 것이라기보다는 제자적 사명을 지니고 시민으로 살아가는 것을 의미
하는데 이는 세상 속에서 제사장적 사명을 감당하는 것을 의미한다.[16]

셋째, 기독교 교육시민운동은 하나님나라 신학에 근거한다. 그리스도인들은 하
나님나라의 백성으로 부르심을 받았다. 예수 그리스도가 전파한 복음도 '하나님
나라의 복음'이다. 그리스도인들이 교회에 속하여 있지만, 교회의 성장이 궁극적
인 목적이 될 수 없으며 하나님나라가 궁극적인 지향점이다. 주님이 가르쳐주신

---

15) 조성돈, 정재영, 『시민사회 속의 기독교회』 (서울: 예영커뮤니케이션, 2008), 24-25.
16) John A. Coleman, "The Two Pedagogies: Discipleship and Citizenship," in Mary C Boys ed. Education for
    Citizenship and Discipleship (NewYork: Pilgrim Press, 1989), 36.

기도에 나오는 것처럼 "나라에 임하옵시며, 뜻이 하늘에서 이룬 것 같이 땅에서
도 이루어지기"를 간구해야 한다. 하나님나라는 하나님의 통치가 이루어지는 나
라로서 모든 영역에서 하나님의 주권이 인정되는 나라를 의미한다. 하나님의 다
스리심이 이루어지는 것은 바로 하나님의 정의와 평화가 이루어지는 것을 의미
하는데, 그리스도인들은 모든 영역에서 하나님의 통치가 이루어지도록 해야 할
사명이 있는 것이다. 이것이 바로 기독교 시민운동의 정신이고 목표라고 할 수 있
다. "하나님 나라의 청사진은 시민사회의 목표를 제시해 줄 것이며 또한 시민사
회가 끝이 보이지 않는 외로운 투쟁에 들어섰을 때에 낙심하지 않고 추진할 수 있
는 에너지, 곧 영성을 공급해 줄 것이다. 이 영성은 그리스도의 부활에서 확증된
선한 싸움이 꼭 승리할 것이라는 소망이다." 또한 "교회는 시민사회에 '하나님 나
라'라는 청사진을 제시하고, 시민사회는 역으로 교회에 교회의 현주소를 질문함
으로써 교회로 하여금 그들이 지닌 '하나님 나라'의 이상이 여전히 건재한가를 점
검하도록 만든다. 이러한 하나님 나라와 시민사회의 구도는 '하나님 나라'의 이상
이 교회와 사회를 상호 협조자로 인식하게 만들며 적극적인 상호행동을 유발시
킨다는 결론으로 우리를 유도한다."

넷째, 기독교 교육시민운동은 기독교적 변혁을 추구하는 문화적 명령에 근거한
다. 천지를 창조하신 하나님은 인간에게 "생육하고 번성하라. 땅에 충만하라, 땅
을 다스리라"라고 명령하신다. 이는 세상을 정복하거나 환경을 파괴하는 것을 의
미하는 것이 아니라 세상에 대한 청지기직으로서의 사명을 맡기신 것으로 이해
된다. 정치, 경제, 사회, 문화, 예술, 교육 등의 모든 영역에서 하나님의 통치를 인
정한다는 것은 변혁(transformation)을 추구하는 것으로써, 기독교 교육시민운
동은 교육의 영역에서의 변혁을 요청하신 문화적 명령에 응답하는 것이다. 하나
님이 창조하신 원래의 교육, 서로를 사랑하고 존중하고 협력하며 공의와 사랑이
조화를 이루며 "정의가 평화와 입맞추는" 교육이 인간의 욕심이 잉태한 죄로 인
해 타락한 교육이 되었는데, 그 교육을 하나님의 교육으로 변혁시키는 운동을 의
미한다. 마치 바로의 압제 밑에서 신음하는 것과 같은 애굽의 교육에서 출애굽하
여 교육의 가나안 땅으로 인도하는 운동을 의미한다.

기독교 교육시민운동은 기독교교육의 중요한 영역이다. 기독교교육이 하나님

의 교육과 동일시될 수 있는데, 하나님의 교육은 사람들로 하여금 하나님 나라의 일군으로 세워 하나님의 나라를 추구하도록 돕는 것이다. 또한, 기독교교육은 한 사람에게 끼쳐지는 기독교적 영향력인데 앞에서 언급한 대로 총체적인 기독교교육생태계의 영향력을 받게 된다. 그렇다고 한다면 기독교교육에 있어서 가장 중요한 역할 중의 하나가 기독교 교육시민운동이라고 할 수 있다. 일반적으로 기독교교육을 생각하면 교회학교나 기독교학교를 떠올리지만 왜곡된 교육제도를 바꾸고 입시위주의 교육을 바꾸며, 학부모의 의식을 변화시키는 등의 기독교 교육시민운동은 기독교교육적 영향력을 극대화할 수 있는 통로들이라고 할 수 있다. 쉼이 없는 교육을 쉼이 있는 교육으로 변화시키기 위해서 교회, 가정, 학교에서의 노력과 변화도 중요하지만, 교육의 제도적, 의식적 변화를 가능케 하는 기독교 교육시민운동도 중요하다.

# V. 쉼이 있는 교육을 위한 교육시민운동의 진단과 과제

우리나라에서 쉼이 있는 교육을 위한 교육시민운동을 진단하는 것은 쉬운 일이 아니다. 아직 교육시민운동이 발전되어 있지도 않고, 그 현황을 정확하게 파악하고 분석한 연구나 자료들이 많지 않으며, 어떤 관점에서 쉼이 있는 교육과 관련된다고 볼 수 있는지에 대한 근거도 분명하지 않다. 그러나 여기에서는 최대한 파악할 수 있는 교육시민단체들을 분석하고 그 성격을 진단하고 향후 교육시민운동, 특히 기독교 교육시민운동의 과제를 제시하려고 한다. 쉼이 있는 교육을 가능케 하기 위한 다양한 접근이 있을 수 있다. 첫째, 입시위주의 교육을 변화시킨다든지 사교육을 감소시키는 것, 지나친 경쟁주의를 극복하고 평등교육을 구현하거나 다양한 교육을 제공하는 등의 교육정의를 통해 쉼이 있는 교육을 추구하는 교육시민운동이 있다. 둘째, 학부모들의 의식을 변화시키고 학부모들이 입시위주의 교육에 저항하며 자녀의 끼를 살리는 진정한 자녀교육의 주체가 되도록 돕는 학부모운동을 통한 교육시민운동이 있다. 셋째, 아동, 청소년의 건강과 인권, 수면권 등을 보장하고 그들이 교육의 능동적 주체가 되도록 돕는 교육시민운동이 있다. 넷째, 다양한 방식으로 교육을 개혁하고 교육의 본질을 회복하는 교육일반의 개선을 추구하는 교육시민운동이 있다. 오늘날 우리나라에서 이루어지고 있는 교육시민운동들을 교육정의운동, 학부모운동, 아동·청소년운동, 교육일반운동이라는 네 가지 유형의 교육시민운동으로 분류해 보면 다음의 도표와 같다.[17]

---

17) 본 글은 2018년 10월을 기점으로 조사한 교육시민운동을 정리한 것이다.

〈표 5-1〉 교육시민운동의 유형별 분류

| 유형 | 단체명 | 창립일 | 이사장(대표) | 목적(취지) |
|---|---|---|---|---|
| 교 육 정 의 | 사교육 걱정없는 세상 | 2008.06.12 | 손봉호 (송인수, 윤지희) | 입시와 사교육으로 고통받는 당사자들이 참여와 나눔으로 입시 고통이 없는 세상, 사교육 걱정이 없는 세상을 만드는 국민 대중 운동이다. |
| | 함께하는 시민행동 (바른교육 시민운동) | 1999.09.09 | (김주일, 김태일, 유수훈) | 우리 사회에 긍정적인 가치와 창의적인 제안, 생산적인 변화를 더하고자 행동하는 사람들의 네트워크다. 캠페인과 시민교육 등 대중적 영역, 예산감시와 기업 사회책임 등의 전문적 영역에서 공정한 일상, 공정한 세상을 만들어간다. |
| | 정의교육 시민연합 (정의로운 사회를 위한 교육운동 협의회) | 1994.12.07 | 천희완 | 정교연은 학교현장돕기 운동을 포함하여 현장 교육의 개혁을 위한 시민교육 운동을 전개할 것이며, 교육 문제 해결을 위한 대화와 조정 역할을 해 나아가고, 이러한 과정에서 우리의 교육을 혁신하기 위한 대안을 탐색-제안할 것이다. 또한, 학교 교육을 통한 한국 사회 공동체의 개혁 역시 우리의 중요한 활동이 될 것이다. 정교연은 이러한 활동을 통해 한국 사회의 선진화와 정의로운 사회 공동체 형성에 작은 힘으로 성실하게 그 씨앗을 심는 것이다. |
| | 국경없는 교육가회 | 2017.05 | 김기석 | 한국의 교육자들이 중심이 되어 개발도상국 교육 발전을 위한 국제사회의 노력에 적극 참여하기 위하여 설립된 컨설턴트이다. 우리는 한국사회는 물론, 국제사회의 개도국 교육협력에 적극적인 관심을 가지고 관련 지원을 강화하고자 노력한다. |

| 사역(하는 일) | 주소지 | 규모 |
|---|---|---|
| 1. 국민의 사교육 걱정을 나누고 위로하는 대중 운동 전개<br>2. 사교육 걱정을 부추기는 정책을 시정, 보완, 대안을 만드는 일을 전개<br>3. 문제를 풀어낼 근본적이고 합리적인 대안을 공유 | 서울시 용산구 한강대로 62길 23 유진빌딩 4층<br><br>noworry@<br>noworry.kr | 4,742<br>명 |
| 1. 기획/캠페인<br>　(오늘의 액션 캠페인, 함께하는 시민학교)<br>2. 조직운영<br>　(내외부 커뮤니케이션 강화, 비전/미션 수립) | 서울 마포구 성산1동 249-10번지 시민공간 나루 5층<br><br>action@action.<br>or.kr | 1,000<br>명<br>이상 |
| 1. 현장 교육 개선 운동<br>2. 시민교육 지도자의 사회 참여<br>　지도력 개발을 위한 연수 실시(초등, 중등 교사)<br>3. 청소년의 사회 참여 체험 학습 프로그램<br>　개발 및 실습(꼬마시민운동, 학생시민운동)<br>4. 교육정책 토론회 개최<br>5. 모든 이를 위한 교육: 학교 부적응 학생<br>　자원봉사 프로그램 - '청소년 암행어사' 운영<br>6. 대한민국 청소년 의회 운영<br>7. 교육정책에 대한 비판과 제언<br>8. 재활용 체험 학습을 통한 환경 교육 실시<br>9. 언론을 통한 교육정책의 비판과 대안 제시<br>　(신문·잡지 기고, 방송 출연)<br>10. 교육 관련 사이버 민원 접수 상담 활동<br>11. 교육개혁시민연대 회원단체로서 활동 (회의, 행사 참석) |  | 350<br>명 |
| 1. 한국교육의 개발경험을 토대로, 개인의 성장과 사회의 발전을 아우르는 교육발전 모델 제시<br>2. 동일한 목적을 가지고 활동하는 단체, 연구소, 학교, 작은공동체 등과 연대하여 전 세계 교육개발협력네트워크를 강화<br>3. 자라나는 세대들을 국경 없는 청년교육가로 양성, 시민들의 교육협력의식을 제고함으로써 교육개발을 통한 전 세계의 조화롭고 지속가능한 발전을 돕는 교육협력 공동체를 실현<br>4. 글을 읽고 쓰지 못하는 전 세계의 비문해 성인들에게 문해의 기회를 제공하고 질 높은 비형식교육의 기회를 가질 수 있도록 물적, 정신적 조력<br>5. 세계 어린이들이 공평하게 공부할 수 있는 기회를 가지도록 협력과 지원 | 서울시 관악구 신림로59길 23 삼모스포렉스 1014호<br><br>ewb@ewb.or.kr |  |

| 유형 | 단체명 | 창립일 | 이사장(대표) | 목적(취지) |
|------|--------|--------|-------------|-----------|
| 교육정의 | 평등교육 실현을 위한 전국 학부모회 | 2008.05.15 | (김재석, 김태균) | 노동자-민중이 교육 운동의 주체로 설 수 있도록 노력하며 사교육비를 근절하고 교육불평등을 타파한다. 또한 무상교육확대, 교육여건 개선 운동을 통해 민중교육권을 확대하며 민중의 교육 참여를 확대하고 민중적 교육과정을 확보하는 것을 목표로 한다. |
| | 쉼이있는 교육 | 2014.06 | 김진우, 박상진 | 다음 세대가 하나님의 창조 명령인 안식과 쉼을 회복함으로써 건강하고 행복한 삶을 살고, 입시위주의 왜곡된 교육을 본래의 교육으로 변화시키는 것이 목적이다. |
| | 교육을 사랑하는 사람들21 | 1998.09 | 이경희 | 시민사회를 대변하는 시민단체의 중심에 서 있는 교육사랑21은 교육 평등의 가치를 실현하기 위함을 목표로 존재한다. |
| | 자유주의 교육 운동연합 | 2005.07.01. | 조전혁 | 교육의 국가독점주의를 배제하고 자유주의적 교육개혁을 추구하는 것이 목적이다. |
| | 인간교육 실현 학부모연대 | 1990.04.28 | 강소연 (조혜영) | 공교육의 가치와 목표를 회복하고 인간 중심 교육이 실현될 수 있도록 노력하는 학부모교육운동 단체다. |
| | 참교육을 위한 전국 학부모회 | 1989.09.22 | | 우리 아이들에게 행복한 교육환경을 만들어 주고자 하는 참교육을 위한 전국학부모회는 학부모들의 염원을 모아 창립하였다. 뿌리 깊은 주입식 입시경쟁교육보다는 우리 아이들 모두가 저마다의 소질과 개성, 꿈과 소망을 펼칠 수 있는 교육환경을 만들어 나가고자 하는 학부모 모임이다. |

| 사역(하는 일) | 주소지 | 규모 |
|---|---|---|
| 입시 없는 세상, 사교육비 없는 세상,<br>학벌 없는 세상을 만들기 위해<br>입시폐지와 대학서열체제 타파에 앞장선다. | 서울 서대문구 충정로3가<br>227-1 우리타워 5층 | |
| 목회자들이 중심이 되어 부모들과 자녀들의 교육의식을 변화시키는 것을 목적으로 하는 쉼이있는교육 기독교운동과 '학원휴일휴무제'를 법제화하는 등 쉼이 있는 교육제도를 정착시키는 것을 목적으로 하는 쉼이있는 교육 시민포럼으로 구분하여 활동하고 있다. | 서울시 광진구 아차산로<br>78길 44<br>크레스코빌딩 308호 | |
| 1. 학업 중단자를 위한 멘토 - '부활 프로젝트'<br>2. 빈민 소외 지역 파견 - '사부(봉사 교육)프로젝트'<br>3. 한 부모 유아 보육 지원 - '다흰start' | 인천시 연수구 연수동<br>599-5 탑피온빌딩 | |
| | | |
| 1. '새로운 교육문화' 운동을 전개<br>2. 교육개혁과 공교육 발전을 위해 학부모가 자신의 역할을 성실히 수행하도록 '성숙한 부모되기' 운동<br>3. 아이들의 인권이 존중되는 학교가 되도록 학부모가 힘을 모아 '자유로운 학교 만들기' 운동<br>4. 아이들이 신체적 지적 정서적 사회적으로 건강하게 성장하여 공동체의 성실한 일원이 되도록 '건강한 아이 키우기' 운동 | 서울시 서초구 바우뫼로<br>106 유남빌딩 501호<br><br>horuraky@naver.com | |
| 1. 학부모 눈으로 보는 교육정책과 연구 사업을 한다.<br>(학력, 학벌 타파 올바른 입시제도 개선,<br>교육재정확보와 학부모 교육비 부담 경감 사업,<br>고교평준화 내실화 등)<br>2. 학부모가 참여하는 아름다운 학교 문화 만들기 사업을 한다. (학교급식 개선, 교복공동구매,<br>자원봉사활동 등)<br>3. 학부모로 살아가기!!<br>자녀와 함께 삶을 배우고 나눈다.<br>(학부모 교육강좌, 새학기 학부모 교실 등) | 서울 서대문구 경기대로<br>25 201호<br><br>hakbumo<br>@hanmail.net | |

| 유형 | 단체명 | 창립일 | 이사장(대표) | 목적(취지) |
|------|--------|--------|-------------|-----------|
| 교육정의 | 학교를 사랑하는 학부모 모임 (학사모) | 2001. | | 교육환경 개선과 교단갈등으로 얼룩진 학교현장 정상화를 위해 학부모들이 자발적으로 나서 학생들의 학습권 보호와 학부모의 교육주권을 회복하는 것이 목적이다. |
| | 바른교육권 실천행동 | 2005.02. | 김기수 | 교육주체의 일원인 학부모의 권리와 의무를 정립하여 자녀의 교육권이 실질적으로 보장되도록 법과 제도를 개선하는 것이 최우선 목적이다. |
| | 뉴라이트 학부모연합 | 2006.07.13 | 김종일 | 정부와 전교조에 맞서는 학부모 중심의 교육주권 쟁취운동을 하는 것이 목적이다. |
| (아동)청소년 | 교육공동체 '나다' | 2000. | | 근대 교육이 불평등한 사회를 유지시키는데 기여하며, 이를 위해 아동과 청소년을 미성숙하다는 단정으로 통제의 대상으로 치부한다고 본다. 부조리한 세계의 변화를 위해서는 아동과 청소년을 공동체의 일원으로 존중하고, 의심과 질문이 살아 있는 교육과정을 새로 만들어내야 한다. 교육공동체 나다는 인문학적 사고와 태도가 이를 위한 출발일 수 있다고 보고 인문학 공부의 모델을 만들어 가며, 인문학 공부가 언젠가 약자의 무기가 될 수 있도록 많은 분들과 만나 함께 다듬어 가려 한다. |
| | 세계 청소년 문화재단 | 2007.09.12 | 강영중 | 세계 각국 (저개발 국가 중심)에서 청소년의 문화, 교육, 예술 그리고 스포츠 활동을 지원하고 인재양성을 위한 장학 사업도 추진하는 등 세계적으로 청소년들이 참여하는 문화적, 교육적, 예술적, 그리고 스포츠적인 이벤트를 통한 사회공헌에 앞장서는 것과 교육을 통한 인류의 행복한 삶을 추구한다. |

| 사역(하는 일) | 주소지 | 규모 |
|---|---|---|
| 교원조직의 합법화 이후 교원세력에 대한 견제와 더불어 학부모의 권리를 강조하며 교사평가제, 학교평가, 고교평준화의 현실적 보완 등을 통한 교육개혁을 주장한다. | | 12,000 명 |
| 1. 교육에 대해 행해지는 과도한 규제를 완화하고 교육 포퓰리즘을 극복<br>2. 학부모의 교육 참여활동이 명목상의 참여에 그치거나 구색맞추기로 전락하지 않도록 교육현실 개선<br>3. 편향된 주장으로 대다수 학부모의 의견이나 이익과 반하는 결정에 학부모의 이름이 남용되지 않도록 함<br>4. 학생의 교육권 확보와 학교 운영의 합리화를 위해 교육 주체들 간의 의사 소통에 최선<br>5. 학부모의 권리와 의무에 대해 체계적인 연구와 조사 | | 200 명 |
| 학교선택권과 교육선택권, 학교의 전통과 개성 회복, 학교의 학생 선발권 보장 등 수요자 중심의 교육주도권 쟁취운동 | | |
| 1. 강좌 사업<br>2. 연구개발 사업<br>3. 교육정책 대응 및 청소년 인권 관련 활동<br>4. 연대 사업<br>5. 청소년 자치 공간 사업<br>6. 출판 사업 | 서울시 마포구 망원로 7길 44 3층<br><br>nada_letter @hanmail.net | |
| 1. 교육/문화예술지원 (눈높이교육상, 눈높이 아동문학대전, 대교국제조각심포지엄, 코러스 코리아, 토요일의 마더 토크쇼)<br>2. 인재발굴/육성사업 (대교MUN캠프, 눈높이 드림프로젝트, 꿈나무 사업)<br>3. 지역사회봉사활동 (교육재능나눔캠페인, 사회적배려계층 지원, 1사1촌, Daekyo Eye Level School 지원) | 서울특별시 관악구 보라매로 3길 23 대교타워 | |

| 유형 | 단체명 | 창립일 | 이사장(대표) | 목적(취지) |
|---|---|---|---|---|
| (아동)청소년 | 밝은 청소년 | | 임정희 | 유해한 사회문화 환경으로부터 청소년을 보호하고 올바르게 육성하기 위해 건강한 청소년 문화, 가정문화, 학교문화와 사회 문화 확립을 위한 실천운동을 지속적으로 전개하고 있다. 특히 집단 따돌림, 폭력 예방을 목적으로 청소년의 바람직한 가치관 정립을 위해 인성교육을 비롯하여 다양한 문화 활동을 지원하며 전문 프로그램을 연구, 개발, 보급하고 있다. |
| | 공동 육아와 공동 체교육 | 1994. | | 공동육아는 '너와 내가 어울려 함께 세상을 살아가기'이다. 공동육아는 실제적, 정서적, 사회적으로 돌봄을 공유하는 공동체를 지향한다. '공동육아'는 탁아와 보육의 의미를 넘어선다. 어른들과 아이가 사회의 요구에 의해 분리되어 지내는 것이 아니라, 총체적 삶의 터전을 일상적으로 가꾸고 변화시켜 서로의 성장을 돕는 것이 목표다. |
| | 아이건강 연대 | 2007.03.30 | 이용중 (백혜숙, 최성랑, 한인철, 허석준, 황영선) | 아이들을 건강하게, 농촌을 활기차게, 한반도를 청정하게 하는 것이 목표다. |
| | 청소년과 놀이문화 연구소 | | | 청소년과 놀이문화 연구소는 만인의 창조주 하나님과 예수 그리스도가 구주이심을 믿어 그의 제자로 헌신하기를 고백하는 청년들을 하나로 연합하여 하나님 나라를 확장하는 것이 목적이다. 청소년들이 온전한 인간으로 성장하여 건강하고 행복한 삶을 누리고, 이웃과 민족, 세계를 위한 일꾼으로 세워질 수 있도록 돕는다. |

| 사역 (하는 일) | 주소지 | 규모 |
|---|---|---|
| 1. 청소년 인성교육 사업<br>2. 청소년 문화 사업<br>3. 기타사업 (가족축제 및 캠프, 가정문화포럼) | 서초구 효령로 357<br>서광빌딩 501호<br><br>bright@b-youth.org | |
| 1. 현장지원사업 (어린이집 설립 운영지원, 초등방과후<br>　설립 운영지원, 지역아동센터 지원, 품앗이 공동육아<br>　지원)<br>2. 교육사업 (공동육아어린이집 교사자격과정,<br>　초등방과후 교사교육과정, 지역아동센터<br>　교사교육과정, 부모교육 등)<br>3. 연구사업 (공동육아 교육과정, 교사교육과정,<br>　운동사, 제도 등 연구)<br>4. 출판사업<br>5. 회원연대사업<br>6. 온라인사업<br>7. 저소득지원사업<br>8. 모델개발＆정책제안<br>9. 대외연대협력사업 | 서울시 마포구 동교로<br>114(서교동) 태복빌딩<br>201호<br><br>gongdong<br>@gongdong.or.kr | |
| 1. 환경호르몬, 중금속, 방사능 등 유해물질 및 전자파 등<br>　유해파동으로부터 아이들을 보호하기 위해 노력<br>2. 게임중독 등 건전한 삶을 저해하는 생활방식을 바로잡기<br>　위해 노력<br>3. 먹거리의 안전성을 높이고 안전한 먹거리 제공 위해<br>　노력<br>4. 궁극적으로 모든 생명이 평화롭게 공존하며<br>　자신들의 삶을 풍요롭게 영위해 나갈 수<br>　있는 세상을 만들기 위해 근본적인 인식의<br>　전환과 생활양식 전환 운동을 전개 등 | 서울 강동구 명일로13<br>길 8 아이건강국민연대<br><br>kidhealth@daum.<br>net | |
| 1. 교육과정 (청소년 활동지도자, 놀이와 청소년교육 등<br>　자격증 취득 지원)<br>2. 방학 프로그램 (국제교류 캠프, 메아리 캠프)<br>3. 학기 프로그램 (메아리 학교, Outdoor day camp)<br>4. 학교 인성교육<br>5. 프로그램 컨설팅 | 경기도 남양주시 와부읍<br>궁촌로 6-13<br><br>ilf@ilf.or.kr | |

| 유형 | 단체명 | 창립일 | 이사장(대표) | 목적(취지) |
|---|---|---|---|---|
| 교육 일반 | 희망교육 연대 | 1998.12.29 | 이정호 ( 이정호, 김영술, 고수철) | 교육을 걱정하고, 희망을 찾고자 하는 교육 모임이다. 비영리 공익법인으로 청소년 및 일반인 여러분과 함께 양질의 교육서비스가 국민에게 전달될 수 있도록 노력하는 것이 목적이다. |
| | 민들레 사랑방 (월간잡지) | 1998.08. | | '스스로 서서 서로를 살리는 교육'을 구현하고자 출판과 교육, 연구 활동을 하는 사람들이 모인 곳이며 '교육은 곧 학교교육'이라는 통념을 깨고, 함께 성장하는 '배움'의 길을 열어가고자 한다. 사회의 변화와 교육의 흐름을 읽으며 뜻을 함께하는 이들이 서로 손을 잡고 실천을 넓힐 수 있도록 돕고, 무엇보다 우리가 가고자 하는 길에서 헤매지 않고 중심을 잡을 수 있도록 서로 격려하고 조언하는 것이 격월간 민들레를 내는 목적이다. |
| | 넥스트 소사이어티 | 2010.9.28 | 김성택 | 인류의 지속 가능한 발전과 CSR을 학문적으로 연구하고, 기업과 시민사회에 그것의 필요성과 이로움을 널리 전파하기 위한 목적으로 설립된 공익재단이다. |
| | 좋은책읽기 가족모임 | 1987. | 김수연 (강남 한길교회 담임목사) | 책이 없어 책을 읽지 못하는 많은 사람들, 특히 깨끗한 심성을 가지고 있는 어린이들에게 좋은 책을 제공하고 이들이 사회에 나가서 맑고 건전한 세상을 만들도록 하는 것이다. |
| | 교육을 바꾸는 사람들 | | 이찬승 | 새로운 교육에 대한 희망을 함께 키우고, 모두에게 꿈과 희망이 있는 교육을 이 땅에 실현하기 위해 설립되었다. |
| | 행복한 미래교육 포럼 | 2008.10. | 정성진 (최창의) | 교육공동체 구성원들이 다양한 대화공간을 통해 지금의 교육문제를 정확하게 진단하고 미래교육의 대안을 모색하여 행복한 교육 패러다임을 창조해 나가며 더불어 살아가는 아름다운 학교 공동체를 실현하는데 기여하고자 하는 것이 목적이다. |

| 사역(하는 일) | 주소지 | 규모 |
|---|---|---|
| 1. 장학사업<br>2. 교육문화사업<br>3. 교육 연구소<br>4. 자원봉사센터<br>5. 상담센터 위탁 운영 | 서울특별시 관악구<br>신림2동 112-42<br>영광메디칼센타 4층 | |
| 공교육, 대안교육, 홈스쿨링뿐만 아니라 다양한 형태의 배움을 통해 새로운 길을 열어가는 이들이 힘을 모을 수 있도록 돕는다. 〈민들레〉는 몇몇 '교육 전문가'들이 아니라, 아이를 정말 행복하게 키우고 싶어 하는 부모들과 교육에 열정을 잃지 않는 교사들 그리고 자기에게 맞는 배움의 길을 찾는 아이들이 함께 어울리면서 서로 힘을 주고받는 열린 마당이다. | 서울시 성북구 보문로34<br>가길 24, 2층<br><br>mindle98<br>@empas.com | |
| 1. 연구 활동 : CSR평가지수 개발, 사례연구,<br>　　교재개발 등<br>2. 학술 행사 : CSR 포럼, 콘서트 등<br>3. 봉사 활동 : 서포터즈 모임 등<br>4. 교류 협력 | 서울시 동작구 동작대로<br>27길 38 2층<br><br>nsf@nextsociety<br>foundation.org | |
| 경제적/문화적으로 낙후된 오지마을, 산간벽지,<br>농어촌, 섬마을에 작은 도서관을 무료로 개설 | | |
| 1. 아동/청소년 지원 사업<br>2. 21세기 교육연구<br>3. 뇌기반 교육연구<br>4. 사회성 감성교육연구 | 서울특별시 마포구 동교로<br>18길 20 자운빌딩 3층<br><br>gyobasa@21erick.org | |
| 1. 정기적 포럼, 토론회, 좌담회 등 연린 담론의 장을<br>　　개최해 교육 현안의 공동해결 방안을 모색<br>2. 선진교육 연구와 정책 개발로 미래교육의 바람직한<br>　　대안을 제시<br>3. 평생교육 강좌, 교원직무연수 등 각종 교육의<br>　　전문성을 강화하는 사업을 추진<br>4. 저소득층 학생과 장애 학생, 지역사회를<br>　　위한 교육봉사 활동 적극 추진 | 고양시 일산서구 중앙로<br>1388 태영프라자 B1-1<br>호 | 1,027<br>명 |

교육시민운동에서 주의 깊게 보아야 하는 것은 그 운동의 이념적 성향이다. 과거의 교육시민운동은 주로 개혁적, 진보적, 민중적 단체와 활동가들에 의해 수행되는 경향이 있었으나 민주화의 진행과 함께 사회 환경 및 권력의 판도 및 정권이 교체되면서 기존 교육운동단체와 활동가들 가운데에도 수구화, 보수화, 개량화 하는 경향이 많아지고 있다.[17] 학부모단체를 중심으로 살펴보더라도 전교조 교사들을 지지하는 취지로 창립된 참교육학부모회는 진보적 성향을 지니고 있지만, '공동체적 인간교육'을 기치로 내세운 인간교육실현학부모연대는 정치적 입장이 아닌 교육내적 관점을 강조하면서 초당파적 입장을 견지하려고 한다. 이들 대표적인 두 학부모단체들 외에도 다양한 학부모단체들이 결성되어 활동하고 있는데, '학교를 사랑하는 학부모 모임'은 교육환경 개선과 교단갈등으로 얼룩진 학교현장 정상화를 위해 학부모들이 자발적으로 나서 학생들의 학습권 보호와 학부모의 교육주권을 회복한다는 목적으로 2001년 창립된 단체이다. 이 단체는 어느 특정한 이념이나 주의주장을 갖고 있지 않다고 주장하지만, 실제적인 이념적 성향은 보수주의에 가까우며 '반대 전교조'적인 성격이 두드러진다.[18]

'바른교육실천행동은' 바른 사회를 위한 시민회의'의 산하단체로서 학교 선택권 등 학부모의 권리를 강조하면서 2005년에 창립되었는데, 주로 중도보수 성향의 지식인들로 구성되었다. 이들은 고교 평준화제도에 대해 정면으로 문제를 제기하였으며, "현행 평준화 입학제도는 학생·학부모의 학교 선택권을 지나치게 침해하고 있으며 위헌의 소지가 있다."라면서 "우선 사립학교를 평준화 입학제도에서 제외하자"라고 주장한다. '자유주의교육운동연합'은 교육의 국가독점주의를 배제하고 자유주의적 교육개혁을 추구한다는 취지를 갖고 2005년에 출범하였는데 "교실이 황폐해지는 등 한국교육이 심각한 위기에 봉착한 이유는 교육의 국가 독점과 배급에 따른 자유교육의 질식에 있다"라고 진단하고 자유주의 교육개혁을 실시해야 한다고 주장하였다. '뉴라이트 학부모연합'은 2006년에 창립되었는데 "정부와 전교조에 맞서는 학부모 중심의 교육주도권 쟁취운동"을 내세우며

---

17) 최미향, 김천기, "Rawls의 정의론적 관점에서 본 한국교육시민운동의 이념 지향에 대한 고찰," 107.
18) 심성보, "정치적 민주화의 진전과 교육민주화의 과제," 교육사학회 창립39주년 기념학술대회 자료집, 2003, 11, 22, 77.

수요자 중심의 교육시민운동을 표방하고 있다. 같은 2006년에 창립된 '교육선진화운동본부' 또한 보수적인 입장에서 획일적 평준화 틀 속에서는 선진사회에 진입할 수 없다고 주장하면서 부모의 학교선택권을 강조하며, 교원평가의 적극 실시를 통해 교육의 질을 높이는 운동에 초점을 맞추고 있다.

반면 교육개혁시민운동연대는 '전교조,' '참교육학부모회,' '경실련,' '함께하는 교육시민 모임' 등 현재 20여 단체가 참여하고 있는 진보적 성향의 교육연대로서 아래로부터 위로 향하는 교육개혁, 즉 민간주도의 교육개혁, 현장 중심의 교육개혁을 추구하고 있다. '범국민교육연대'는 2003년에 설립된 단체로 교육운동에 종사하는 노조(전교조, 전국대학노조, 교수노조)와 '민노총,' '문화연대,' '교육개혁시민운동연대,' '학별없는사회' 등 31개 시민단체가 연대하고 있는데 범진보진영의 단체들의 연대라고 할 수 있다. 이들은 수능 폐지와 국공립대통합전형, 대학교육 무상화, 교육 개방 협상 저지 등의 진보적 교육개혁 정책을 주장하고 있다.

진보진영과 보수진영의 교육시민운동 가운데 누가 쉼이 있는 교육을 더 강조하는가를 판단하는 것은 쉽지 않다. 진보적인 교육시민단체들이 평등의 가치 추구를 통한 입시경쟁의 완화를 주장하고 국가가 개입해서라도 사교육 팽창을 억제해야 한다고 주장한다는 점에서 쉼이 있는 교육을 더 지지하고 있다고 보는 것이 일반적인 판단일 것이다. 그러나 보수적인 교육시민단체들이 부모가 학교를 선택할 수 있는 학교선택권을 회복하고, 획일적인 평준화 교육이 아닌 학생들의 끼에 맞는 다양한 교육을 선택할 수 있도록 하자고 주장하고 있다는 점에서 쉼이 있는 교육의 다른 측면을 옹호하고 있다고 볼 수도 있다. 교육시민단체의 이념적 성향만이 아니라 실제로 교육시민단체가 어떤 활동을 하고 그것이 쉼이 있는 교육과 어떤 관련이 있는지를 파악할 때 그 단체가 쉼이 있는 교육에 공헌하고 있는지를 판가름할 수 있을 것이다.

위의 도표에서 볼 수 있듯이 교육시민운동을 교육정의, 학부모, 아동·청소년, 교육일반으로 나누어 분류하였을 때, 각 영역 속에서 그래도 쉼이 있는 교육에 부합하는 단체를 찾아볼 수 있다. 각 영역별로 두 개의 교육시민단체를 선택하여 간단히 소개하고자 한다. 먼저 교육정의 영역에서는 사교육걱정없는세상과 쉼이 있는교육(시민포럼)을 들 수 있다. 사교육걱정없는세상은 2008년에 시작된 교육

시민단체로서 좋은교사운동 대표를 역임한 송인수 대표와 교육시민사회 대표를 역임한 윤지희 대표가 함께 시작한 단체이다. 학생들을 쉼 없는 교육으로 몰아가는 사교육 팽창의 문제를 주 대상으로 삼고 이를 해결하려는 시민운동으로서 불과 10년 사이에 선행학습금지법, 블라인드 채용 등을 비롯한 다양한 교육정책들을 제안하였고 이들이 반영되었으며, 자녀교육에 실제적인 도움을 받거나 이 운동의 취지에 공감하는 사천여 명의 회원들의 후원으로 현재도 활발하게 움직이고 있는 교육시민단체이다. 쉼이있는교육은 2014년에 시작된 교육시민단체로서 '월화수목금금금'의 쉼 없는 교육고통에 시달리는 아동과 청소년들에게 쉼이 있는 교육을 선사하고자 노력하고 있다. 주로 의식개혁에 초점을 둔 쉼이있는교육 기독교운동은 한국교회 교인들을 포함한 학부모들의 왜곡된 자녀교육관을 변화시키어 쉼이 있는 교육을 실천하도록 돕는다. 쉼이있는교육 시민포럼은 '학원휴일휴무제'를 입법화하는 시도를 하는 등 다른 교육시민단체와 연대하여 건강한 교육제도와 교육정책을 제안하고 이를 실행하도록 하는 일을 담당하고 있다.

학부모 영역에서 쉼이 있는 교육을 추구하는 교육시민운동으로 인간교육실현학부모연대를 들 수 있는데, 이 단체는 공교육의 가치와 목표를 회복하고 인간 중심 교육이 실현될 수 있도록 노력하는 학부모교육운동 단체다. '인간교육실현'이라는 명칭이 보여주듯이 기계의 톱니바퀴처럼 인간을 비인간화시키는 입시위주의 교육을 타파하고, 아이들의 인권을 존중하며 자유로운 학교를 만들어 나가며, 아이들이 전인적으로 건강하게 성장하도록 돕는 것이 이 단체의 목적이다. 참교육을위한전국학부모회는 우리 아이들에게 행복한 교육환경을 만들어 주는 것이 목적인데, 뿌리 깊은 주입식 입시경쟁교육보다는 아이들 모두가 저마다의 소질과 개성, 꿈과 소망을 펼칠 수 있는 교육환경을 만들어나가고자 하는 학부모 모임이다. 이들이 강조하는 입시경쟁교육 및 학벌주의 타파 등의 노력은 쉼이 있는 교육의 핵심과제라고 할 수 있다.

아동·청소년 영역에서는 먼저 아이건강연대를 들 수 있는데, 이 단체는 아이의 건강을 해치는 환경으로부터 아이의 건강을 보호하는 노력을 기울이고 있다. "환경호르몬, 중금속, 방사능 등 유해물질 및 전자파 등 유해 파동으로부터 아이들을 보호하기 위해 노력, 게임중독 등 건전한 삶을 저해하는 생활방식을 바로잡기 위해 노력, 먹거리의 안전성을 높이고 안전한 먹거리 제공 위해 노력, 그리고 궁극적으로 모든 생명이 평화롭게 공존하며 자신들의 삶을 풍요롭게 영위해 나갈 수 있는 세상을 만들기 위해 근본적인 인식의 전환과 생활양식 전환 운동을 전개하고 있다." 이렇듯 진정한 의미에서 아이의 건강을 위할 때 쉼이 있는 교육을 추구하지 않을 수 없다. 청소년과 놀이문화 연구소는 만인의 창조주 하나님과 예수 그리스도가 구주이심을 믿어 그의 제자로 헌신하기를 고백하는 청소년들을 하나로 연합하여 하나님 나라를 확장하는 것이 목적이다. 특히 놀이를 통해서 청소년들이 온전한 인간으로 성장하여 건강하고 행복한 삶을 누리고, 이웃과 민족, 세계를 위한 일꾼으로 세워질 수 있도록 돕는다.

그 밖에도 교육 일반 영역에서 쉼이 있는 교육을 추구하는 교육시민단체로는 민들레사랑방을 꼽을 수 있는데, 스스로 서서 서로를 살리는 교육을 구현하고자 출판과 교육, 연구 활동을 하는 사람들이 모인 곳이며 '교육은 곧 학교교육'이라는 통념을 깨고, 함께 성장하는 '배움'의 길을 열어가고자 하는 단체이다. 단지 교육잡지 민들레를 발간하는 것을 넘어서서 이러한 대안적 교육을 확산하는 뜻을 지니고 있다. 민들레사랑방은 사회의 변화와 교육의 흐름을 읽으며 뜻을 함께하는 이들이 서로 손을 잡고 실천을 넓힐 수 있도록 돕고, 아이들이 쉼을 누리며 즐겁게 배움의 길을 갈 수 있는 쉼이 있는 행복한 교육을 추구한다. 좋은책읽기 가족모임은 책이 없어 책을 읽지 못하는 많은 사람들, 특히 깨끗한 심성을 가지고 있는 어린이들에게 좋은 책을 제공하고 이들이 사회에 나가서 맑고 건전한 세상을 만들도록 하는 것이 그 설립 목적이다. 억지로 공부시키는 형식적이고 억압적이고 일방적인 주입식 교육이 아니라 아이들 스스로 쉼을 누리며 책을 읽을 수 있는 교육을 회복하기 위해 노력하고 있다.


## VI. 쉼이 있는 교육을 위한 기독교 교육시민운동의 진단과 과제

쉼이 있는 교육을 위한 교육시민운동의 범주를 넓게 보자면 쉼이 있는 교육을 추구하는 모든 교육적 노력을 다 포함할 수 있다. 기독교대안학교운동을 포함한

대안교육운동, 홈스쿨링운동, 언스쿨링운동, 그리고 공교육 내에서도 쉼이 있는 교육을 추구하는 모든 변화의 노력들이 포함될 것이다. 그러나 보다 시민사회를 움직여서 의식을 변화시키고 제도적인 변화까지를 추구하는 교육시민운동은 교육시민단체들을 중심으로 일어나고 있는 일련의 움직이라고 할 수 있다. 쉼이 있는 교육을 위한 교육시민운동 중에서 기독교 교육시민운동으로는 '쉼이 있는 교육,' '입시사교육바로세우기 기독교운동,' 그리고 '기독학부모운동'을 들 수 있다.

## 1. 쉼이 있는 교육

쉼이 있는 교육을 위한 교육시민운동 중에 쉼이 있는 교육 자체에 초점을 맞춘 교육시민운동은 '쉼이 있는 교육'일 것이다. 2014년 6월 10일 기독교학교교육연구소와 좋은교사운동의 대표들이 함께 모여 회의[19]를 통해 쉼 없는 학생들의 교육고통 문제를 해결하고 새로운 교육제도를 가능케 하는 새로운 운동을 시작하기로 하고 이를 '쉼이 있는 교육' 운동이라고 부르기로 하였다. 2014년 7월 31일에 입시 • 사교육 바로세우기 기독교운동 주최로 쉼이 있는 교육 운동을 시작한다는 것을 알리는 기자회견을 하였다. 그리고 2015년 2월에는 기독교학교교육연구소와 좋은교사운동이 함께 오늘의 교육 현실 속에서 기독교계가 앞장서서 시작해야 하는 가장 중요한 교육운동이 '쉼이 있는 교육' 운동임을 확인하고 33인 한국교회 목회자들과 더불어 이 운동을 출범하게 되었다. '쉼이 있는 교육'은 교육의 본질을 잃어버린 채 학생의 수면권과 휴식권, 삶의 기본적인 인권조차 보장되지 못하는 오늘날의 교육 현실을 고발하며 이를 바로 잡으려는 몸부림이라고 할 수 있다.

'쉼이 있는 교육'은 크게 두 가지 사역의 방향을 갖는다. 하나는 목회자들과 부모들, 그리고 학생들이 '쉼'의 중요성을 인식하고 성경적인 쉼의 태도를 갖도록 돕는 의식개혁운동 및 생활실천운동이고, 다른 하나는 우리나라의 왜곡된 교육

---

19) 박상진 기독교학교교육연구소 소장, 정병오 전 좋은교사운동 대표, 김진우 좋은교사운동 공동대표 참석

제도를 '쉼이 있는 교육'이 가능한 방향으로 변화시키는 교육개혁운동이다. 전자를 위해서는 '쉼이 있는 교육 기독교운동'이라는 이름으로, 후자를 위해서는 '쉼이 있는 교육 시민포럼'이라는 이름으로 구분하여 활동하도록 하였다. 특히, 후자의 경우는 일반 교육시민단체들과 연계하여 활동을 하였는데 함께 한 단체로는 아이건강국민연대, 한국 YMCA, 서울YWCA, 참교육학부모회, 인간교육실현을 위한 학부모연대, 사교육걱정없는세상 등이 있다. 학원휴일휴무제는 '쉼이 있는 교육 시민포럼'에서 핵심적으로 추진한 활동으로써 주일을 포함한 휴일에는 학원이 휴무를 하도록 법으로 규정함으로 학생들의 쉼의 권리를 보장하도록 하는 법제화 운동이다.

왜, 쉼이 있는 교육 운동이 필요하고 더욱이 학원휴일휴무제가 필요한가? 오늘날 어느 나라에서도 찾아볼 수 없는 우리나라 청소년들의 '쉼이 없는' 삶의 위기적 현실을 이해하게 되면 그 필요성에 공감하게 될 것이다. 학원휴일휴무제는 크게 두 가지 목적을 지니고 있는 셈이다. 하나는 교회 내의 부모들이 주일성수의 중요성을 깨닫고 신앙의 우선순위를 회복함으로써 다음세대 신앙의 대 잇기를 회복하는 것이고, 다른 하나는 우리 사회의 쉼이 없는 왜곡된 교육, 교육의 목적과 의미를 상실한 교육을 변혁시키는 것이다. 학원휴일휴무제에 대한 국민적 찬성 여론은 매우 높은 것으로 나타나고 있다. 서울시의회가 2017년 3월에 한국사회여론조사연구소(KSOI)에 의뢰하여 실시한 여론조사에 의하면 학원휴일휴무제에 공감하는 찬성 여론이 83%인 것에 비해 반대하는 여론은 17%에 불과하였다. 학원휴일휴무제에 대한 기독교계의 의견은 더 강하게 찬성하는 입장이다. 한국기독교언론포럼이 2016년 11월에 지앤컴리서치에 의뢰해서 만 19세 이상 한국교회 성도 및 목회자 1,000명을 대상으로 조사한 '2016 한국 사회 주요 이슈에 대한 목회자 및 개신교인 인식 조사'에 의하면 일반 성도의 86.7%가 학원휴일휴무제에 찬성하는 것으로 응답하였고, 반대한다는 의견은 11.4%에 불과하였다. 목회자의 경우는 무려 99%나 학원휴일휴무제에 찬성하고 있으며, 반대하는 경우는 1.0%에 불과하였다.

학원휴일휴무제가 쉼이 있는 교육을 회복함으로 교육의 본질을 회복하는 운동이고, 신앙의 우선순위를 분명히 함으로 다음세대 신앙을 계승하는 운동이라고 한다면 한국교회가 이 운동을 앞장서서 펼쳐가야 할 것이다. 제일 바람직한 것은 기독교인 학원장들이 스스로 주일에 학원을 문 닫고 주일을 성수하는 운동을 펼치는 것이다. 그리고 단지 주일에 학원을 가지 않는 소극적 차원을 넘어서서 우리의 자녀들이 주일에는 교회에서 예배드리고 가족과 함께 쉼을 누리며, 건강한 신앙을 회복하며, 나아가 쉼 없는 죽음의 교육을 생명의 교육으로 변화시키는 적극적인 사명을 감당하여야 할 것이다. 다음세대 신앙계승을 위해서는 기독교교육 생태계가 필요하다. 자녀들을 둘러싸고 있는 환경이 기독교적 영향력을 줄 수 있어야 한다. 학원휴일휴무제가 법제화되는 것과 학부모들이 쉼의 중요성을 인식하고 이를 실천할 때 쉼이 있는 교육이 회복되고 학생들을 둘러싸고 있는 교육생태계가 건강하게 복원될 수 있을 것이다.

## 2. 입시 • 사교육 바로 세우기 기독교운동

입시 • 사교육바로세우기 기독교운동(입사기운동)은 2008년 6월에 시작되었다. 기독교학교교육연구소, 기독교윤리실천운동, 좋은교사운동이라는 세 단체가 협력하여 한국교회와 사회 속에 만연한 입시 위주의 문화를 개선하기 위해 기독교 교육시민운동을 시작하였다. 사실 기독교학교교육연구소는 2007년부터 두 해 동안 학술대회의 주제를 한국교육의 가장 고질적인 문제인 입시문제로 설정하고, '입시에 대한 기독교적 이해', '입시문제에 대한 기독교적 대응'이라는 제목의 책도 출판하였다. 기독교학교, 교회학교, 기독교가정의 모든 문제가 입시문제와 연결되어 있기 때문에 이를 해결하는 기독교운동은 너무 절실한 것임을 인식하였고, 학술적인 논의를 넘어서 의식개혁과 제도개혁을 위한 실천적 운동이 필요함을 깨달았기 때문이다.

우리나라의 입시, 사교육 문제를 바로 세우는 일은 거의 미션 임파서블(mission impossible)이다. 그러나 오늘날의 한국교육이 왜곡되어 있고 그릇되어 있으며, 이로 인해 수많은 아이들이 고통당하고 있다면 이를 바로 세우는 일이 옳은 일임에 틀림없고, 그 일이 하나님이 원하시는 일이라면 그것은 마침내 이루어질 수밖에 없는 일이다. 입사기운동은 제도적인 개혁보다는 의식개혁에 좀 더 초점을 맞추기로 하였는데 제도적이고 구조적인 변화를 위한 노력도 경주해야 하지만 부모와 교사, 학생들의 의식이 변화되는 것은 더 중요하며, 의식의 변화 없이는 아무리 좋은 제도도 다시 변질될 수밖에 없기 때문이다.

한국교회는 오늘의 교육현실을 어떻게 인식하고 반응하고 있는가? 대부분의 교인들이 깊이 연루되어 있는 입시문제에 대해 무엇을 말하고 있으며 어떻게 대처하고 있는가? 많은 교회는 수능시험이 다가오면 수능 100일 기도회를 하기도 하고, 입시생을 격려하는 엿파티를 열어주기도 하고, 수능 당일에는 온종일 교회에 모여 시험시간표를 따라 기도하기도 한다. 시험을 앞둔 학생들을 위해 기도하는 것이 잘못일 수는 없다. 그러나 한국교회는 부모들과 자녀들에게 입시 자체에 대한 기독교적 시각을 갖도록 격려하기보다는 입시문제에 대해 매우 수동적이며 수세적이었다.

한국교회가 입시를 바로 세우기 위해서 할 수 있는 역할은 무엇인가? 입시 바로 세우기를 위해 한국교회가 할 수 있는 가장 중요한 일은 교인들의 의식을 새롭게 변화시키는 일이다. 한국교회 교인들에게 기독교적 교육관을 심어주고 이를 실천하도록 돕는 일, 이러한 가치관을 확산하고 심화시키기, 그리고 가정에서의 신앙교육을 회복함으로 우리의 의식 가운데 뿌리박혀 있는 세속적 가치관을 청산하는 일이다. 이를 위해서 첫째, 교육회개운동이 필요하다. 오늘의 교육 황폐화와 학생들의 고통에 대해 먼저 한국교회는 회개하여야 한다. 단지 침묵하였을 뿐 아니라 오히려 그러한 왜곡된 입시경쟁을 강화하며 교육현실을 보다 왜곡시키는 가해자의 반열에 서 있었음을 고백하며 돌이켜야 한다. 우리의 허영심이 자녀들에게 상처를 주었고, 우리의 이기심이 입시경쟁을 강화했음을 깨닫고 회개하는 운동이다. 입시에 대해서는 불신자와 다를 바 없이 세속적인 가치관으로 대한 것이 불신앙인 것을 깨닫고 돌이키는 운동이다. 이로 인하여 이제는 신앙과 자녀교육이 이원화되는 것이 아니라 기독교적 가치관에 입각한 자녀교육을 확립하는 것이다.

둘째는 자녀 신앙교육 운동이다. 성경은 "여호와를 경외하는 것이 지식의 근본"(잠 1:7)임을 말씀한다. 그리고 그 여호와 경외의 자녀교육을 부모에게 위탁하신다(신 6:4-9). 부모는 자녀들이 여호와를 경외하도록 교육해야 할 책임이 있다. 여호와 경외, 부모공경, 선생님 존경, 그리고 학업에서의 탁월성은 연결되어 있다. 여호와를 경외하는 자녀가 부모를 공경하게 되고, 부모를 공경하는 자녀가 학교에서 선생님을 존경하게 되고, 선생님을 존경하는 학생이 학업성적이 향상되는 것이다. 그런데 기독교인 학부모들 가운데도 학업성적에 관심을 두는 나머지 그 근본이 되는 여호와 경외를 상실한 부모들이 얼마나 많은가? 자녀신앙교육에 있어서 가장 중요한 것은 가정예배일 것이다. 가정에 지성소가 있어서 부모가 하나님을 경외하고 하나님 앞에서 무릎 꿇는 모습을 자녀들이 보는 것은 매우 중요하다. 가정예배를 통해 여호와를 경외하며 부모와 자녀 간의 신앙적 대화를 통해서 기독교적 가치관을 확립하여야 한다. 무엇이 성공이고 무엇이 실패인가? 하나님의 관점에서 진정한 성공은 하나님의 뜻대로 하나님의 나라 일군으로 쓰임 받는 것이다.

셋째, 기독교교육 문화운동이다. 오늘날 한국교회 속에 스며들어 있는 세속주의적 교육 가치관의 청산운동이다. 학벌이나 학력으로 차별하는 문화, 소위 일류대학에 합격한 것을 성공이나 축복으로 여기는 문화, 교인들의 허영심을 변화시키는 것이 아니라 그것을 충족시키기 위한 문화 등을 기독교적 문화로 변화시키는 운동이다. 이를 위해서는 새롭고 건전한 기독교적 가치관이 반영된 문화를 창출하고 이러한 문화가 자리 잡을 수 있도록 노력해야 한다. 이런 기독교교육문화 운동은 교회 안에서만이 아니라 기독교학교와 기독교가정, 더 나아가 사회 일반으로까지 확산하여 세속적 문화에 대한 일종의 대안문화가 형성될 수 있어야 할 것이다.

'한국교회, 입시 바로 세우기 운동', 이것은 기독교적 교육개혁 운동이며, 더 나아가 한국교회 갱신 운동이며 기독교신앙 회복 운동이다. 교육을 향하신 하나님의 원래 의도를 회복함으로 하나님의 교육이 실현되도록 하여, 이 땅의 자라나는 세대들이 하나님의 성품과 인격으로 함양되고 하나님의 일군으로 양육되도록 하는 운동이다. 또한, 그동안 기독교적 신앙을 지녔다고 하지만 삶의 영역에까지 이르지 못한 이원론적 신앙양태를 청산하고 진정한 신앙으로 회복하며 이로 인해 한국교회가 새롭게 갱신되는 운동이다.

## 3. 기독학부모운동

   기독학부모운동은 2007년, 기독교학교교육연구소에 의해 시작된 기독교 교육
시민운동이다. 기독교학교교육연구소가 발간한 '기독학부모교실'의 마지막 장은
'기독학부모운동과 하나님나라'인데 이 과정의 수료자들이 많이 생기면서 하나
의 운동으로 자리매김하게 된 것이다. 본격적인 기독학부모운동은 2017년 제1회
전국 기독학부모대회를 개최함으로 출발하였다고 볼 수 있다. 전국 14개 지역에
기독학부모 지역모임이 조직되었으며, 이들을 섬길 수 있는 지도자들이 세워졌
다. 기독학부모로서의 삶은 개인적인 차원도 중요하지만 공동체적인 차원도 중
요한데, 더 많은 기독교인 학부모들이 기독학부모로서의 정체성을 확립하고 공
동체를 이루게 될 때 교육의 영역에서 하나님의 나라가 확장될 수 있다. 기독교
인 교사들이 각성하고 기독교사의 정체성을 회복하여 '기독교사운동'을 담당하
게 될 때 학교 현장을 변화시켜 나가고 있듯이, 기독교인 부모들이 '기독학부모운
동'을 통해 교육의 영역에 기독교적 영향력을 발휘할 수 있다.

   안타깝게도 한국에서는 기독학부모운동을 거의 찾아볼 수 없다. 전국교직원노
동조합을 비롯한 다양한 교사단체들이 활동하고 있고 이를 통한 교사운동은 활
발한 편이지만 학부모운동 자체가 취약하며, 더욱이 기독학부모운동은 전무하다
고 해도 과언이 아니다. 한국교회의 기독교인 학부모들을 깨워 기독학부모로서
의 사명을 감당케 하고, 이를 공동체적인 기독학부모운동으로 발전시키는 것은
전체 기독교교육 운동에 크게 공헌할 것이 분명하다. 특히 한국에서는 기독학부
모 가운데 기독 어머니들의 적극적인 참여가 중요한데, 왜냐하면 한국적인 상황
에서는 자녀교육을 대부분 어머니가 책임지고 있기 때문이다. 기독학부모운동으
로써 기독 어머니 운동은 무엇보다 여성 자신의 신앙고백 운동이 되어야 한다.
자신의 신앙적 고백이 교육에까지 연결될 때 생명적인 변화가 가능하기 때문이
다. 다른 사람의 판단이나 유행, 사회의 여론에 의한 자녀교육이 아니라 신앙에
근거한 교육운동이 되어야 한다. 또한, 기독학부모운동은 교회갱신 운동이며, 기
복신앙적인 잘못된 세속주의 가치관을 갱신하여 모든 영역에서 주님의 주되심
(Lordship)을 인정하는 운동이다. 기독학부모운동은 자신의 자녀에 대한 신앙적

전인교육을 추구할 뿐 아니라 나아가 민족을 살리는 교육운동이다. 내 자녀가 귀한 만큼 다른 사람의 자녀를 귀히 여기며, 모든 자녀를 교육의 고통에서 벗어나 다양한 분야에서 하나님의 일군으로 헌신토록 하는 운동이다.

기독학부모운동을 위한 전략으로는 가장 기본적인 활동으로써 첫째, 기독학부모 기도회가 있다. 기독학부모들이 모여 기도하는 모임으로써, 기독학부모들이 자신의 자녀만을 위해서 기도하는 것이 아니라, 학원선교를 위해서, 지역의 학교를 위해서, 기독교사를 위해서, 한국의 교육 갱신을 위해서 기도하는 것만으로도 중요한 사역을 감당하는 것이다. 교회의 기독학부모들이 모여서 그 지역의 학교의 이름과 교사들의 이름을 불러가며 기도하는 것 자체가 이미 기독학부모운동이다. 둘째는 학교별 기독학부모 모임이다. 학교별 기독학부모 모임이 가능하다면 좀 더 구체적으로 기도하며 도울 수 있을 것이다. 학부모들이 해당 학교의 기독교사들을 초청하여 격려할 수 있고, 함께 건강한 기독교적 교육에 대한 전략을 협의할 수 있다. 그리고 기독학부모의 은사와 관심에 따라 특별수업이나 간증, 그리고 CA나 학생동아리 지도 등으로 교육의 변화를 돕는 데 있어서 일익을 담당할 수 있다.

셋째는 기독학부모학교이다. 기독학부모의 정체성을 확립하고 기독학부모로서의 역할과 사명이 무엇인지를 깨닫도록 하는 가칭 '기독학부모학교'가 개설될 필요가 있다.[20] 기독교인이면서 학부모인 분들을 대상으로 기독학부모로서의 자기 인식을 갖게 하고 나아가 기독학부모운동에 참여할 수 있도록 교육하는 과정이다. 약 8주 정도의 커리큘럼을 통해 강의만이 아니라 워크숍과 토의를 통해 스스로 참여하여 학습할 수 있도록 돕는 것이 바람직할 것이다. 이 과정을 수료한 기독학부모들이 자연스럽게 기독학부모회를 구성할 수 있다.

넷째는 기독학부모 단체의 결성이다. 왜곡된 교육현실을 새롭게 하고 보다 거

---

20) 김영화는 향후 교육자치제의 확대 실시로 학부모들의 학교교육 참여 기회가 확장됨은 물론 그 필요성이 증대될 것으로 전망하였고, 그럼에도 불구하고 학부모의 개인주의적 성향은 지속될 것으로 전망되어 학부모의 교육에 대한 적극적인 참여를 촉진할 필요가 있음을 지적하였다. 이를 위해서 가장 중요한 것은 학부모의 권리와 책임 의식을 높일 수 있는 '학부모 교육'으로 보았는데, 학부모 교육의 기회 확대와 내실화를 위해서 여덟까지 필요사항을 제안하고 있다.(김영화, 『한국교육의 종합이해와 미래구상(III): 학부모와 자녀교육편』 (파주: 한국학술정보(주), 2001, 230-231.)

시적으로 교육개혁과 기독교적 교육을 힘있게 감당하기 위해서는 기독학부모 단체가 결성될 필요가 있다. 자기 자녀의 이익이나 학교의 유익을 넘어서서 전체 교육의 개혁을 위해 기독학부모 단체가 교육 현실을 비판적으로 성찰하고, 기독교적 관점으로 견제하며 올바른 교육의 방향을 제시할 수 있다. 지역마다 기독학부모 모임이 형성되어 기독학부모운동이 활성화될 수 있다면, 자녀를 기독교적으로 올바로 키우는 것만이 아니라 다음세대를 위해 교육의 본질을 회복하는 교육개혁의 사명을 감당할 수 있을 것이다.

## 4. 쉼이 있는 교육을 위한 기독교교육 시민운동의 향후 과제

쉼이 있는 교육을 위한 교육시민운동이 실제로 아동과 청소년들로 하여금 쉼을 누리고 교육의 본질을 회복하기 위해서는 새로운 변화가 요청된다. 첫째, 학부모들의 의식개혁이 기반이 되는 운동이 되어야 한다. '학원휴일휴무제'를 비롯한 제도적, 정책적 개선은 학부모들의 의식이 변화되는 것을 전제로 하지 않을 때 이루어지지 않으며, 설사 입법이 되거나 정책이나 제도로 채택이 된다고 하여도 그것이 효과를 거두기가 어렵다. 물론 입시제도가 변화되지 않는 한 학부모들의 의식만을 변화시키기를 기대할 수는 없을 것이다. 하지만, 학부모들의 의식이 변하지 않는 한 우리나라의 입시제도를 바꿀 수 있는 동력 자체를 얻을 수도 없는 일이다. 이러한 학부모의 의식변화는 단지 논리적 설득이나 교화로만 가능한 것이 아니다. 학부모들의 감성에 호소하고, 학부모들이 공감할 수 있는 방식으로 접근하여야 한다. 이를 위해서는 쉼이 있는 교육을 다양하게 이미지화하여 학부모들의 상상력을 자극할 수 있는 접근도 필요할 것이다.

둘째, 입시위주의 공교육이 변화되지 않는 한 궁극적으로 쉼이 있는 교육이 가능하지 않다. 입시위주의 교육은 획일적인 교육, 경쟁적인 교육, 개인주의적인 교육을 가져왔고 이로 인해 교육목적, 교육내용, 교육방법, 교육평가에 있어서 심각한 왜곡이 일어났으며, 쉼이 없는 교육으로 질주할 수밖에 없게 된 것이다. 쉼이 없는 교육을 일으키는 일종의 원죄와 같은 우리나라 입시제도에 대한 구체적인 대안을 제시하고 이를 실현하는 노력을 기울이는 것을 병행하지 않는 한 쉼이 있는 교육을 기대하기 어려울 것이다. 물론 이것은 입시제도 자체의 변화만으로는 가능하지 않다. '교육선발이 사회선발이다'(educational selection is social selection)라는 말처럼 입시제도는 사회제도와 맞물려 있기 때문에 우리나라 정부, 공기업, 사기업 등에서의 직원채용 방식의 변화, 임금체계의 개선, 사회복지제도의 개혁 등을 통한 사회시스템의 변화가 수반되어야 할 것이다.

셋째, 한국교회가 중추적 역할을 감당하여야 할 것이다. 교회의 목적은 교회성장이 아니라 하나님의 나라이기에 교회의 중요한 사명은 모든 그리스도인들로 하여금 하나님 나라의 시민으로서 하나님 나라를 추구하는 삶을 살도록 도와야 한다. 하나님 나라 운동으로써의 시민운동은 교회의 본질적인 사명으로 인식해야 한다. 교회는 그리스도인들을 세상 속으로 파송하여 소금과 빛으로 살아가도록 함으로써 사회 각 영역이 하나님의 다스리심으로 변혁되도록 해야 할 사명이 있다. 한국 사회의 왜곡되고 타락한 제 영역 속에서 변화를 일으킬 변혁의 센터에 교회가 서 있어야 한다. 한국교회는 현실을 초월해 그 현실을 하나님 공의의 관점에서 바라보며 새롭게 하는 예언자적 사명을 감당해야 한다. 특히 쉼이 없는 교육을 변화시킬 주체는 쉼과 안식의 신학이 살아있는 한국교회이다. 물론 교회가 복음의 맛을 잃어버리면 소금의 역할을 감당할 수 없다. 한국교회가 먼저 건강한 교회로 회복되어야 하며, 그리스도인들이 먼저 솔선수범하여 자신의 삶과 가정, 교회에서 쉼이 있는 교육을 실천해야 한다.

넷째, 쉼이 있는 교육을 위한 기독교 교육시민운동은 이중언어적 소통을 요청한다. 기독교운동에 충실하기 위해서는 기독교적 용어로 무장하고 기독교적 복음에 응답하여 성도들을 그리스도의 제자로 하나님의 왕 같은 제사장으로 세워야 한다. 그러나 동시에 기독교 바깥의 일반인들도 이해할 수 있는 용어로 소통하여 쉼이 있는 교육을 위한 다른 시민운동과도 연대하여야 한다. 쉼이 있는 교육 시민포럼이 타 교육시민단체들과 협력하여 '학원휴일휴무제'의 입법화를 추진한 것은 그 성과를 떠나 그 자체로 의미 있는 공동체적 노력이라고 평가할 수 있다. 우리나라 사회 속에서 쉼이 있는 교육을 실현하기 위해서는 기독교 교육운동은 타 종교계와도 협력하여야 하고, 비종교계 영역과도 협력하여야 한다. 그러나 동시에 교회 안의 헌신자들을 더 발굴하기 위해서는 기독교적인 내러티브에 충실하여 쉼이 있는 교육이 왜 신앙적으로 중요하며, 성서적 가르침의 핵심인지를 설명하여야 한다. 교회 밖과의 소통을 위해서 기독교적 상징을 약화해 교회 내의 변화가 약해져도 안 되고, 동시에 교회 안의 성도들을 위한 나머지 교회 밖과 소통하지 못하여 변혁을 위한 연대가 약해져도 안 되는 것이다.

다섯째, 쉼이 있는 교육을 위한 기독교 교육시민운동은 다양한 콘텐츠 개발을 요청하며, 삶 속에서 건강한 쉼의 문화를 정착시킬 것을 요청하고 있다. 쉼이 있는 교육은 구호나 선언으로 끝나서는 안 되고 구체적이고 실제적인 실천으로 이어져야 한다. 이를 위해서는 쉼이 있는 교육을 가능케 하는 다양한 콘텐츠가 개발되어야 한다. 아동, 청소년의 개인적인 차원에서, 그리고 가정, 교회, 학교에서 공동체적인 차원에서 함께 쉼을 누리는 방안과 활동, 프로그램이 필요하다. 한국교회는 교회성장주의라는 쉼 없는 목회의 패러다임 속에서 쉼을 위한 활동에는 익숙하지 못하다. 아동과 청소년들도 건강하게 쉼을 누리는 방법을 알지 못해 여가가 종종 탈선으로 이어지기도 한다. 쉼이 있는 교육이 문화로 정착하여 의미 있게 쉼을 즐기면서도 건강한 일상으로 이어질 수 있도록 하여야 한다. 우선 교회학교에 쉼이 있는 문화가 정착되어야 하며, 기독교 가정과 기독교 학교, 그리고 공교육과 일반 사회 속에서 쉼이 있는 교육이 문화로 정착되기를 기대한다.


## Ⅶ. 나가는 말

쉼이 있는 교육을 추구하는 교육시민운동은 교육의 본질을 회복하는 운동이며 진정한 의미에서 아이들의 행복을 실현하는 운동이다. 전통적으로 쉬는 것, 노는 것, 운동하는 것, 책 읽는 것은 공부하는 것이 아니기에 교육이 아니라고 여겨져 왔다. 그러나 오늘날 쉼의 공간이야말로 창의력과 상상력의 보고이며, 스스로 자신의 삶을 조망하고 자신을 추스를 수 있는 여백이 됨을 깨닫고 있다. 쉼이 있는 교육은 서로가 무한경쟁을 하기 때문에 무조건 달려야 한다는 강박관념을 멈추고 왜, 어디를 향해, 어떻게 달려야 할지를 생각하는 시간과 공간을 제공한다. 더욱이 쉼이 있는 교육을 추구하는 기독교 교육시민운동은 안식의 계명을 주신 하나님의 뜻을 이루는 것이며, 쉼 없이 달려가 나의 왕국을 건설하려는 노력을 멈추고 더불어 쉼을 누리며 행복한 삶을 영위하는 하나님 나라를 추구한다. 쉼이 있는 교육이야말로 하나님의 교육이며 그리스도의 교육이며 성령님의 교육이다. 가정, 교회, 학교 차원에서 쉼이 있는 교육을 추구해야 하겠지만 기독교 교육시민운동이야말로 쉼이 있는 교육을 구현하기 위한 중추적인 기독교교육운동이다. 쉼이 있는 교육을 추구해야겠다는 다짐을 가짐과 동시에 많은 그리스도인이 기독교 교육시민운동에 참여하여 의식의 개혁과 제도의 개혁을 함께 이루어 쉼이 있는 교육을 실현할 수 있기를 기대한다.

참고문헌

강소연. "학부모 운동과 교육 거버넌스의 실현 가능성." 김영화 외.『오늘을 위한 내일의 교육: 한국 교육의 난제, 그 해법을 묻는다 -공공성과 자율성의 관점에서-』. 서울: 대화문화아카데미, 2009.

강윤정, 김갑성.『교육의 생태학적 분석』. 서울: 강현출판사, 2010.

김양자. "한국 교육시민운동의 형성원인." 사회교육연구. 제11집, 2002.

김영화.『한국교육의 종합이해와 미래구상(III): 학부모와 자녀교육편』. 파주: 한국학술정보(주), 2001.

박상진.『기독교교육과 사회: 기독교교육사회학 입문』. 서울: 기독한교, 2010.

심성보. "정치적 민주화의 진전과 교육민주화의 과제." 교육사학회 창립 39주년 기념학술대회 자료집, 2003. 11. 22.

양정호, 김성천. "한국교육시민단체의 현황과 과제." 한국교육. 33권 1호, 2006.

조성돈, 정쟁영.『시민사회 속의 기독교회』. 서울: 예영커뮤니케이션, 2008.

최미향, 김천기. "Rawls의 정의론적 관점에서 본 한국 교육시민운동의 이념 지향에 대한 고찰." 지역사회연구. 제14권 제3호, 2006.

Coleman, John A. "The Two Pedagogies: Discipleship and Citizenship." in Mary C Boys ed. *Education for Citizenship and Discipleship*. NewYork: Pilgrim Press, 1989.

Bronfenbrenner, Urie. *The Ecology of Human Development*. 이영 역.『인간발달생태학』. 서울: 교육과학사, 1992.

Brueggemann, Walter. *Sabbath as Resistance*. 박규태 역. 『안식일은 저항이다』. 서울: 복있는사람, 2015.

Heschel, Abraham Joshua. *The Sabbath*. 김순현 역. 『안식』. 서울: 복있는사람, 2007.

# 쉼이있는교육 실태조사

안녕하십니까? 기독교학교교육연구소에서는 '한국의 교육현실 속에서 쉼이있는교육의 방향과 과제'라는 주제로 학술대회를 준비하고 있습니다. 본 설문지는 학생들의 쉼에 대한 의식을 파악하고, 쉼에 대한 실태를 분석하고자 하는 설문조사입니다. 이 연구는 한국의 공부노동에 시달리고 있는 청소년들에게 쉼과 안식을 통해 배움과 성장이 있는 교육이 될 수 있도록 도울 것입니다. 설문은 10분 정도 소요되며, 바쁘시더라도 성실히 답변해주시면 감사하겠습니다. 이 설문조사는 연구 목적 이외에는 사용되지 않을 것을 약속드립니다.

2018년 7월 2일
기독교학교교육연구소 소장 박상진 드림

✎ **다음 문항을 읽고 해당하는 번호에 <u>하나만</u> ∨표 응답해주시기 바랍니다.**

| 문 항 | | 안한다 | 1시간 미만 | 1시간 이상~ 2시간 미만 | 2시간 이상~ 3시간 미만 | 3시간 이상~ 4시간 미만 | 4시간 이상~ 5시간 미만 | 5시간 이상 |
|---|---|---|---|---|---|---|---|---|
| 1 | 현재 학교 수업 외 하루 평균학습 시간(사교육 시간 포함)은 어느 정도인가요? | ① | ② | ③ | ④ | ⑤ | ⑥ | ⑦ |
| 2 | 현재 하루에 평균 사교육(학원, 과외 등)받는 시간은 어느 정도인가요? | ① | ② | ③ | ④ | ⑤ | ⑥ | ⑦ |
| 3 | 현재 <u>토요일</u> 평균 학습 시간(사교육 시간 포함)은 어느 정도인가요? | ① | ② | ③ | ④ | ⑤ | ⑥ | ⑦ |
| 4 | 현재 <u>토요일</u> 평균 사교육(학원, 과외 등)을 받는 시간은 어느 정도인가요? | ① | ② | ③ | ④ | ⑤ | ⑥ | ⑦ |
| 5 | 현재 <u>일요일</u> 평균 학습 시간(사교육 시간 포함)은 어느 정도인가요? | ① | ② | ③ | ④ | ⑤ | ⑥ | ⑦ |
| 6 | 현재 <u>일요일</u> 평균 사교육(학원, 과외 등)을 받는 시간은 어느 정도인가요? | ① | ② | ③ | ④ | ⑤ | ⑥ | ⑦ |
| 7 | 시험기간 중 학습 시간(사교육 시간 포함)은 하루 평균 어느 정도 인가요? | ① | ② | ③ | ④ | ⑤ | ⑥ | ⑦ |
| 8 | 시험기간 중 사교육으로 보내는 시간은 어느 정도인가요? | ① | ② | ③ | ④ | ⑤ | ⑥ | ⑦ |
| 9 | 현재 하루 평균 개인 여가 시간은 어느 정도가지고 있나요? | ① | ② | ③ | ④ | ⑤ | ⑥ | ⑦ |
| 10 | 하루에 평균 개인 여가 시간은 얼마나 가지는 것이 좋다고 생각하나요? | ① | ② | ③ | ④ | ⑤ | ⑥ | ⑦ |

11. 하루 평균 수면 시간은 어느 정도인가요?

① 4시간 미만　　　　② 4시간 이상 ~ 5시간 미만　③ 5시간 이상 ~ 6시간 미만

④ 6시간 이상 ~ 7시간 이상　⑤ 7시간 이상 ~ 8시간 미만　⑥ 8시간 이상

✎ **다음 문항을 읽고 해당하는 번호에 하나만 ∨표 응답해주시기 바랍니다.**

| | 문 항 | 전혀 아니다 | 아니다 | 보통 이다 | 그렇다 | 매우 그렇다 |
|---|---|---|---|---|---|---|
| 12 | 나는 주말에만 여가 시간을 가져야 한다고 생각한다. | ① | ② | ③ | ④ | ⑤ |
| 13 | 나는 공부(일)가 즐거우면 굳이 여가시간이 불필요하다고 생각한다. | ① | ② | ③ | ④ | ⑤ |
| 14 | 나는 학교생활에서 피로도를 느낀다. | ① | ② | ③ | ④ | ⑤ |
| 15 | 나는 사교육을 내 의지로 선택했다. | ① | ② | ③ | ④ | ⑤ |
| 16 | 나는 나 자신이 능력이 있는 사람이라고 생각한다. | ① | ② | ③ | ④ | ⑤ |
| 17 | 나는 학업, 성적 때문에 신경이 많이 쓰인다. | ① | ② | ③ | ④ | ⑤ |
| 18 | 나는 사는 것이 즐겁다. | ① | ② | ③ | ④ | ⑤ |
| 19 | 나는 학원이나 과외활동이 많아 힘들다. | ① | ② | ③ | ④ | ⑤ |
| 20 | 나는 열심히 노력해도 성적이 잘 오르지 않는다. | ① | ② | ③ | ④ | ⑤ |
| 21 | 나는 앞으로 해야 할 공부를 생각하면 걱정이 앞선다. | ① | ② | ③ | ④ | ⑤ |
| 22 | 나는 장차 어떤 일을 할 수 있을지 고민이다. | ① | ② | ③ | ④ | ⑤ |
| 23 | 나는 내 삶이 행복하다고 생각한다. | ① | ② | ③ | ④ | ⑤ |
| 24 | 나는 나 자신이 좋은 성품을 가진 사람이라고 생각한다. | ① | ② | ③ | ④ | ⑤ |
| 25 | 나는 대학에 못 들어가면 안된다는 생각에 벌써부터 걱정이 앞선다. | ① | ② | ③ | ④ | ⑤ |
| 26 | 나는 걱정거리가 별로 없다. | ① | ② | ③ | ④ | ⑤ |
| 27 | 나는 나 자신이 가치 있는 사람이라고 생각한다. | ① | ② | ③ | ④ | ⑤ |

28. 학교생활에 피로를 느낀다면 이유가 무엇인지, **높은 순서대로 3가지**를
    선택해 주세요.

     **1순위 : _____     2순위 : _____     3순위 : _____**

    ① 과중한 공부의 양과 시간 때문에

    ② 학교의 경쟁적인 분위기 때문에

    ③ 성적에 대한 압박감 때문에

    ④ 불투명한 진로 때문에

    ⑤ 복잡한 인간관계 때문에

    ⑥ 공부의 이유를 모르고 공부하기 때문에

    ⑦ 기타(               )


29. 현재 학교 정규수업 외에 받는 사교육(학원, 과외 등)은 몇 개나
    되나요?

    ① 없다         ② 1개         ③ 2개

    ④ 3개         ⑤ 4개         ⑥ 5개 이상


30. 사교육비는 한 달 평균 얼마나 드나요?

    ① 없음               ② 10만원 미만

    ③ 10만원-20만원 미만     ④ 20만원-30만원 미만

    ⑤ 30만원-40만원 미만     ⑥ 40만원-50만원 미만

    ⑦ 50만원-60만원 미만     ⑧ 60만원 이상

31. 사교육을 받는 이유는 무엇인가요? **하나만** 골라주세요.

    ① 남들 가는데 안가면 불안해서    ② 부모님의 강요와 기대 때문에

    ③ 부족한 학업보충을 위해서    ④ 친구를 만나기 위해서

    ⑤ 당연히 가는 거라 생각해서    ⑥ 기타(        )

32. 일요일을 포함한 휴일에는 학원들을 일제히 쉬도록 만드는
    법안(학원휴일휴무제)에 대해 어떻게 생각하나요?

    ① 매우 반대한다    ② 반대한다    ③ 보통이다

    ④ 찬성한다    ⑤ 매우 찬성한다

33. 현재 여가 시간에 주로 하는 일은 무엇인지, **높은 순서대로 3가지**를
    선택해 주세요.

    1순위 : _____    2순위 : _____    3순위 : _____

    ① 휴식활동(잠, 멍 때리기 등)

    ② 취미활동(독서, 음악듣기 등)

    ③ 오락활동(게임, 스마트폰, 컴퓨터 등)

    ④ 스포츠 활동

    ⑤ 여행활동

    ⑥ 문화예술활동(영화보기, 미술관 가기 등)

    ⑦ 대인관계활동(친구 만나기 등)

    ⑧ 종교활동(QT, 기도하기 등)

    ⑨ 자기계발활동(새로운 것 배우기 등)

    ⑩ 기타(        )

34. 만약 여가 시간이 생긴다면 **가장 하고 싶은 순서대로 3가지**를
선택해 주세요.

　　　1순위 : ＿＿＿＿＿　　　2순위 : ＿＿＿＿＿　　　3순위 : ＿＿＿＿＿

　　　① 휴식활동(잠, 멍 때리기 등)

　　　② 취미활동(독서, 음악듣기 등)

　　　③ 오락활동(게임, 스마트폰, 컴퓨터 등)

　　　④ 스포츠 활동

　　　⑤ 여행활동

　　　⑥ 문화예술활동(영화보기, 미술관 가기 등)

　　　⑦ 대인관계활동(친구 만나기 등)

　　　⑧ 종교활동(QT, 기도하기 등)

　　　⑨ 자기계발활동(새로운 것 배우기 등)

　　　⑩ 기타(　　　　　　　　　)

35. 참된 쉼이 무엇이라고 생각하는지 **하나만** 골라주세요.

　　　① 아무것도 안하고 쉬는 것　　　　　② 잠을 더 많이 자는 것

　　　③ TV 및 영화를 시청하는 것　　　　　④ 하고 싶은 일을 하는 것

　　　⑤ 봉사와 나눔의 일을 하는 것　　　　⑥ 자기 계발을 하는 것

　　　⑦ 종교활동(하나님과의 만남)을 하는 것　　⑧ 좋아하는 사람을 만나는 것

　　　⑨ 여행을 가는 것　　　　　　　　　⑩ 기타(　　　　　　　　　)

✎ **다음은 기초인적사항에 관한 질문입니다.**
**다음 질문에 해당하는 번호에 ∨표 해주시기 바랍니다.**

36. 성별

　① 남자　　　　　　　　　② 여자

37. 학년

　① 중학생　　　　　　　　② 고등학생

38. 학교의 유형

　① 기독교 대안학교　　　　② 기독교 사립학교(미션스쿨)

　③ 공립학교　　　　　　　④ 기타(　　　　)

39. 종교

　① 개신교　　　② 불교　　　　　③ 천주교

　④ 없음　　　　⑤ 기타(＿＿＿＿)

　교회에 다니는 청소년들은 추가 설문에 응답해 주시기 바랍니다.

✎ **다음은 기독청소년에 관한 추가 설문입니다.**
**교회 다니는 청소년만 ∨표 응답해 주시기 바랍니다.**

40. 일요일 교회에서 보내는 시간은 얼마나 되나요?

　① 1시간 미만　　　　② 1시간 이상 ~ 2시간 미만

　③ 2시간 이상 ~ 3시간 미만　　④ 3시간 이상 ~ 4시간 이상

　⑤ 4시간 이상 ~ 5시간 미만　　⑥ 5시간 이상

41. 교회에서 주로 참여하는 활동은 무엇인가요? **두 가지만** 골라주세요.

① 예배                      ② 찬양팀 및 성가대

③ 부서 임원 활동         ④ 부서 섬김 활동
                                   (영상, 드라마, 주보제작 등)

⑤ 봉사 활동                ⑥ 기타(           )

42. 일요일에 교회에서 보내는 시간을 쉼이라고 생각하나요?

① 그렇다              ② 아니다              ③ 모르겠다

43. 현재 교회생활에 만족하고 있나요?

① 전혀 만족하지 않는다     ② 만족하지 않는다     ③ 보통이다

④ 만족한다             ⑤ 매우 만족한다

44. 쉼을 위해 교회가 제공했으면 하는 것 **두 가지**를 선택해 주세요.

① 가만히 놔두는 것         ② 은혜로운 예배

③ 의미 있는 소그룹 활동     ④ 재미있는 취미 활동

⑤ 섬김의 선교 및 봉사       ⑥ 쉴 수 있는 공간 제공

⑦ 맛있는 먹거리 제공        ⑧ 기타(          )

설문에 응답해 주셔서 감사합니다.